社群营销

方法、技巧与实践（第2版）

秋叶 秦阳 陈慧敏◎著

内容全面迭代

建群、扩张、变现全都不在话下！

机械工业出版社
CHINA MACHINE PRESS

2015 ~ 2016 年社群发展变化迅速，故《社群营销》第 2 版在前一版的基础上更新了 2/3 以上的内容。除了第 1 版中探讨的什么是社群、如何建设一个社群、社群的商业转化手段这三个核心问题，第 2 版还用大篇幅介绍了如何将社群做大、走向社群经济的问题。

新增内容包括了社群的组织模式、人才培养、运营方案、从线上到线下的结合等社群运营的重点，还有对社群未来发展的分析以及常用社群工具介绍。一本书就帮助你赶上社群潮流，建群、扩张、变现全都不在话下。

图书在版编目（CIP）数据

社群营销：方法、技巧与实践 / 秋叶，秦阳，陈慧敏著. —2 版 . —北京：机械工业出版社，2016.6（2020.1 重印）

ISBN 978-7-111-53904-9

Ⅰ. ① 社…　Ⅱ. ① 秋…　②秦…　③陈…　Ⅲ. ① 社区—市场营销学　Ⅳ. ① F713.50

中国版本图书馆 CIP 数据核字（2016）第 110061 号

机械工业出版社（北京市百万庄大街 22 号　邮政编码 100037）
策划编辑：廖　岩　　责任编辑：廖　岩
责任校对：舒　莹　　责任印制：张　博
三河市国英印务有限公司印刷
2020 年 1 月第 2 版第 14 次印刷
170mm × 242mm • 16.75 印张 • 1 插页 • 218 千字
标准书号：ISBN 978-7-111-53904-9
定价：49.90 元

凡购本书，如有缺页、倒页、脱页，由本社发行部调换

电话服务
服务咨询热线：（010）88361066
读者购书热线：（010）68326294
（010）88379203

网络服务
机工官网：www.cmpbook.com
机工官博：weibo.com/cmp1952
教育服务网：www.cmpedu.com
金书网：www.golden-book.com

再版前言

距离《社群营销：方法、技巧与实践》成稿还不到一年，我们就不得不考虑对这本书进行再版，因为社群的发展太快了。

第 2 版对第 1 版有非常大的改进，可以说是整体重写了这本书，重写后第 1 版内容在整本书占据的篇幅不足 1/3。

在第 1 版里，我们侧重讨论什么是社群、如何构建一个社群（步骤、工具和平台）、社群有哪些商业转化手段这三个问题。

在第 2 版中，我们首先把社群的运营分为“从 0 到 1”和“从小到大”两个阶段来梳理，显然从 0 到 1 已经很难，但是如何让社群做大、走向社群经济，得到了更多人关注。

在从小到大的过程中，社群的组织模式、人才培养、运营方案、线上线下的结合开始成为运营的重点，这些是我们在第 1 版里没有涉及的内容，在第 2 版得到了系统和全面的阐述。

其次，我们更深入地研究了“社群营销”火爆背后的来龙去脉，分析了社群发展的走向，提出了建设产品型社群发展可能更加健康的判断。特别要说明，我们认为标准化的服务也是产品的一种，所以，提供标准化服务的付费社群，也成为我们探讨的对象。应该说，让产品和社群运营相结合这个思路贯穿了第 2 版。

最后，我们注意到一年来社群运营工具不断丰富，所以在最后一章，我们特别补充了一些常用的社群实用工具，希望能够帮助到正在运营社群的朋友。

希望这本书一如第 1 版，得到运营社群的朋友们的支持和喜爱。

前言

Preface

这本书没有水分，很干

@ 秋叶

2012 年年初，我开始尝试利用网络聚合喜欢 PPT 的小伙伴，打造一个“爱学习、爱阅读、爱动手”的社群。

到了年底，我已经组建了一个“一页纸 PPT”的大群，最多时有 200 人。我发现虽然群里囊括了国内大部分 PPT 制作高手，但大家只是把群当作一个联络方式，有时候要说说话，还得顾虑不同人的想法，并不能畅所欲言。

某天，我终于下决心删掉那些已成名的高手，只留下和我对胃口的小伙伴。并且，群的人数严格控制在 69 人，要新进一个，就得踢出去一个。

奇迹出现了，我们这群人产生了化学反应。

在这个 69 人群里，每天都有各种自黑，各种互黑，各种刷屏，比谁更没有节操，但是在这样的氛围中，我们找到了趣味相投的小伙伴。

我们制定了一些“别致”的群规，比如新人进群一定要先爆照，而且必须是素颜照，这时是群里妹子、汉子们最欢乐的时刻——我记得最近加入的一个妹子说了一句：“你们吐槽一个人好有才啊！”

有没有人不适应？有几位很棒的小伙伴坚决不肯爆照，我们就只好把他们移除出群。一个社群的文化脾性决定了它有边界。

问题是我们这群人在一起都干了些什么呢？

我们一起开始运营秋叶 PPT 微信，写 3 分钟 PPT 免费教程，一个纯学习不娱乐的微信公众号，在不到 2 年的时间内吸引了 30 万粉丝。

我们一起合作出版了《和秋叶一起学 PPT》《说服力：教你做出专业又出彩的演示 PPT》，这两本书累计销量超过了 10 万册。

我们一起做在线教育，我们不声不响地在网易云课堂上把《和秋叶一起学 PPT》课程做到第一名，现在这门定价 129 元的课程，购买人数已经突破了 15 000 人！这些可都是付费学员！

社群越滚越大，我们成立了各种课程开发的讨论群组，我们建了一个又一个学员群。现在，超过 2 000 人的学员群已经有 7 个，并且还在继续增加中。

在课程开始销售的第一天，我们就意识到要服务好学员，搭建一个学习平台，让大家有共同的输出是一件特别重要的事情，想想看，要是这 10 000 名学员都是你的口碑用户，那市场还不得产生裂变效应？

一个好消息是，这个判断是对的，当我们的单门课程《和秋叶一起学 PPT》学员超过 10 000 人后，我们发现即便什么也不做，我们一天的销量都比同期高很多。

一个坏消息是，我们发现学员并不会自觉地成为你的社群支持者，这背后需要做大量艰苦的工作。

我们现在依然在探索的路上，远远没有看到极限，但我们相信自己可能已经找到了运营社群的一些诀窍。这些诀窍不应该成为秘密，完全可以分享出来。

其实我们的私心是，分享这些诀窍，引起更多的人对此感兴趣，然后他们因为好奇成为我们的课程用户。但请相信，关于社群，我们知道的以及我们所做的全部思路和细节，都放在这本书里面了。

我们希望买了这本书的你，最后会评价一句：这本书没有水分，很干。

目录 Contents

第一章

什么是社群

1.1 社群运营之惑

为什么这两年社群突然火了？
我是做食品的，我们的产品适合做社群吗？
如何从 0 到 1 建设社群？
社群如何避免新鲜感消退后的衰减现象？
如何从社群走向社群经济？
……

社群火了，似乎一夜之间人人都能说几句社群营销的概念，打着社群旗号的团队也越来越多，但是，最早被说成是社群经济代表的罗辑思维似乎并没有刻意强调社群的概念，而是转型做了电商。

身边的各种社群，热闹有余，真正坚持到两年以上，还能建成社群良性盈利模式的，似乎也不多。

还记得五年前，很多人期望微博可以改变世界，然后是微信连接一切，现在发现微商也不好做了，就求助社群这根救命稻草。社群会是一根救命稻草吗？

对此，我们的判断是，99% 的社群都是伪社群，都会在建成回报机制前就衰败消亡，研究如何能在这里面成为 1%，才是我们真正要做的事情。

所以，在谈社群营销之前，不如我们一起回顾一下，到底社群这个概念是怎么来的？

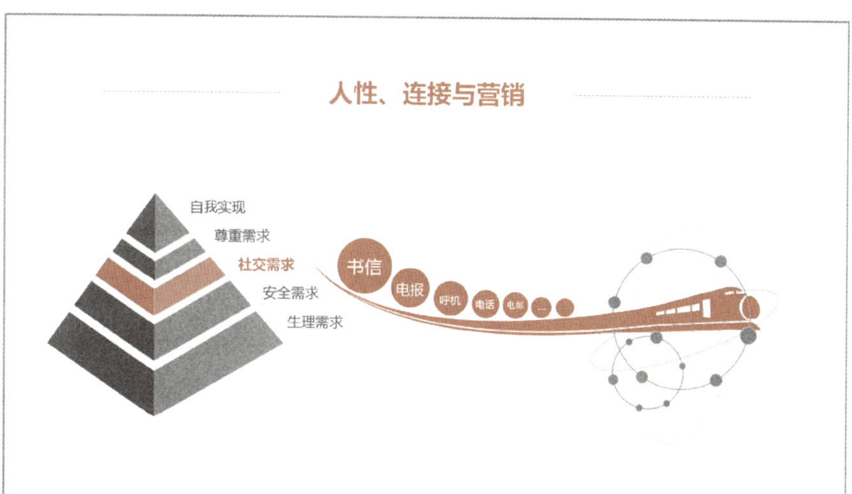

1.1.1 人性中的社交连接需求

马斯洛需求层次理论告诉我们，人类对于社交的需求仅在生理、安全之后，换句话说，只要我能活下来，就渴求从人与人之间的连接关系中找到归属感。关系必然要经过媒介才能连接，所以可以说媒介是人的延伸，媒介在进化，关系的连接方式也一直在变。

社群也是关系连接下的产物，从古至今一直都有社群，只是那个时代叫书院、会所、俱乐部、圈子、部落、社区……

不过，传统的社群形式大多都有地理或空间限制，社群的直接沟通也受到相应的局限。不同社群之间沟通的媒介在历史上曾经叫作书信、电报、广播、呼机、电话、电邮、聊天室、QQ 群……你可以看到，人与人之间的连接方式一直在进化，社群之间的沟通方式也在同步进化。现在谈到社群，很多人就自然而然想到微信群，其实这只是容纳网络社群的载体，只是工具之一。

所有媒介的出现都反映了让人与人之间信息传达更便捷的初衷，当基于互联网的通信手段开始普及，渐渐地，受地理空间限制的社群关系开始逐步跨越时空，进入虚拟空间连接的阶段。

产品推介是不是信息？当然是。所以，营销人势必会绞尽脑汁利用这些大众相互连接的媒介将自己产品的信息最快最广地传达给受众，而且要借助口碑传播的力量，提升自己营销信息的可信度，这就是社群营销的原生动力。

当微信成为国人手机标配 APP 后，基于微信社交关系的群连接和推广就成为新的媒介方式，也成为营销人企图在其中找到推广模式的新研究对象。

1.1.2 随着互联网连接方式进化的营销方式

社群开始火，是因为近一两年，移动互联网快速发展，焦点从桌面端转移到移动端。手机已经成为我们身体的一个“器官”，它能通过网络萃取人与人之间的“关系”，不管天南地北悲欢离合，也不管人际关系多么错综复杂，所有的“关系”通过社交网络在扁平的世界里进行了整理、重组，甚至进化。

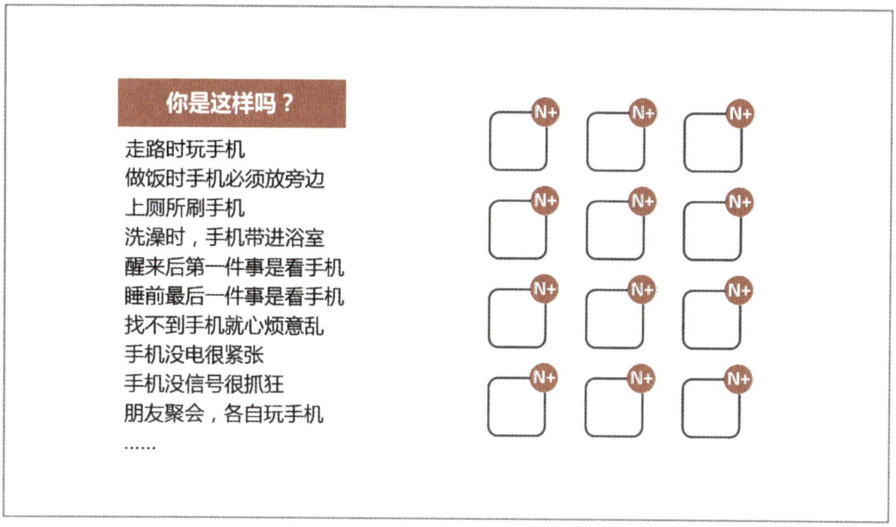

等到天生自带移动社交属性的微信出现，一下子就点燃了营销人的热情，一时间很多专家跑出来喊：要用微信！要微信营销！微信是下一个互联网制高点！

2013 年 8 月 18 日，更是出现了让营销人为之一振的东西——微信公众号。所有人都在想，要不要抓住腾讯这个风口？许多反应快的企业或营销人马上开通了微信公众号。

回顾整个 2014 年，几乎所有讲新媒体营销的课程，都在谈如何通过微信公众号有效精准地找到潜在用户，分享种种快速加粉的手段。

1.1.3 “三个月”亲密关系魔咒

蜜月总是短暂的，公众号运营者很快发现一个大问题：微信公众号的粉丝越来越多，但是打开率在下降。

现在请你不妨打开自己的手机看一下，有的人订阅了一两百个公众号，但它们的状态全部是小红点。有的人之所以把微信公众号打开一下，只是因为“强迫症”发作，要把所有的小红点刷掉，其实根本没有看具体的内容。

每个人每天的时间都是有限的，所有的营销都在拼尽一切力量争夺用户的眼球和时间。

如果一篇文章不拼命想一个好标题，没有人关心你的内容好不好。我们通过观察提出，微信公众号粉丝存在“三个月”亲密关系魔咒。

为什么我们提出微信公众号粉丝往往只能对公众号保持三个月亲密关系？——一个新粉关注你的微信号，他的好奇心很难保持三个月。

在大学，三个月足够完成三次恋爱到分手的流程，在一个爱情保鲜期越来越短的时代，我们哪里来的自信认为读者会一直喜欢你的分享到永远？

当年论坛上的网络红人，现在的文章有人看吗？曾经博客上的数字英雄，今天还能“指点江山”的还有几人？

那么，你还会觉得有人能天天坚持看你的微信文章，三个月依然不嫌弃？

很多做微信公众号的朋友犯的第一个错误，就是盲目自信——以为有很多人现在说非常非常喜欢你，就会一直支持你——他也许还是欣赏你，但是渐渐就不怎么看你的文字了。

读者能够坚持阅读你的微信三到六个月，已经是真爱了——我们面临的挑战是如何在三到六个月之内，把读者变成用户。建立长期合作关系最好的方式是让读者付费，没有比让读者付费更能延长关注关系的方法，但前提是你得满足他的需求。

但并不是所有的人一开始都这么想。微信公众号运营者开始的幻觉是什么？涨粉，一门心思地涨粉——先破 5 万，再破 10 万，再破 50 万，再破 100 万，如果有 1000 万粉丝，我不就成电视台了！

可即便是成功的微信粉丝运营者也发现，粉丝还在快速增加，但很多老粉显然并没有在阅读自己的推送——如何激活这部分沉淀的粉丝的活跃度？

如果没有真实阅读量，微信公众号的粉丝并没有商业价值！试想，如果你告诉别人你的微信公众号粉丝量 100 万，但阅读量只有 1 万，谁会认为你的微信公众号有能量？所以，微信公众号运营者必须想方设法地提高文章阅读量。

很多人思考后的选择是，找理由吸引自己的微信公众号粉丝加入自己建的群。

建群有什么作用？

一个群只能加 500 个人，微信扫码只能加 100 个人，后面的 400 个人要手工拉，手工拉的第一个好处是让你所有的微信粉丝成为你这个运营者的个人微信号好友。

关注微信号是第一层关注，加了运营者个人好友后是第二层关注，再把你拉到微信群里面，又形成第三层关注，这样做有什么好处呢？

当我发一篇微信文章的时候：

（1）订阅号里面有一次展示的可能。

（2）在朋友圈里面，有一次被你看到我的文章的可能。

(3) 把这篇文章转发到微信群里面，又有一次被看到的可能。

所以，经过三层关注之后，文章的曝光率大大提高了。如果建群时已经考虑了分类，把对某一个话题感兴趣的人尽量集中在一起，通过群交流还能更好地激发对分享群文章的阅读。

而有了群，大家都乐意通过群分享获得信息，信息传达率显然可以大大提升。——于是，似乎基于某些共同兴趣或者价值观的“社群”雏形出现了。

1.1.4 建群只是手段，不是解决方案

当每个微信公众号都发现这条提升微信阅读量的捷径时，另一个问题出现了：每个人的时间是有限的，他愿意分配多少时间给你，取决于他对你的黏性，而黏性取决于你所能提供的价值，如果没有价值他就选择退出。

建群并不是一劳永逸的事情，一个经常灌水的群只会让人厌倦并退出，如何让群的价值提升、保持黏性呢？——于是“群分享”开始流行了。

请大咖、专家、名人来分享，而且是免费的哟——今天找了一位日本的牛人，明天找一位上海的，后天找一位武汉的……比如本书作者秋叶在 2015 年就受邀做了 41 场线上群分享。

显然，还可以通过这些名家的影响力不断吸引新人关注自己的微信号，扩充群的规模，有的微信公众号运营者干脆直接开始快速建群，不管线上还是线下发展，在很短时间内号称建立了 1 000 个群。以 500 个人一个群计算，覆盖中国多少人？50 万人！——“我能覆盖中国 50 万人”，凭借这个概念，有的社群已经拿到了投资。

因为这是“流量”啊。

但这是真的吗？

持续的分享就能留住用户？有足够多的群就能覆盖到足够多的人？弥补对微信公众号关注度的下滑？

如果你写文章，每篇都几十万的阅读量，然后什么回报都没有，你会深深地怀疑你的努力，你这样坚持到底有什么意义——为什么我每天写很好的文章，讨好你们，然后我还一分钱挣不到？

同样的困局一样会发生于群运营中，我维护了几百个群，到底能提供什么产品变现我的流量？三个月亲密关系不仅仅存在于微信公众号，也存在于微信群运营。

我们不过是用一种新鲜感的刺激挽留住了一部分流失用户，但问题并没有从根本上解决。

建了 50 个群、500 个群、1 000 个群的群运营者发现——群流量根本不能变现。你曾幻想聚集起多少人就能带来很多回报，大多是美好的想象。

网上的游戏规则是冲动消费，如果你的服务让别人感动了三次，却依然没有推出让他消费的产品，对不起，你很难再有机会了。

很多人不明白这个道理，会觉得我为粉丝付出这么多，所以他们自然会变成用户，这是妄念。

所以，新的问题出现了——我有那么多的群，到底做点什么，才能让他们成为我产品的用户，让我挣更多的钱？

于是，探讨社群经济的声音出现了。

1.1.5 关于“社群经济”的探讨

即便是曾经受欢迎的自媒体账户，运营也变得越来越难，活跃度经过一段时间增长后开始下降，靠少量广告收入或线下活动根本无法维持运营成本，不得不考虑转型。

于是，我们看到了“付费社群”的兴起，从免费分享到打赏分享，从打赏分享到付费分享，更有少部分已有忠实用户的自媒体账户，进入了会员收费的商业化阶段，比如新东方前名师李笑来。

这时大多数运营者开始明白，社群不应该盲目做规模，而应该经过筛选找到和你趣味相投的人，这样的一群人在一起聚合能量、跨界链接、开创新的商业空间。

越来越多的人开始思考，借助移动互联网的优势，让社群成为企业与用户连接的最短路径和最经济的手段。

目标出现了，社群运营有两种主要的实现思路。

（1）先圈地，再推产品。运营就是先把规模做大，50 个群不行就 500 个，500 个不行就 1 000 个。有的社群号称在每个城市都建立了一个分舵，遍及全国的 300 个城市，感觉声势浩大。

这条路的最大的风险在哪里？它要求社群的能量非常非常高，大家对你的爱可以保持得比较长久，这样你才有可能及时推出付费产品转化。

历史不是很相似吗？你的微信文章三个月后遇到打开率瓶颈，社群三个月后遇到沉寂瓶颈……从没有一个所谓的解决方案可以完全解决新鲜感消退问题，所以，不要寄希望于不断推陈出新的运营，而要提前设计好回报策略。

所以我们把粉丝生命周期定为三个月，我们需要在三个月内把吸引到的人变成用户，通过为他们提供更好的服务吸引他们持续关注，最终使其变成终身用户——这才是商业运营要走的路。

既然这样，为什么不一开始就考虑第二条路？

（2）先做产品，再做运营。通过产品慢慢找到喜欢这个产品的人，然后把他们拢在一起，慢慢地形成共同喜欢的氛围，逐步扩大社群圈子的影响力，不断地去占领更大的市场份额，衍生更多的商业模式。

两种路径都可以走向成功，但我们更倾向于围绕产品和服务来吸引用户构建社群，我们认为，大多数生命周期长的社群都会用不断重复和追加购买的产品或服务延长社群的生命周期，培养稳定的消费习惯。

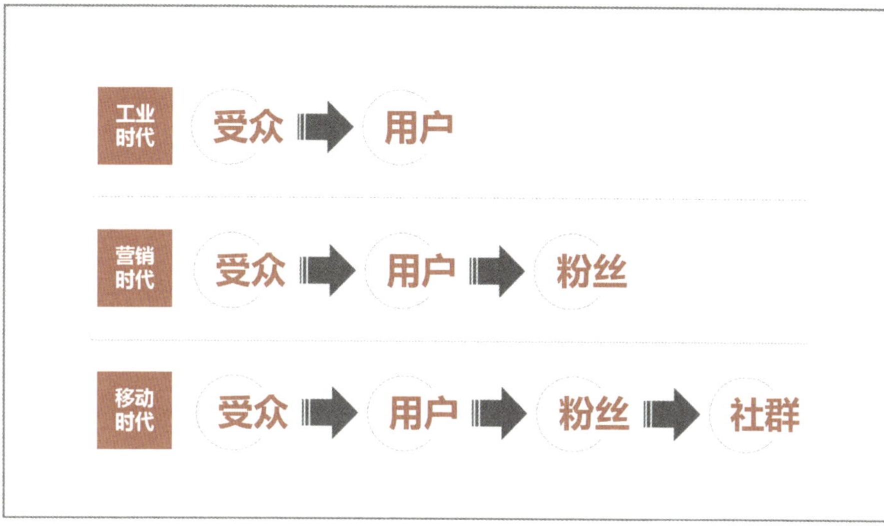

我们以小米手机为例看看用户的角色转变：

受众：听说小米手机，可能来自网络消息、新闻报道、朋友口碑。

用户：使用小米手机，经过各种信息轰炸抱着试试的态度使用该手机。

粉丝：热爱小米手机，手机的体验让自己很满意，成为一名小米发烧友，俗称“米粉”。

社群：参与小米手机，为了让小米手机变得更好，乐此不疲地在米粉群、论坛、线下活动与来自不同地域的米粉讨论各种提升产品体验的建议和想法。

这里面更重要的一点，小米把忠实用户培养成了一年换一部手机、换就换小米最新款手机的用户，这样的用户才有足够的话题彼此交流分享自己的使用心得和经验，这样才能让社群持续性充满运营需要的话题。

如果仅仅是一个“对手机科技感兴趣”的社群，没有共同的消费行为，我们认为小米社群很难持久。

本书作者秋叶老师的社群，会每个季度定期推出一门新课，让学员通过新课产生新的学习欲望，激活在线交流和分享的热度，逐步培养出一批热爱学习的终身学习者，而且高度认同秋叶 PPT 系列课程品牌。如果没有持续更新、追加购买的课程，仅仅是学习 PPT，有多少人能保持超过六个月的热情呢？

传播受众→体验用户→忠实粉丝→铁杆社群，用产品贯穿整个社群经济链条，也许才是社群经济的基础。

不过，围绕产品建设社群，对产品也有要求。我们认为，具备一定复杂性、具有延伸性的产品才适合组建社群。

如果你的产品只是一个简单的甜甜圈，你很难组建一个“甜甜圈”社群，因为围绕“甜甜圈”可以深度挖掘的话题太少。

但如果你的产品是一部手机、一辆汽车、一个单反，那么可以挖掘交流的话题就丰富多彩，有可能找到和你有一样独特体验的社群成员。

同样，教育产品很适合组建学习社群，因为学习过程中会延伸出大量的学习需求，这些恰恰是社群成员之间乐意交流的内容。

我们已经明显可以感受到，借助移动互联网的优势，社群成为企业与用户连接的最短路径和最经济的手段。社群首先是一群志同道合的人的聚集，同时也是连接信息、服务、内容和商品的载体。对于大多企业而言，建立一个社群或许并不难，最大的痛点往往还在于如何把社群运营与产品连接起来。

商业正从“物以类聚”走向“人以群分”。

1.2 社群的五大构成元素

大部分人对于社群的认识是有误区的。

为了让大家对社群有更直观的认识，我们总结了社群的五个构成要素，分别是同好、结构、输出、运营、复制，简称为“ISOOC 原则”。

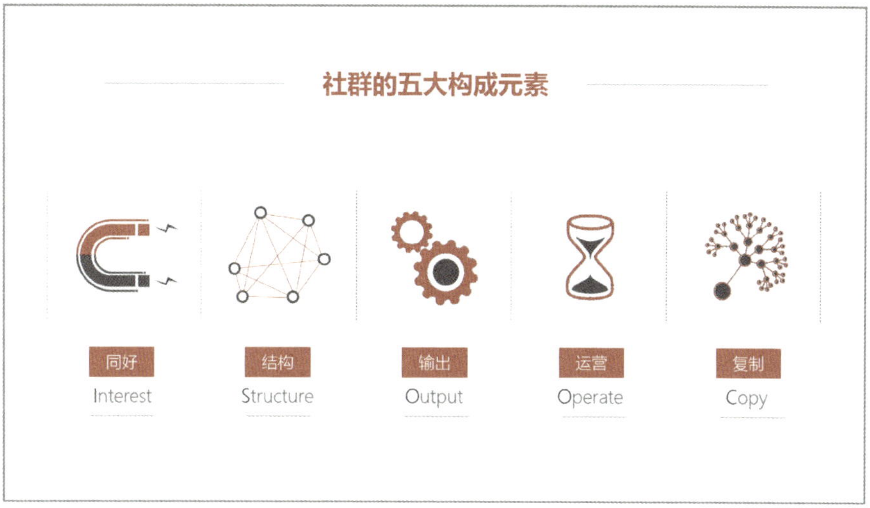

1.2.1 同好

社群构成的第一要素——同好（Interest），它是社群的成立前提。

所谓“同好”，是对某种事物的共同认可或行为。一群人聚集起来可能是乌合之众，也可能成就一番雄图大业，最重要的是和什么人一起干什么。任何事物，没有价值就没有存在的必要，社群同样如此，我们为了什么而聚到一起？

正如“趁早”社群活动中的那句话：为了找到同类，我们造了一个世界。

这些同类，可以因为什么聚到一起？

可以基于某一个产品，比如苹果手机、锤子手机、小米手机。

可以基于某一种行为，比如爱旅游的驴友群、爱阅读的读书交流会。

可以基于某一种标签，比如星座、某明星的粉丝、PPTer。

可以基于某一种空间，比如某生活小区的业主群。

可以基于某一种情感，比如老乡会、校友群、班级群。

可以基于某一类三观，比如“有种、有趣、有料”的罗辑思维。

1.2.2 结构

社群构成的第二要素——结构（Structure），它决定了社群的存活。

为什么很多社群很快走向沉寂，是因为最初就没有对社群的结构进行有效的规划，这个结构包括组成成员、交流平台、加入原则、管理规范。这四个组成结构做得越好，社群活得越长。

组成成员：发现、号召起同好抱团形成金字塔或者环形结构。最初的一批成员会对以后的社群产生巨大影响。

交流平台：找到人之后，要有一个聚集地作为日常交流的大本营，目前常见的有 QQ、微信、YY 等。

加入原则：有了元老成员，也建好了平台，慢慢会有更多的人慕名而来，那么就得设立一定的筛选机制作为门槛，一来保证质量，二来会让加入者由于加入不易而格外珍惜这个社群。

管理规范：人越来越多，就必须有管理，不然大量的广告与灌水会让很多人选择屏蔽。所以，一要设立管理员，二要不断完善群规。

比如有人评价秋叶大叔的“一页纸”群的结构特别像贾府：

1）有个贾母一样的大家长，大灵魂人物：@ 秋叶 大叔。群里的人无不对大叔充满认同，心向往之。有大叔在，所有的人就有归属感。

2）小巴。就像凤姐，掌管这个家，大家心有忌惮，又无不喜欢。

3）群里太多的大神，曹将、阿文、嘉文、秦阳、小荻老师等，就是众人所知的宝玉、黛玉、贾家众姐妹，多少人想慕名一见，对话一句，他们的存在是这个群吸引人的理由。

4）大叔博纳众才，不断吸收新鲜有才华的小伙伴进来，就像来拜见贾母又融入贾府的湘云，不断带来新故事，带来新章节。

5）这么大一家子，每天发生的事何止千百件，吟诗作画、吃酒喝茶，群里随便说一个话题，都有应和，更有一些活跃的人牵出系列欢乐故事，如蔬菜、膝盖、有乐、乌素等，他们接力般地出现，不断维持着本群的活跃度。

6）还有许多偶尔才冒泡的潜水党，构建这个群的群众基础，就像贾府那些不知姓名的人，共同营造贾府的繁荣景象。

7）红包、爆照、无节操都是表象，人员结构和向心力才是关键。

1.2.3 输出

社群构成的第三要素——输出（Output），它决定了社群的价值。

持续输出有价值的东西是考验社群生命力的重要指标之一。

罗辑思维作为最大的互联网知识社群，深厚的知识积累和视频输出，便是其生命线；最开始做微营销的万能的大熊，曾持续产出大量高质量的文章和培训，在微信红利期迅速积累了海量的粉丝群。

所以，你也看出来了，没有两把刷子，没有深厚的积淀，还真玩不起一个高质量的社群。

所有的社群在成立之初都有一定的活跃度，但若不能持续提供价值，慢慢地活跃度下降，便大多沦为广告群。没有足够价值的社群迟早会成为“鸡肋”，群主和群员就会选择退群或者解散群。也有一些人会再去加入一个新的“好”群或选择创建一个新群。还有一种情况是群员并不退群，继续留在这个群里，他会看一看这个群能不能给他带来价值，如果观察一段时间以后，发现这个群完全不能给他带来想要的东西，他就会在里面捣乱（发一通广告信息），因为他已经不在乎会不会被踢出这个群，发些广告也许还能拿回一点沉没的时间成本。

为了防止以上情况出现，好的社群一定要能给群员提供稳定的服务输出，这才是群员加入该群、留在该群的价值。比如罗胖坚持每天一条语音、大熊坚持定期干货分享、秋叶有课程 & 动手实践、某些行业群定期可以接单等。

另外，关于“输出”还要衡量群员的输出成果，全员开花才是社群，如果仅仅一枝独秀，那还是走的粉丝经济路线。

比如，秋叶 PPT 团队的核心小伙伴，各个领域的达人都有。秋叶老师根据达人自身的能力，进行统一的包装，开发课程、出版图书、培训授课。而秋叶 PPT 团队因为有这些达人不同层次不同领域的高质量产出，释放出更强大的能力。

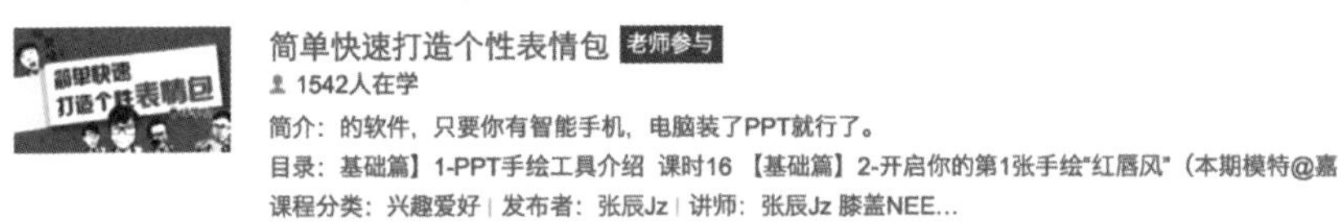

这是当时秋叶团队核心成员中一个偶然冒出的玩法，用 PPT 画肯德基风格头像，风靡朋友圈被秋叶老师看到后，达人们把自己的玩法系统化，迅速打造成了课程，并在短时间内有了不错的销量。这样让一个不经意闹着玩的想法从萌生到迅速变现，表明秋叶 PPT 团队在 PPT 领域的运营能力和人才储备很难复制。

1.2.4 运营

社群构成的第四要素——运营（Operate），它决定了社群的寿命。

不经过运营管理的社群很难有比较长的生命周期，一般来说，运营要建立“四感”：

仪式感。比如，加入要通过申请、入群要接受群规、行为要接受奖惩等，以此保证社群规范。

参与感。比如，通过有组织的讨论、分享等，以此保证群内有话说、有事做、有收获的社群质量。

组织感。比如，通过对某主题事物的分工、协作、执行等，以此保证社群战斗力。

归属感。比如，通过线上线下的互助、活动等，以此保证社群凝聚力。

如果一个社群通过运营这“四感”有了规范、有了质量、有了战斗力、有了凝聚力，怎么可能短命？

1.2.5 复制

社群构成的第五要素——复制（Copy），决定了社群的规模。

由于社群的核心是情感归宿和价值认同，那么社群越大，情感分裂的可能性就越大，能够做到规模巨大还能情感趋同的，好像只有宗教了。

在“复制”这一层，有这样两个问题需要你自问一下：

1）是不是真的有必要通过复制扩大社群规模？

有时候会有一种误区：大家觉得，没个几万人都不好意思称为社群。

其实，经过前面四个维度考验的群，完全可以称为社群了，小而美也是一种存在方式，而且大多活得还比较久。

你可以自己思考一下，当你现在进入一个人很多的大群，第一件事是做什么？——是不是就是屏蔽消息？因为遴选信息的成本高，人员相互认知成本高。

相反，小圈子里，人员较少，大家相对话题集中，所以小圈子里人人都容易活跃起来。从微信群、QQ 群等社群的大数据中发现，90% 的用户在不足 20 个人的小群里活跃。人人都想组建人多的大社群，但是许多大社群却非常不活跃，人人都在小圈子里活跃。

所以，发展社群规模要参考社群的成长阶段，每个社群都有一定的成长周期，不同的阶段用不同的节奏进行控制。

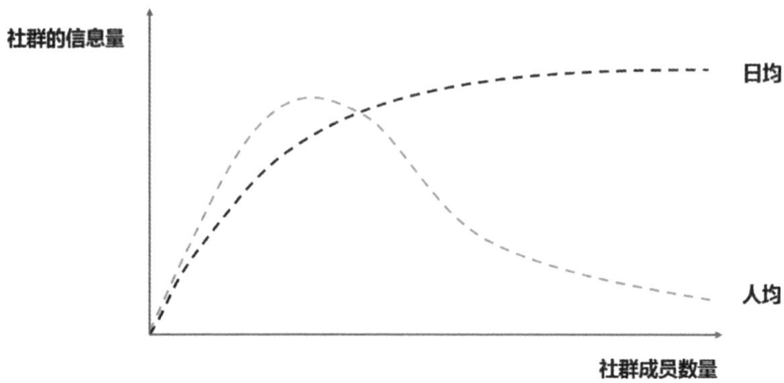

一般来说，规模越大的社群，越可能永远只是为新手及小白用户提供服务，在过滤优质信息上有很大的难度，这样的群如果不控制活跃度，看着每天的信息不少，但是信息价值太低，社群很快就会沦陷为一个聊天灌水群。这也会加速使高价值成员沉默或者离开，社群价值就无法得到提高。

那么，你就要明确，扩大规模是为了什么？扩大规模之后能帮你解决什么瓶颈？自己的社群定位适合扩大规模吗？……这些问题都要好好想一想，不要盲目复制反而起到了副作用。

2）是不是真的有能力维护大规模的社群？

复制不是一拍脑袋的事情，而是综合人力、财力、物力、精力等多角度综合考量之后的结果。

比如，伏牛堂霸蛮社是号称有 20 万年轻人的社群，曾尝试做一场 50 万人的线上发布会，微信群发布会最后只来了 7 万人，但仅仅是 7 万人就出现了失控的局面，微信群里骂人的、发广告的，什么都有，反而给品牌造成了很不好的影响，之后伏牛堂管理团队进行复盘，开始严格控制霸蛮社社群的规模和质量。

2016 年 4 月底，微互动小黄人发出通告，主动删除自己建的全部几百个免费分享微信群，他们发现自己没有精力管理几百个群，很多微信群变成广告群，反而影响品牌形象。删除全部微信群后，微互动计划只对付费用户提供社群服务。

所以，规模的扩大意味着更多的投入，那么，相应的投入产出比能否支撑你将社群一直维护下去，这要打个问号。毕竟，情怀是很贵的。

1.3 用 ISOOC 模型评估社群的质量

1.3.1 罗辑思维

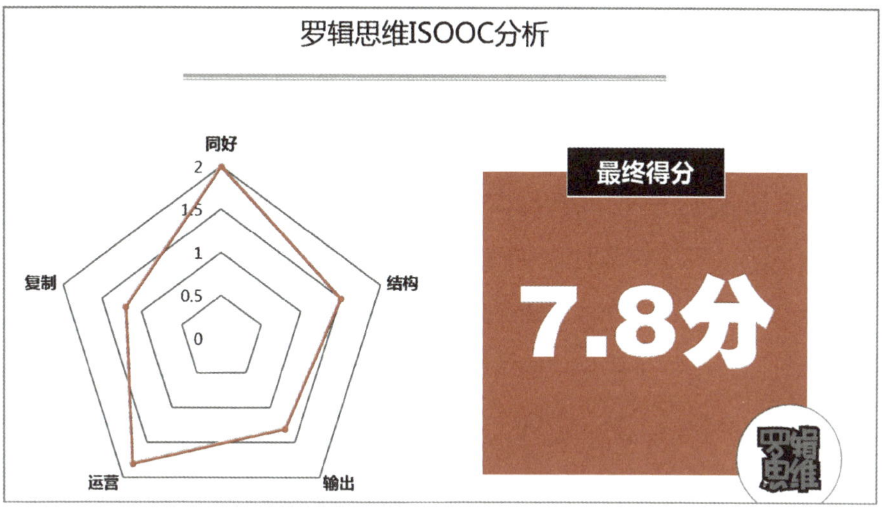

在 2012 年 12 月 21 日，传说中的“世界末日”那一天，罗辑思维出现在了大众视野之中。当天，同名微信公众号开通运营，第一期视频也同时上线。主讲人罗振宇开始了每天早上 6 点半推出 60 秒音频和每周一期的视频节目更新。

其口号是“有种、有趣、有料”，倡导独立、理性的思考，推崇自由主义与互联网思维，并由一款互联网自媒体视频产品，逐渐延伸成长为互联网社群品牌，致力于打造的是一个有灵魂的知识社群，一帮自由人的自由联合。

三年多的时间里，罗辑思维拥有了超 600 万的微信订阅用户，视频点击量近 3 亿，考验“真爱”的限时限量的会员招募也轻松收入过千万，2015 年 10 月 20 日，罗辑思维正式对外宣布完成 B 轮融资，估值 13.2 亿元人民币。2016 年 3 月，新一代网红 papi 酱拿到了 1 200

万元人民币投资，由真格基金、罗辑思维、光源资本和星图资本联合注资。罗辑思维集微信公众订阅号、知识类脱口秀视频及音频、会员体系、微商城、百度贴吧、微信群等具体互动形式于一体，主要服务于 80、90 后有“爱智求真”强烈需求的群体，成为目前影响力最大的互联网知识社群。

同好（2 分）

罗缉思维社群的形成是基于大家对罗胖以及他所倡导的理念的认同。不能否认，初期很多人了解、认同、加入罗辑思维，其实都是因为对于那个歪嘴胖子的喜爱。很多人每天早晨都会听罗胖的语音起床上班，像天天追剧一样。但罗胖在有意识地通过各种活动与输出，将大家对自己的认同转移到对罗辑思维社群的认同。

随着社群的壮大与边缘扩展，形成以“有种，有趣，有料”为核心价值观的社群，像一个磁场一样不断地吸引着同类或者想要变成此类的人们，让不少围观的人开始基于三观的认同而加入社群，再然后就出现了很多罗友或者打着罗友名号的罗友。不少人靠“罗友”两个字开发出各种利益和好处。投资、创业合伙、旅游、相亲……但罗胖本人并没有来参与，大家也不是为了罗胖，就是为了自己。论社群生态以及目前的影响力，基于“三有”的罗辑思维在当下国内确实最大，所以给 2 分。

结构（1.5 分）

罗辑思维社群里分高级会员和一般会员，设立了进入门槛，第一次会员招募原计划是 5 500 人，六个小时就被抢光，集资 160 万元之多，第二期更有 800 万元入账。用掏钱方式筛选真爱是最直接有效的手段。到后来，罗辑思维融资后，会员暂停招募，会员资格可转让。

除了会员群，罗辑思维在全国各地自发建成的群也有不少，活跃度还可以，但是自组织的社群缺乏有序管理，导致刷屏严重，很多人加入后选择了屏蔽。虽说有发红包才能发广告的规则，但并没有一套成体系的管理规范，所以群结构在明朗度、管控度、规范度上还有欠缺，给 1.5 分。

输出（1.2 分）

罗胖坚持每天一条语音和定期的视频，群内会分享拓展阅读，分享罗胖推荐的好文章、好活动，还有的罗友组织读书会等。

但在输出上，一个是有点单一，基本以罗胖的语音、视频为主打，稍显单薄；第二，罗辑思维早期文章授权问题一直被诟病，不过罗缉思维已经全面和出版社合作，推出知识产品——“得到”APP，也是在输出方面的一大突破；第三，社群整体的输出能量不足，大多成员只是参与，从未输出；第四，罗缉思维转型电商平台后，虽然商业运营非常成功，但是什么都卖的模式让社群定位变得模糊不清。综上四点，给 1.2 分。

运营（1.8 分）

仪式感：成为铁杆会员不仅仅有钱就行，还得老会员推荐，构成一种仪式感，还增强了门槛与新老人之间的关系，强化了弱关系。

参与感：营造“参与感”最重要的就是找到“连接”，在各有收获的前提下连接不同的社群。罗辑思维经常让人津津乐道，就是因为他们的很多想法是基于互联网群体试验的探索，让每一个好奇的人都可以连接。比如每年一度的霸王餐可谓轰轰烈烈，只要你敢来，我们就敢玩，激活所有认同者的参与动机。霸王餐顾名思义就是吃白食，罗辑思维向全国的餐饮业发出邀请进行霸王餐活动，首先招募会员参加，然后团队去运营。这里就用到了罗辑思维的“连接”这一概念，罗辑思维社群中的每一个人本身就是社群的中流砥柱，加上团队与商家的配合，充分发挥了社群的组织性。会员的“参与感”来自于可以免费去吃一顿大餐，商家的“参与感”来自于一次利用平台与话题提高知名度的机会。

组织感：罗胖为精神领袖，不参与管理，各地自发组织，自选负责人，碰到运营组织能力强的人，结果就不错，比如，众筹的一次“失控的儿童节”就是很好的案例。

归属感：仅仅是三观认同还不够，罗胖鼓励罗友组织线下读书会、线下各地建立基地等，一切没有线下活动的社群都是耍流氓，网络社群还得回归现实生活中的连接。而且罗辑思维还会给铁杆会员送铁牌、送书，这也是建立归属感的一种手段，有了身份标签，就有了炫耀的资本。

由于罗胖的互联网试验“新奇特”的原因，所以大多参与度都不错，运营还是很成功的，所以给1.8分。

复制（1.2分）

罗辑思维做这么大，围绕着罗胖，又不完全围绕着罗胖。以高级会员为核心，然后在各地又有自己建立的群和基地。整体形成一个开放的、好玩的、有干货的文化氛围，建立一个国家也不过如此嘛？但鉴于复制过程中质量把控和文化传承的不足，加上罗胖已经开始逐步转型电商平台，会员发展开始停滞，社群运营投入力度在下降，目前运营模式更多是与不同社群和牛人进行跨界联合，构建商业生态链条。从长远看，我们认为罗缉思维会更倾向于变成一个带人格化媒体的电商平台，而不是社群联合体，因此给1.2分。

1.3.2 秋叶PPT

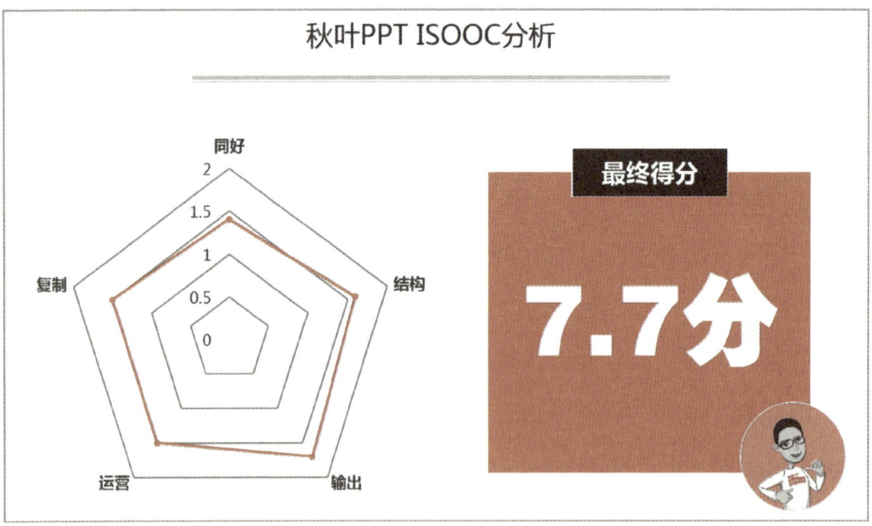

秋叶团队是致力于在线教育的一个互联网社群，主要受众为大学生和职场新人。目前课程学员超2万人，主推“和秋叶一起学PPT”“和秋叶一起学职场技能”“和阿文一起学信息图表”等课程。

秋叶的社群分两块：

第一块为 69 人组成的核心群，各有擅长的领域，在一起经常能碰出很多绝妙的创意或想法，基于互联网众包协作开发课程、做有影响力的新媒体、写累计下载量过百万的电子书……

第二块为 PPT 爱好者，其中很大一部分已经是课程学员，还有很多喜欢读书、喜欢新媒体、喜欢分享的年轻人。通过秋叶老师和核心群不断推出新课程、新活动、鼓励大家一起动手、总结、分享、吸引越来越多爱学习的年轻人加入。秋叶社群和金山、美的、万达等企业合作品牌活动 # 一页纸大赛 #，# 群殴 PPT# ，和各主流出版社合作 # 读书笔记 PPT#，影响力日趋扩大。

同好（1.4 分）

秋叶 PPT 社群成员最初是以 PPT 这个工具的爱好者为发端，在秋叶的引导、发现、培养之下又聚集了一批爱阅读、爱思考、爱学习、爱分享的核心群体。由于 PPT 爱好者小众化，决定了社群的规模与影响力都是有限的，目前秋叶 PPT 也在努力和阅读结合，和职场技能结合，扩大社群受众面，所以给 1.4 分。

结构（1.6 分）

要入群，买课程就是门票，想升级到核心群，就多努力学习、展示优秀的作品。不同用途的群所设置的管理结构不同，学员群管理模式是金字塔结构，平时禁言，核心群是环形结构，极度活跃。

平台主阵地是 QQ 群，目前有六个 2 000 人的学员 QQ 群，一个 1 500 人的学员 QQ 群，一个 1 000 人的 QQ 群，根据购买课程的人数，还在不断增加。秋叶的学员群功能，一是答疑服务，二是定期分享，秋叶会在其中筛选出优秀的人才纳入核心团队，进行培养。

秋叶 PPT 在“结构”这个元素中最强的是组织规范，如入群编号制度、禁言制度等，这个我们会在后面详解。

输出（1.7 分）

核心人物的输出主要是优质课程的不断开发与升级，周五定期有群内干货分享，三分钟免费微信教程，经常送书，鼓励动手做读书笔记 PPT，让学员赚回学费等。

那么，群员输出有什么呢？在秋叶主导、群员分工协作的情况下：

他们一起做成了 PPT 领域最有影响力的微信公众号；他们一起写出了年销量破 10 万册的系列纸质书籍、单期下载量破 20 万的电子书；他们一起开发出付费学员人数破 20 000 人的在线课程……

论整合社群力量做输出，秋叶 PPT 社群不比其他社群差，但 PPT 的小众决定了影响力边界。综上，我们给 1.7 分。

运营（1.5 分）

仪式感：学员购买课程，获得入群资格后，会获得个人编号，有公告和禁言，有庄重感。核心小伙伴入群，爆照甩节操秀下限，有欢快轻松感。

参与感：购买课程，自由完成课程内布置作业，发微博，老师点评。还有品牌活动 # 群殴 PPT#、# 一页纸大赛 #，参与后可获得奖品，影响力越来越大，这几个活动已经获得过与美的集团、万达集团的合作。

组织感：怎么做出国内影响力最大的微信号？怎么一起写书？怎么一起开发课程？……这样的“大事”，秋叶会根据核心群群员各自擅长的领域给予分工，虽然群员来自天南地北，但是通过网络分工协作，每天交流创意和进度，比如销量高歌猛进的《说服力 3》，就是十多个群员每人负责 20 页左右在极短时间内配合完成的。平时做推广，群员自行组织接龙转发，自运行力和凝聚力很强。

归属感：组织过多次线下活动 P 友会，增进群员对社群的归属感。

不过，秋叶 PPT 在社群规模做大后，也遇到了维护和管理成本上升、产品开发和社群运营抢夺核心团队精力、社群新鲜感下滑的挑战，一些新兴职场社群在运营上表现更出色，因此，我们给秋叶 PPT 社群运营 1.5 分。

复制（1.5 分）

秋叶团队实用类在线教育已到领头羊的位置，首先，课程有破百万的销售额，不缺钱；学员破 5 万，核心团队 69 人末位淘汰，不缺人；经常有和各大企业合作的机会，不缺影响力。

我们的核心文化就是：玩耍起来无节操，认真起来无人敌——玩的同时把活做好，还能挣到钱。

以学员群为核心分化出很多以秋叶核心小伙伴为中心的子社群，比如邓稳的群殴 PPT 群、秦阳的秦友团群、阿文的信息图表群、蔬菜有乐膝盖的表情包群、油杀臭干的动画手绘群等，特别是陈慧敏运营的 Better Me 社群，是一个惊喜。

由于课程的付费性质以及现有课程销量规模，秋叶 PPT 社群在规模上还有很大提升空间。不过秋叶 PPT 正逐步转向职场技能定位，打通职场三到五年新人渠道后，未来社群规模还有很大潜力。综上，给 1.5 分。

1.3.3　新生大学

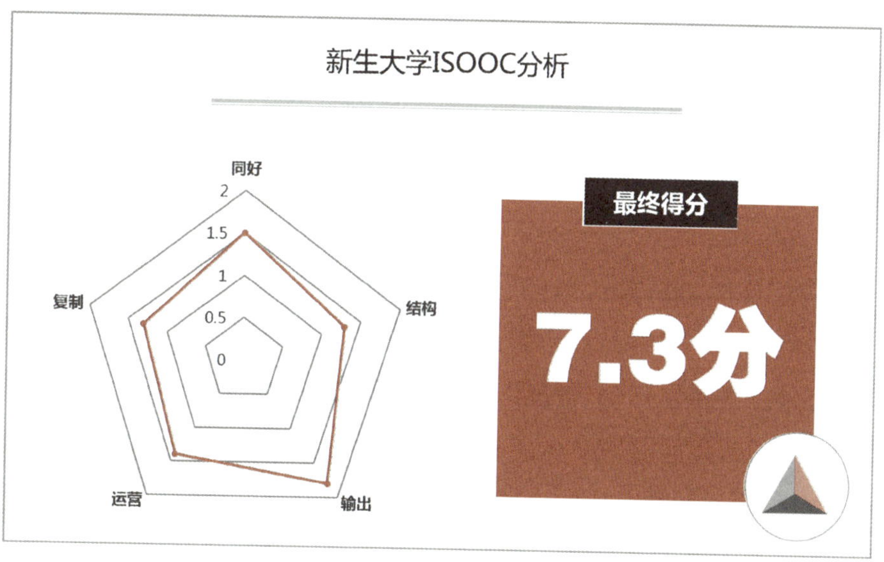

李笑来的新生大学的形成基于一本“书”，源自于一本“开源共创书籍”：《七年就是一辈子》（后改名为《新生——七年就是一辈子》）。他也有可能是第一个把自己的一本书做成了社群的人。

《七年就是一辈子》是李笑来在《把时间当作朋友》出版后时隔七年开始写的“书”。这“书”要打个引号，因为它实在不是一本传统意义上的书：它是写不完的“书”；它有两个价格；它是“共创书籍”。

2015年11月23日，李笑来发起了《七年就是一辈子》的预售，至2015年12月25日，购买人数达1 700多人。2016年1月中旬，真格基金投资了为新生大学开发APP的情非得已（北京）科技有限公司。2016年3月1日，微信公众号“新生大学”开通，截至2016年3月31日，订阅人数约为6万。2016年4月15日，新生大学的APP上线。正式上线之前，付费用户人数已经超过2 700名。

同好（1.5分）

新生大学倡导不断积累、持续学习、获得新生，集聚着一批以持续、自主、升级自我为乐的人。被新生大学吸引过来的社群成员，很大一部分来自李笑来的订阅号“学习学习再学习”，抱有对李笑来个人品牌的信任。而之前李笑来做的收费社群（共同成长社群）的发展也为新生大学社群吸引同好打下了一定的基础，由于社群目前采用收费制度，而且收费金额并不低，规模就会受到一定的限制。

结构（1.3分）

李笑来写的《把时间当作朋友》这本书，其实有两个价格：一个是印刷版，由出版社定价；另外一个是网络版，完全免费。

《新生——七年就是一辈子》同样采取了“价格双轨”策略，此书的网络版永久免费公开，付费并非必须；读者也可以选择支付年费2 555元人民币，那么就可以进入一个社群。社群的成员可以使用新生大学的APP参与写作社交。新生大学的每个社群成员都必须进行实名登记与验证，否则无法发布文章、无法参与讨论、无法发起私聊。

李笑来也公布了其新生大学APP未来可能实现的功能与使用场景：

① 精选课程（新生大学在下半年将开设五门课程）。

② 不定期讲座（会组织各种学习、成长类的讲座与分享）。

③ 向社群成员开放申请权限，允许社群成员之间构成各种主题的“互助小组”。

④ 有规则的线下活动（每个人都有机会学习并成为“群主”）。

而他所筛选的群主，都是具有一定影响力的 IP，为后续的社群规模复制和传播打下了好的基础。

输出（1.8 分）

新生大学社群总计有三本必读书籍：

①《新生——七年就是一辈子》。

②《领导梯队》（*The Leadership Pipeline*）。

③《原则》（*Principles*，这其实也是一部“众创书籍”）。

李笑来认为从原则上来看，没有通读完这三本书之前，社群成员是没有资格推荐他人入群的，因为“领路人”显然要有足够的“阅历与经验”，否则事实上并无实力。

李笑来倡导的写作是交友和自我升级的一种方式，认为写文章是高质量交流手段。而写作本身（无论是哪一种形式的写作），都是未来价值无限大的行为。

现有社群成员可以在新生大学 APP 里发表文章，社群引导社群成员在新生大学 APP上输出文章，好的文章会被转载和发布到首页，为社群成员增加影响力。因为成员年费高达 2000 元以上，所以经过这样一个价格的筛选，APP 里的朋友圈的内容就会被社群成员做自行筛选，价值相对会更大，有更多有料的内容被分享出来。

运营（1.4 分）

仪式感：社群成员在获得推荐资格之后可以推荐新成员，并取得相应的积分。李笑来也公布会用“区块链公证”的方式保证每一个成员的积分最终都有公开记录。跟罗辑思维一样也通过推荐关系构成一种仪式感，增强了门槛与新老人之间的关系，强化了弱关系。

参与感：用众创书籍的方式共写一本写不完的书，一起建立社群。而新生大学的 APP 跟微信的界面很像。

主要包括四个模块：文章，聊天，发现，我。

①“文章”里面是所有发布的文章。

②“聊天”里面包括私聊和群聊。

③“发现”里面主要是朋友圈功能，与微信不一样的是，这里每个人都是朋友，所以所有人都能看到朋友圈。

④“我”里面包括自己的通讯录、名片、文章还有设置等。

因为APP里所有人都是实名的，有了这样一个基础，成员之间可以有更真实的了解，社交就有了更多的亲密感和黏性。

归属感：新生大学的学员早期是从支付宝群转移导流过来的，但是支付宝群之前是禁言状态，沟通得不多。现在转移到APP后，支付宝群就搁置弃用了。目前的归属感都是通过APP发布文章和对未来的完善来承载，归属感有待增强。

复制（1.3分）

目前社群处于初期，还没有达到大规模复制的程度，但已经开始布局。让自身有资源的IP成为群主。其也曾在推送中明确列出成为群主的三点优先条件。

① 最好有一定的初始流量（比如，在微博、微信、知乎、豆瓣等媒体上有一定数量的粉丝）。

② 最好有一定的运营经验（群主做得更多的事情其实是运营，而不仅仅是“创作内容”）。

③ 有很强的学习能力。

这种模式在后期可能能带来社群成员的大幅增长，但是由于年费需要一定的消费能力，另外爱动手、爱分享、爱写作的精英人士始终是少数，能否出现爆发式增长还得拭目以待。

1.3.4 十点读书会

在新媒体排行榜9月份的“中国微信500强”排行榜中，“十点读书”总排名第九，在文化类排名第一。十点读书是2012年底开设的，现在获得300万投资，估值3 000万。而十点读书会社群是十点读书新媒体矩阵中的一个子品牌，建立于2015年4月23日世界读书日。

在本书上一版中，我们谈到十点读书的社群属性还有待加强，经过这一年的发展，它显然已经做得风生水起。

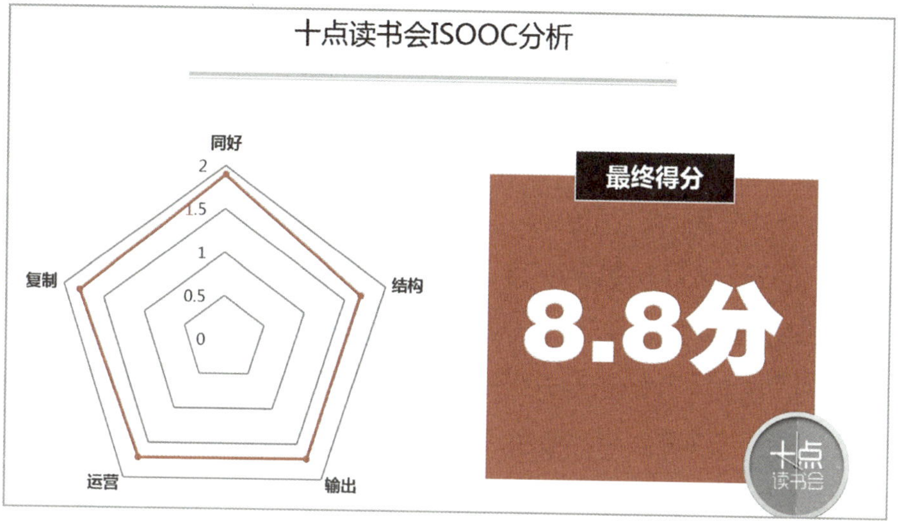

同好（1.9 分）

十点读书会吸引的是一群爱读书的人。十点读书会认为，一个人的知识储备等于阅读力乘以阅读量，他们在关注每一个人阅读量的基础上，关注提升大家的阅读力，通过潜移默化的影响，促成社群成员的进步。社群成员每日阅读打卡，每周阅读话题探讨，每月线下活动，十点线上直播间，作家见面会，每一个有关读书的环节环环相扣，把相同频率的读书人联系到一起。

结构（1.7 分）

仪式感：十点读书会的训练营每次开营都会有开营仪式和结业仪式，给社群参与人员强烈的仪式感，去认真严肃地对待 100 天的训练。

参与感：十点读书会的训练营活动，每天都是以固定的打卡模式在朋友圈或者微博提交自己的作业，并每周填表提交，让自己的成长得到系统的输出总结。

组织感：十点读书会的训练营会进行分班，从社群成员中选拔出组长，还配备有助教等，非常有组织性。

归属感：因为训练营有分班制度，所以能让小团队更有凝聚力。归属感也就更高。

输出（1.7 分）

十点的公众号文章曾经以名家授权转载为主，原创性不强，现阶段特约稿、领读模式越做越好，极具特色的训练营矩阵更让整个社群有所输出。

100 天训练营：2015 年 6 月 27 日，十点读书会联合知名博主@warfalcon 面向全国读书人发起 100 天阅读训练营活动。仅三天时间该计划招募文阅读量已超 10 万，最终确定 2 500 人进入本次训练营。2015 年 7 月 1 日，十点读书会在新浪微博发起 #100 天阅读计划 # 话题，当天就成为新浪微博热门话题，拥有超 4070 万的话题阅读量，此后每天将会有几千名营员在微博上进行阅读打卡。读书类相关内容迅速冲上新浪微博话题排行榜，为全民阅读时代的到来添砖加瓦。

PPT 训练营：2015 年 7 月 7 日，十点读书会联合秋叶面向全国发起 PPT 训练营活动。这是史上最大规模、最火爆的一次 PPT 集体学习。仅三天时间，该计划报名帖阅读量超 12 万，最终确定 4 500 人进入本次 PPT 训练营。7 月 10 日，十点读书会在新浪微博发起 #PPT 训练营 # 话题，次日即拥有超百万的话题阅读量，此后每天都会有几千营员在微博上进行 PPT 训练打卡。PPT 业界大神秋叶携 30 名高能助教团进驻 10 个营员群，零距离悉心指导，秒问秒答。训练营作为十点读书会首创的线上学习分享模式，不管是宣传规模还是招募营员数量，均再次创下新纪录。

100 天改变自己训练营：2015 年 8 月 8 日，十点读书会联合古典老师面向全国发起 100 天改变自己训练营活动。这是史上最大规模的一次集体学习活动。仅三天时间该计划报名帖阅读量累计超 20 万，最终确定 9 500 人进入本次训练营。8 月 12 日，十点读书会在新浪微博发起 #100 天改变自己训练营 # 话题，现已拥有超 4 000 万的话题阅读量，此后每天都会有几千名营员在微博上进行100天改变自己训练打卡。古典老师更是携手90名助教团入驻20个微信班群，零距离悉心指导，秒问秒答。

正是这样的杰出的输出能力，使十点读书会社群与社群成员产生了极高的黏性，为社群的发展打下了好的地基。

运营（1.7分）

目前十点读书会做了几大矩阵：包括新媒体矩阵（公众号、微博、十点直播间、十点电台等）、作家见面会、十点训练营、十点课程、全国分会。

十点读书会的微信公众号六个月内粉丝量就达29万以上，平均以1 500人/天的速度增长。新浪微博粉丝达78万以上，多个千万级话题成为微博热门话题。还有强大的自媒体资源“十点读书”作为后盾，十点读书公众号粉丝已超450万。

十点直播间：通过严格筛选，面向全国招募了20多名高质量专业十点读书会专属主播，全程参与线上直播间访谈节目、各地读书会活动主持，并建立了十点读书会电台。另外还面向会员建立十点文字营，撰写十点读书会的相关文字内容。

作家见面会：举办艾力、陈雪、小寒、午歌、十二等多名知名作家的见面会。

十点训练营：分别与多位大咖合作训练营，包括和warfalcon老师合作的100天阅读训练营、和秋叶老师合作的PPT训练营、和新精英的古典老师合作的100天改变自己训练营，都有不错的活动效果和曝光率。

十点课程：在11月22日，十点读书会正式携手资深思维导图导师尹丽芳老师，开设十点读书会专属的定制思维导图读书法课程“会读书，绘阅读，慧用书”，不到一周时间就报满500个名额。在11月23日，十点读书会携手周国平老师，联合多个频道一起开设“知道·人生大问题”微课程，由周国平、李银河、罗大伦老师分享“哲学与人生”“性与生活”“怎样做到身心双修”系列课程。

全国分会，包括：线下读书会、线上分享会、兴趣小组活动。

线下读书会：目前已在 30 个城市开设分会，约有 3 000 名正式会员。其中超过 24 个城市已经举办完第二场线下读书会，会员们积极踊跃地自组织了各种各样的线下读书会，已达近百场。

线上分享会：各城市已开展六一“致童年书”、父亲节主题分享、班委跨城分享、班委风采展示、达人课堂等数十场线上主题分享；以及开展数次的线上共读活动。

兴趣小组活动：在社群的引领下，会员们还建立了各种兴趣小组，有共读一本书、跑步团、羽毛球团、PPT 提升组、原创文字营、主播团等，读书会云集了各种各样不仅爱读书更爱学习的伙伴，其中不乏各种专业技术人才。

复制（1.8 分）

十点读书会围绕着读书，在线下全国性的复制能力上做得比较好，线下黏性也比较好。相对于罗辑思维来说，它更偏向于去个人品牌化，以十点读书这个品牌作为辐射点进行复制。

十点读书也开始涉足在线教育，借助自己的导流能力，整合优质社群，特别是能够产出优质课程的社群，一起运营在线课程，通过教育型社群扩展十点读书群的后续规模。

如果十点读书能打通整合优质社群的商业模式，那么在复制上的潜力很可观，因此我们给十点读书 1.8 分。

第二章

从0到1 社群的诞生

2.1 用 5W1H 方法梳理你的社群运营目标

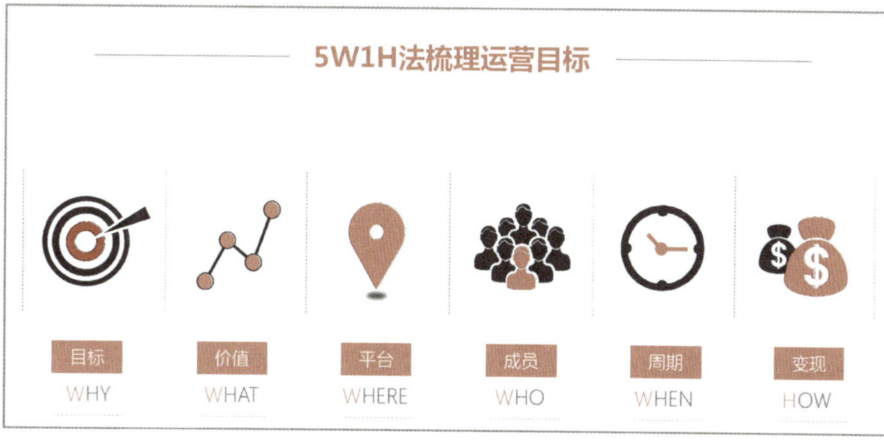

2.1.1 【Why】为什么要建立社群

一般来说，建群的目的有这样几种：

1. 卖货

比如，有一个朋友搞十字绣，也建个群，分享绣花经验，分享完了就可以推销淘宝小店。这种基于经济目标维护的群反而有更大的可能生存下去，因为做好群员的服务，就可以源源不断获得老用户的满意度和追加购买。

特别要指出的是，这里的“货”是泛指，产品、服务、会员、智力成果都包含在内。比如，在线教育培训会组织学员群进行答疑、分享干货，本质上也是销售产品和提供客户服务。

产品型社群要成功，情怀通常是催化剂。

2. 人脉

比如正和岛，它是定位于企业家群体、围绕创业者社群建立的生态链，下面有很多细分的组织。人脉社群尤其要明确定位，因为很容易找不到自己的圆心。每个人的需求是不同的，如果做社群找不到圆心，是非常容易失败的，尤其是急于建社群的时候，就更容易出现这个问题。

不管是基于兴趣还是为了交友，社交的本质就是为了构建自己的人脉圈。这是任何一个职场人士都会去努力维护的关系。群主不是一个正式组织的负责人，但是他维护一个群就是希望在线下可以成为一个非正式关系里面的联结人，获得联结人的影响力。如果他通过群成功组织群员进行一些活动，就能逐步在一定的圈子里面形成自己的网络影响力。

3．兴趣

这类群主是想吸引一批人共同学习和分享，构建一个网络学习的小圈子。学习是需要同伴效应的，没有这个同伴圈，很多人就难以坚持，他们需要在一起相互打气、相互激励，比如，很多考研群就是这样的。

4．品牌

品牌打造社群旨在和用户建立更紧密的关系，且并非简单的交易关系，而是实现在交易之外的情感连接。

但是我们也要清醒地看到，不是所有品牌都容易和用户建立产品之外的情感连接，这跟品类以及积淀是有直接关系的。

比如，消费者不会觉得用一种洗手液就代表什么生活方式，因为其功能性太强；而手机，作为时尚、高频、潮流的产品，用户对手机的关注度极高，可以讨论的话题较多，那么，相应的社群就可以快速建立。

还有一些品牌，本身在消费者群体中的口碑还没有建立起来，没有一点品牌的积淀，想要构建社群也不容易。

除了情感连接，社群大了，传播性可以大大增强，对于品牌宣传就起到非常好的传播作用。比如 PP 琪社群自成立以来，分别从太平人寿个险节奏、公司文化、团队风采等方面切入，制作了一套又一套的深度专题，这些专题对业务伙伴的增加和销售起到了很好的宣传作用，也一定程度上对公司品牌宣传起到作用。

5．影响力

利用群的模式快速裂变复制，有的群主希望借助这种方式更快构建自己的个人影响力。因为在网络上缺乏真实接触，往往能让新入群的成员相信甚至夸大群主的能量，形成对群主的某种崇拜，然后群主通过激励、分享干货、组织一些有新意的挑战活动，鼓励大家认同某种群体身份，最终借助群员的规模和影响力去获得商业回报。

建群动机是一切的初衷，在社群运营之初必须想清楚，只有这样才可以明确后续整个的游戏规则如何设置、用户价值闭环如何成型、商业闭环如何搭建。如果一个社群的存在能够满足成员的某种价值需求，并在满足需求的过程中又能够给运营人带来一定的回报，就会形成一个良好的循环，甚至可以形成自运行的生态。

做社群最怕的就是还没有想明白就风风火火地开干了。还没有想清楚到底能玩什么的时候，千万不要猴急地去四处拉人，如果事后你要想改变社群的基调，那就难于上青天了。

当然，我们也承认很多兴趣爱好型社群不容易早早设计出商业模式，有时候商业模式在没有与用户打交道时确实无法一拍脑袋想出来，或许在一步一步运营过程中，可以从一些细枝末节中找到灵感。

但还是那句话：社群运营消耗的时间精力会非常多，对于社群的运营者来说，至少要在运营前期认真思考，你建立的社群，准备吸引怎样的人？准备拒绝怎样的人？

秋叶 PPT 社群希望服务爱阅读、爱思考、爱动手的学员，所以我们的活动基本上都围绕学习、读书、分享展开，所以我们不赞同肤浅的网络交友文化，我们不提倡凑热闹的网络聊天文化，我们不鼓励所谓的网络分享文化——我们认为很多打着分享名义要资料的人就是伸手党，我们筛选出真正愿意学习的人的第一道门槛就是看他是否愿意为学习付费。

一直到今天，秋叶 PPT 都没有积极发展高校客户或企业客户团购业务，我们坚持走个人付费用户为主的运营道路，是因为我们相信，这样才能更有效地筛选出爱阅读、爱思考、爱动手的人。

2.1.2 【What】这个社群能带来什么价值

你的社群可以给群成员带来哪些价值？

——让更多人更好地了解某个产品？

——提供某种爱好的交流机会？

——聚集某个圈子的精英，影响更多人？

——让某区域的人更好地交流？

——做某个群体的情感聚集地？

——认同某一类价值观，共同探讨？

……

对于一个社群来说，聚集在一起的成员必须有一个共同的强需求，社群必须能提供解决这一需求的服务。

如果你认为你能提供价值，就要明白一个道理：你必须在某个单点能力上拥有超过普通人的能量，并得到大家的认可。比如秋叶不仅仅是 PPT 技能超过普通人；罗胖不仅仅是口才超过普通人；大熊不仅仅是写文章超过普通人……社群的价值是基于能力才能构建，不是基于热情或者愿景。

寻找这个价值有以下几个注意事项。

1. 价值要尽可能抓住痛点

先看一段有趣的聊天记录。

有一次，有个人在微信里面找秋叶老师，一上来就发了一个红包，88 块。

然后他提了一个问题："我是做男性婚恋的微信公众号，我现在给我的那些男性朋友们建了好多群，请问群要保持活跃度、要让大家在里面很 high，应该怎么办？"

秋叶老师想都不想就回答："那还能干嘛，分享软妹子的微信号啊！"

结果提问者来了一句："我们运营方除了妹子啥都有！"

秋叶老师："男性结婚征友的群，没有妹子，你把这些人拉在一起做什么？”

提问者说：“你能不能讲一点其他的干货，让这些男性朋友留下来？”

秋叶老师说：“这可能吗？他们的需求就是解决个人问题，你不推荐妹子你的群有什么意义！你要去全国各地找真正愿意交友的妹子，每天晚上推荐一个妹子，让她们去群里参加交友小游戏，比如谁答对妹子的三个问题，就可以拿到妹子的个人微信号，这样你的群还怕不能high？”

同好定位一旦偏了，社群的运营方向自然无法达到预期。

2. 价值要具体

有人说：“我们聚集了一批小伙伴，我们想在一起成长。”

一起成长叫爱好吗？谁都想成长，这种爱好太空了，空到很多人看不到价值。

同样是成长主题，以李笑来老师的共同成长群为例，很贵，入群得几千块，而且越迟交的钱越多。里面牛人多，所以这个群的价值非常明晰：要和笑来老师身边的牛人们做朋友。

和社群里面1 000多位牛人做朋友，感受他们的思维、学习他们的方法，其实也是在和时间做朋友。

有人问：“秋叶老师的社群又是做什么？”我们的社群很简单，我们教Office，非常具体。我教你学Office，半年后你学会了怎么办？有兴趣我继续教你更多在职场用得着的职场微技能。想学？一辈子。不想学，没关系，好来好走。

3. 价值要有回报载体

社群要为大家提供价值，这点没错，但社群也必须有一个能够产生经济回报的承载物。

同好的标签固然可以把同类特质成员快速圈出来，但如果没有相匹配的回报载体满足群成员深层次的需求，这样的“同好”就会陷入组织一群人凑热闹、自己什么回报都没有的窘境。

很多人根本没有想清楚，把一群人放在一起后，商业回报到底会在哪个点产生？一旦运营的激情消退，这些缺乏运营的群，要么沦为广告天堂，要么就慢慢沉寂死掉，只有一个空壳，不会再有价值。

比如，小米的社群回报载体是手机、电视、更多的小米硬件；秋叶 PPT 的回报载体是课程、书籍；罗辑思维的回报载体是会员、商城优惠；趁早有自己的微店，出售各种励志的商品。

一群人有共同的爱好或三观，极有可能买同样的服务或者产品，当购物话题在群里面聊起来，还能带来从众购买效应，这样，高水平的社群运营价值才能得到体现。

建社群要付出巨大的时间和精力成本，大多数人真的会因为兴趣爱好不求回报地付出吗？所以你可以看到，免费得到的一般是低质的服务，收费才能得到好的服务。在社群运营里面，我们认为这个规则依然成立。

所以，一个健康并能长久的社群是基于连接的自生式生态系统，它既能满足成员的某种价值需求，又能给运营者带来一定回报，才能形成良好循环。

4. 价值要有互惠互利的共生点

看过了大量社群的生死，你会发现，真正能长久活下来的，不用特别维持还能很活跃的，都是在社群成员之间逐步建立了互惠互利关系。

因为一个社群就算有回报载体，但如果仅仅是一个产品或服务销售群，群员难免会对社群的商业化性质产生怀疑，这个坑要填起来并不容易。当社群运营者和群员之间的回报是相互的，社群的自运营生态才能真正建立起来。

像秋叶 PPT 的核心群，聚集了一大堆 PPTer，平时大家任性卖萌，秋叶老师有需求的时候小伙伴主动帮忙，但是秋叶大叔有定制订单也会介绍、推荐小伙伴去挑战，小伙伴彼此之间也经常打赏分享彼此的好作品，互相帮助扩大个人品牌的影响力，这样的群因为有了互利互惠的关系，长久连接的价值自然就显现出来。

2.1.3 【Where】在哪里建社群

我们在前文说过，社群不一定要借助微信建设，微信仅仅只是一种便捷高效的沟通工具，很适合用于社群运营而已。

社群的交流一定要选择一个运营平台，这个平台可以是论坛，可以是 QQ 群，可以是微信群，可以是 YY 群，可以是 MOOC 学院，也可以是这些工具或者平台的混合体。

具体哪一种社群运营载体好，要看自己社群的定位和玩法。

1. 从使用功能角度选择

主流的群沟通平台是 QQ 和微信。一般来说，人数不多的时候两者都很好用，但是一旦群人数众多，QQ 群的优势就显现了出来，一方面微信群的上限是 500 人，QQ 群可以到 2 000 人；另一方面，QQ 群有群文件、群视频、禁言等多种管理手段，有利于社群的维护。

对比项目	QQ群	QQ讨论组	微信群
规模	现在购买超级会员后可以组建四个超级群，每个群 2 000 人。500 人群随意建，1 000 人群八个	正常可以创建 50 人群，根据会员等级不同增加。创建的组数目前没有限制	早期只能创建 40 人群，群数量没有限制，现在普通用户可建立 500 人群
数量	低于 500 可创建多个，不超过好友人数上限	随时创建没有限制	随时创建没有限制
结构	金字塔结构 有一个群主，群主可以设立管理员，只有通过管理员才能入群	环形结构 有创建者，每个人关系平等，都有邀请权限。创建者可以 T 人	环形结构 有创建者，每个人关系平等，都有邀请权限。创建者可以 T 人
权限	群的管理员拥有更大权限。可以发语音视频传文件	群员之间权限平等。只有创建者能 T 人，邀请制度。可以发语音视频传文件	群员之间权限平等。只有创建者能 T 人，邀请制度
玩法	有匿名、群等级、改名、群 @、禁言、群投票、群作业、群活动等各种玩法。支持红包	更多为工作设置，没什么玩法，支持群红包、AA 收款	主要为群红包
共享	可传文件，有公告板、相册、文件共享、演示共享，基本不屏蔽其他网站链接	可传文件、发链接，无文件共享，无演示共享，无公告板	传文件效率不高，屏蔽部分链接（比如淘宝）

现在，QQ 群的很多细节做得越来越好，而且非常倾向于社群的运营。比如，我们最烦的是一个人打着入群学习的旗号来打广告，但是你提前不知道，对陌生人的黑历史又摸不清。此时，你看看 QQ 的神奇功能：

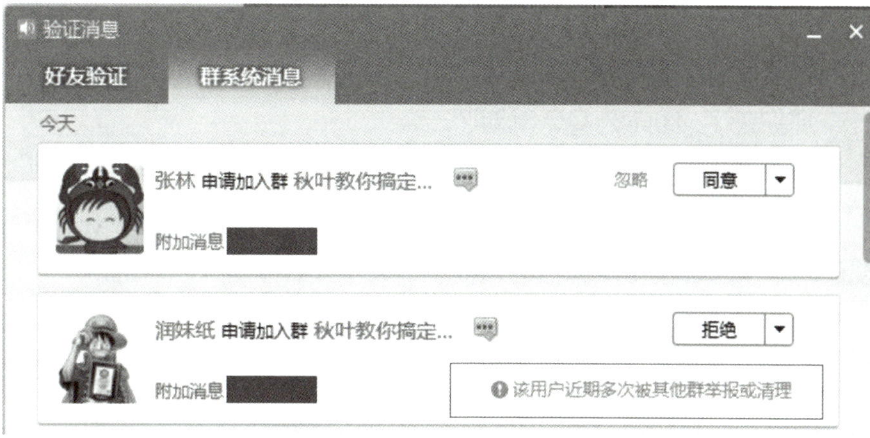

而且QQ的“附近的群”可以根据距离远近、分类、主题进行搜索：

另外，一开始就准备建设付费社群的朋友，可以考虑支付宝群，支付宝群天然具有收费便利的优势，其他群管理功能也足以满足日常群管理的需要。

2. 从用户习惯角度选择

如果今天我有一款产品，标准用户主要是95后，你会选择什么平台？

如果今天我要做个活动，想吸引的主要是95后，你会选择什么平台？

如果今天我要建个社群，想聚集的主要是 95 后，你会选择什么平台？

很多人问，不应该是微信吗？

那你错了，优先选 QQ 就对了。

你真的以为 QQ 不活跃了？也许是你老了。

其实，现在 QQ 的活跃人数和微信的活跃人数不相上下。相反，现在的中学生会觉得玩微信的人很土，认为微信都是大人玩的。

本书的作者 @ 秦阳 在 2015 年年底受邀作为嘉宾在苏州的 TEDx 演讲。当时演讲嘉宾一共 10 个人，其中有两个 00 后左右的小姑娘做英文演讲，非常厉害。

演讲结束后，几位嘉宾相互留联系方式，秦阳掏出手机打开了微信，两位 00 后打开的是 QQ。几位嘉宾演讲后发社交状态，发在了微信朋友圈；两位 00 后发布的地方是 QQ 空间。

一时间，你真的会觉得你跟他们根本不在一个世界。

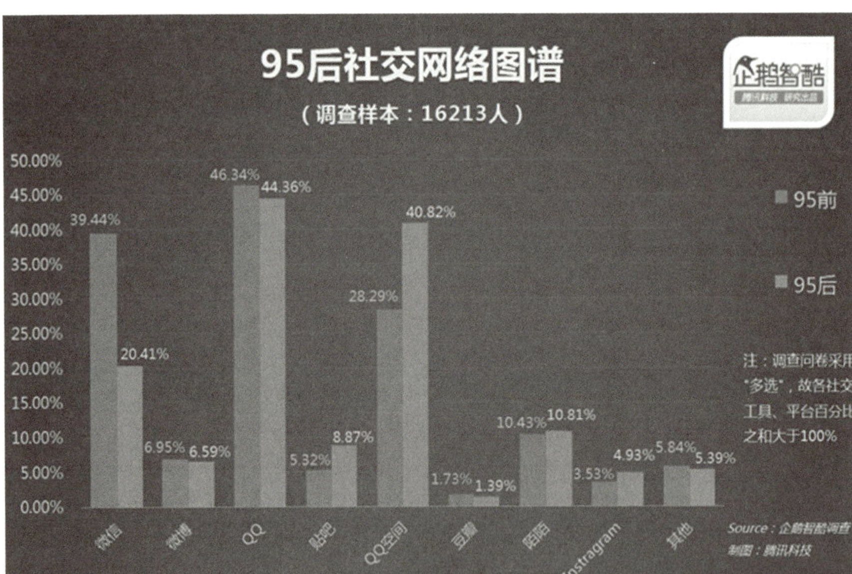

年度报告：95 后社交网络用户中 QQ 用户占 44%，排名第一

3. 从商业经济角度选择

虽说很多社群都开始走向商业化，但付费的方式一般都寄托于一

些额外的操作步骤；换句话说，微信群本身是为了社交，而商业社群的探索是基于付费模式来设计新玩法，有的社交软件已经开始尝试纯商业社群，不信你看支付宝下的群种类。

以这个“经费群”为例，群主可以设置入群条件，且条件就是付群主所设置金额的费用，简单粗暴，但是对于商业社群来说非常有用。

付费群这个设计有很多显而易见的使用场景，比如，能讲课能分享的老师们可以收费讲课，不用专门找个小编一个个先微信支付、核查后再手动拉入群了。

有了支付宝经费群，扫码直接付费进入，省人省事省时间；组织小型私募简单了，众筹组织者也方便了……

2.1.4 【Who】社群里面应该有哪些人

1. 创建者

特质：有人格魅力，在某领域能让人服气，能号召一定的人群。

要有一定的威信，能够吸引一批人加入社群，还能对社群的定位、壮大、持续、未来等都有长远而且正确的考虑。比如 @ 秋叶，正是由于他在 PPT 领域的影响力才聚集了他核心群的成员，后来一起做课程、建学员群等都是按照他的规划一步步实施的。

那么，创建者必须得有威严、有影响力吗？也不尽然。

拿 BM 社群来说，创始人陈慧敏就是一位温文尔雅的女性，建立 BM 群的时候刚生宝宝不久，每天在家带孩子，没有任何网络影响力。

她说，读书的时候有件事对她影响很深，当时班里有很多人才，谁也不服谁来管。但是有个女生，她并没有很厉害的才能，但是她能让所有高手都愿意听她的安排，大家其乐融融，就把活干好了。我们能很容易感受到她不竞争、专注从做事角度出发的心态。

后来发现，最关键的原因是，她没有攻击性。

因为她真正服气别人比自己强，承认自己的无知，认真从别人身上学习优点。只有真正从内心深处认同自己在很多方面不如别人，才能以学徒之心接受别人的意见，同时也能获得大家的尊重。

2. 管理者

特质：要有良好的自我管理能力，以身作则，率先遵守群规；有责任心和耐心，恪守群管职责；团结友爱，决策果断，顾全大局，遇事从容淡定；要赏罚分明，能够针对成员的行为进行评估并运用平台工具实施不同的奖惩。

社群管理的难度相比于线下其实不但不轻松，经常还会更麻烦，管理的道理经常是相同的，要看管理者是不是能够汲取灵感，找到解决的思路。

管理者要尽快挖掘与培养核心小伙伴组建一个核心管理团队，遇到困难，想到一些主意，可以先放到核心群进行头脑风暴，各种天马行空的主意就像火花一样碰撞。一件看上去特别艰巨、难完成的事情，分解给多人后解决就高效了很多，这时候你也会深深地意识到：一个人干不过一群人。

一旦社群大到一定的规模，连管理者都可以组成一个社群了。

比如 PP 琪社群，成员人数超过了 5 万，管理团队自然小不了，所以管理者还要分成这样几种类型：

试用管理员职责——初级的群管理，包括提醒新人规范群昵称、统计每日问早数据。

管理员职责——试用管理员考核期满之后可以晋升为管理员，主要引导群的原创分享。

组长——组内达到四名管理员可以晋升为组长，每位组长负责一个群，负责群的活跃度和群聊质量。

副总管理员——一位副总管理员负责四个大群，也就是下面有四位组长，更多地分担总管理员的管理成本，汇总统计整个社群的每日数据（问早数据、干货数据）。

总管理员——负责整个社群的管理活动，搭建群的管理架构，注入本群的文化基因，制定群每一个阶段的活动，负责社群的整体输出内容。

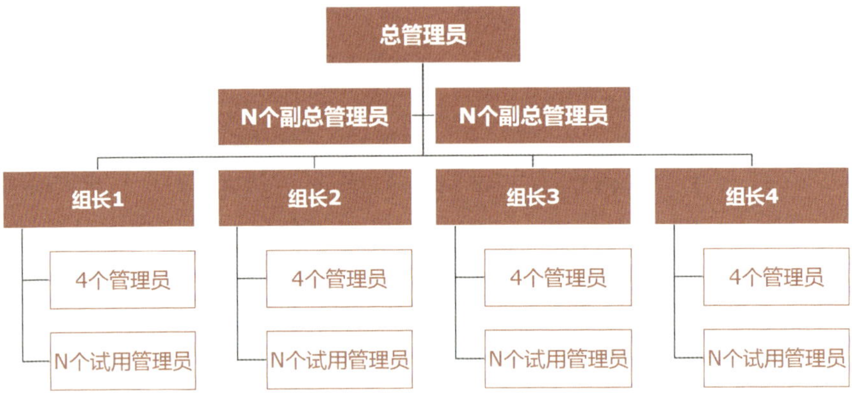

3. 参与者

特质：风格可以多元，但要尽可能参与到社群的活动或讨论中。

活跃度决定了参与度，而要想活跃度高，参与者中引入一定的“牛人”、“萌妹子”、“逗比”等会很有效，这一人群能激发社群整体的活跃度。比如秋叶 PPT 社群中的 @simon_ 阿文（牛人）、@ 小荻老师（萌妹子）、@ 有品无赖（此处略过若干字）等。

4. 开拓者

特质：懂连接，能谈判，善交流。

社群的核心是人、资源是人，只有把在社群中的资源利用到位，才能真正发挥出社群的潜力。所以，开拓者要能够深挖社群潜能，在不同的平台对社群进行宣传与扩散，尤其要加入不同的群后谈成各种合作。

5. 分化者

特质：学习能力强，能够深刻理解社群文化，参与过社群的构建，熟悉所有细节。

分化者是未来大规模社群复制时的超级种子用户，是复制社群的基础。

6. 合作者

特质：认同我们的社群，有比较匹配的资源。

独木难支，所以最佳的方式是能够拓展一定的合作者用于资源的互换。比如与其他社群相互分享、共同提升影响力，或者跨界进行合作产生互利。

比如秋叶 PPT 与出版社的读书笔记 PPT 合作、与在行的群殴 PPT 合作、与畅销书作者的相互分享合作等。

7. 付费者

你要记住，社群的运营与维护是需要成本的，不论时间还是物料，都可以看作是金钱。所以社群一定要有提供经济来源的付费者。付费的原因可以是购买相关产品、社群协作的产出、基于某种原因的赞助等。

2.1.5 【When】什么时候开始建，计划运营多久

1. 产品周期评估法

一个社群的存在，既能够满足成员的某种价值需求，在满足需求的过程中，又能够给运营者带来一定的回报，就会形成一个良好的循环，甚至可以形成自运行的生态。想要得到长期的回报，就得设置长期的需求。这也是为什么大多高频重复使用类产品的社群比单纯兴趣社群的生存时间要长的原因。

比如你要运营制作简历的社群，运营周期是多久？

我们说社群第一要素是“同好”，请问谁有常年做简历的爱好？

一旦顺利入职，工作稳定下来，你还愿意每天在群里聊简历的话题吗？还会每周期待分享吗？结果势必是先沉默后屏蔽甚至退群。

所以，需求的短暂性势必造成社群的短暂性。

再以秋叶的职场技能课程为例，这个课程包括 Office 办公三件套、职场技能，涵盖求职→面试→职场工具技能→理财→移动办公，是三到五年的职场技能培养，围绕一个人三到五年的职场成长技能，那么这个社群的存在就是有长期意义的。

所以，社群运营时间周期与需求时长的定位是息息相关的。

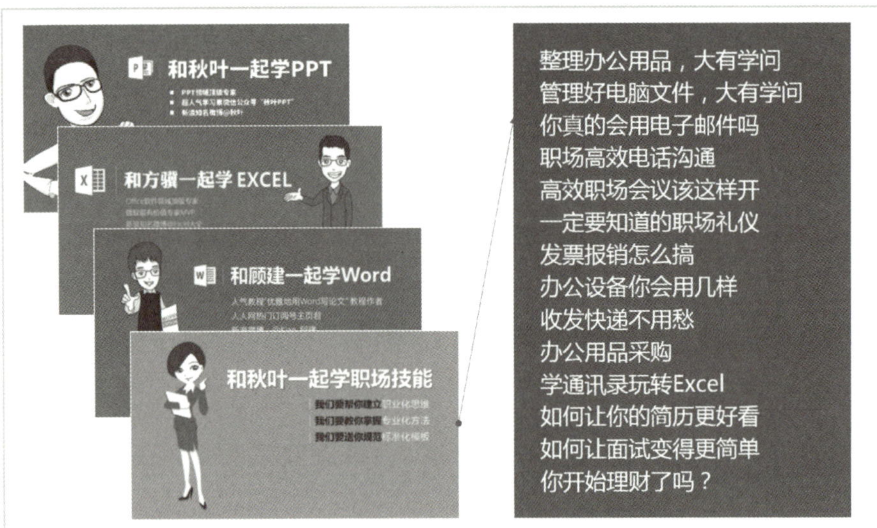

2. 生命周期评估法

在中国网络上长期泡的人，恐怕都有过加入某种群的经历。一开始是激动和兴奋的心情，但当怀有良好愿望加入一段时间后，却发现群里充满灌水、刷屏、广告，甚至两个群友一言不合开始争执，愤而退群。

而群主也会因各种琐事纠结，人数不能太少，少于 30 人不成群，超过 80 人就开始热闹，超过 500 人又乱糟糟的不好管，不出半年，大家慢慢不再发言，就成了一个死群。

任何事物都是有生命周期的，大部分群都经历了如下图所示的生命周期模型，一个群走完整个生命周期模型长则六个月，短的甚至只需要一周。

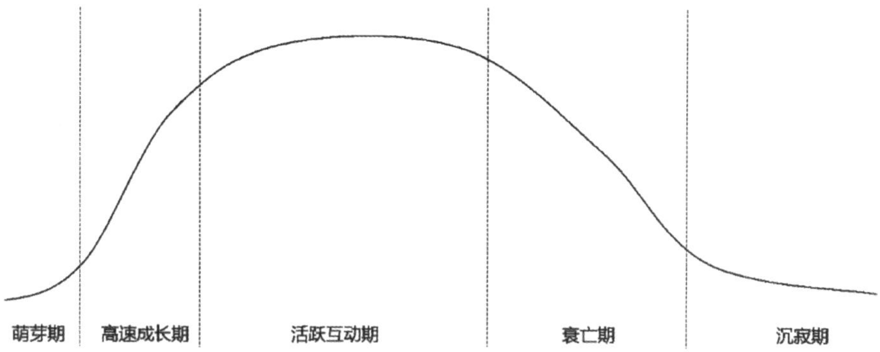

我们必须认识到，即便是出于商业目的主动管理一个社群，在运营非常好的情况下，群也是有生命周期的。这个生命周期大概在两年左右。

为什么是两年？

第一：来自我们自己对过去论坛坛主活跃度的观察，一个热心坛主往往坚持时间很难超过两年，同样一个群的热心群管也很难坚持超过两年，即便是专职团队管理，两年内，群的运营给社群群友带来的新鲜红利也消失殆尽。

第二：是因为一个群在两年的生命周期内一般而言已经完成商业价值的转换。即便是死忠品牌粉，是你的产品不断升级换代，在两年内，从商业上讲，该挖掘的商业价值也挖掘得差不多了，继续维护成本会超过回报。

长期运营社群并让大家感到收获满满并不容易，需要耗费大量的人力、财力、脑力去组织，而很可能回报却逐步下降，所以才有了社群大多无疾而终的结局。

这也给我们两个启发：

1）不要过度投入，群走到生命周期尾声时，不骚扰别人就是美德。

2）要设计一个在群生命周期结束前就能完成销售的产品。

2.1.6 【How】建立了社群，你准备怎样变现

变现有两种途径：一种是对内，一种是对外。

对内模式主要是从社群内部获取经济回报，这个一般拼的是规模，常见的有会员式、电商式、服务式、众筹式。

对外模式不是想着向群成员收钱，将社群成员当成被榨取的目标，而是组织社群群员一起共同创造出无穷的价值，利用这种价值换取回报。这种模式主要拼的是社群集体输出的质量，比如智库式、抱团式。

对内对外同时兼顾的也可以，不过运营难度更大。

1. 产品式

这种模式的前提是有产品，社群也是因为产品而聚集在一起，所谓“社群未建，产品先行”，典型的例子就是秋叶 PPT，先有课程学员，再有学员社群。

2. 会员式

正如前面章节所讲，会员既是门槛，也是变现渠道，是大多运作得好的社群最常见的变现方式。这也是大多兴趣、理念型社群的主流变现形式。

3. 电商式

罗辑思维就曾经主张，社群应该走电商的道路，而且他们也在身体力行，卖书、卖年货。

这种模式最关键的当然就是引入或者生产高复购率的优质产品了，如果产品口碑不好，对社群运营来说就是做无用功。

4. 流量式

社群流量大了之后可以收广告费，社群是某同类人群的集合，所以对于很多商家来说就是精准用户聚集体。

请问，如果给你 50 万元推广经费，你觉得投在报纸、电视、电梯、百度上有效，还是投在与你产品相关的社群里划算？而且后者价格也许更低。

5. 服务式

把成员聚在一起，是为了给用户提供更好的服务，这也是大部分企业做社群的目的。虽然不一定获取直接的回报，但是由于在服务过程中构建了更多和用户的“接触点”，将企业和用户之间的连接时间变得更长，拥有与用户长期接触互动的可能，进而就具备了时刻进行交易的可能。

所以，这种模式一般是企业长期的品牌行为，不需要在短期内直接带动销售，其实，能好好地花时间和精力来维系好品牌社群，就已经具有了核心竞争力。

6. 众筹式

通过社群发起的众筹有增加的趋势，社群聚集精准人群的特性便于一些小众产品从内部发起众筹。

7. 智库式

比如互联网文案专家李叫兽组建的社群，通过作业、练习的形式，利用群成员的集体智慧给很多前来咨询的商家提供营销服务。群成员本身就是各行各业的专家，这样做出来的营销方案既有高度又可实操，前来咨询的商家自然也会满意。而群成员一方面可以获得李叫兽本人的反馈与指导，另一方面如果给出的内容质量高、获得客户认可，还可以额外获得奖金或产品。

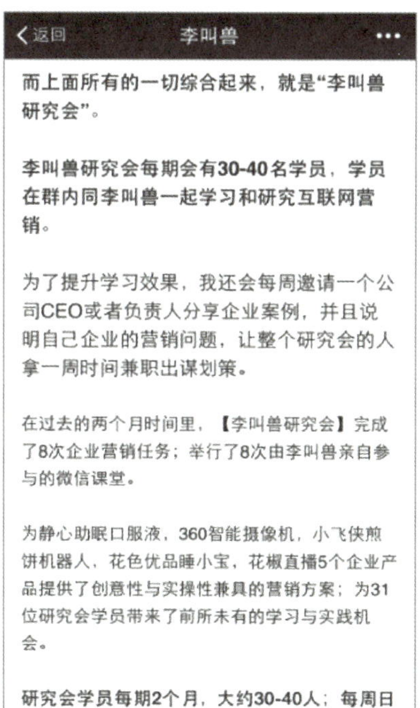

返回 李叫兽

而上面所有的一切综合起来，就是“李叫兽研究会”。

李叫兽研究会每期会有30-40名学员，学员在群内同李叫兽一起学习和研究互联网营销。

为了提升学习效果，我还会每周邀请一个公司CEO或者负责人分享企业案例，并且说明自己企业的营销问题，让整个研究会的人拿一周时间兼职出谋划策。

在过去的两个月时间里，【李叫兽研究会】完成了8次企业营销任务；举行了8次由李叫兽亲自参与的微信课堂。

为静心助眠口服液，360智能摄像机，小飞侠煎饼机器人，花色优品睡小宝，花椒直播5个企业产品提供了创意性与实操性兼具的营销方案；为31位研究会学员带来了前所未有的学习与实践机会。

研究会学员每期2个月，大约30-40人；每周日

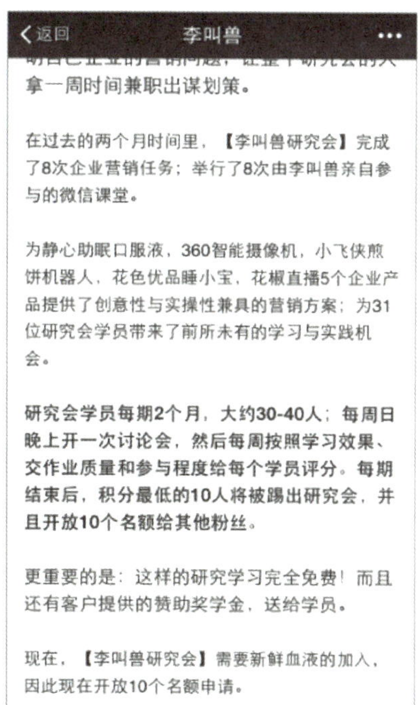

返回 李叫兽

拿一周时间兼职出谋划策。

在过去的两个月时间里，【李叫兽研究会】完成了8次企业营销任务；举行了8次由李叫兽亲自参与的微信课堂。

为静心助眠口服液，360智能摄像机，小飞侠煎饼机器人，花色优品睡小宝，花椒直播5个企业产品提供了创意性与实操性兼具的营销方案；为31位研究会学员带来了前所未有的学习与实践机会。

研究会学员每期2个月，大约30-40人；每周日晚上开一次讨论会，然后每周按照学习效果、交作业质量和参与程度给每个学员评分。每期结束后，积分最低的10人将被踢出研究会，并且开放10个名额给其他粉丝。

更重要的是：这样的研究学习完全免费！而且还有客户提供的赞助奖学金，送给学员。

现在，【李叫兽研究会】需要新鲜血液的加入，因此现在开放10个名额申请。

8. 抱团式

比如，很多手艺人有很好的技术，但是一个人很难有能量获得大量订单，只能凭口碑扩散和行业经验的积累。但是，大量手艺人迅速抱团成社群，就可以像经纪公司一样运作。

比如，很多 90 后小伙伴 PPT 做得非常好，想要接 PPT 美化的单子，要么是低价拼数量，要么是在新媒体上先发布大量的免费教程获得知名度，时间漫长，大量的高手在能量消耗的同时心灰意冷。而很多有才华的 PPTer 被锐普 PPT 引入 PPT 研究院，大家相互切磋技艺，优秀者还能设计模板销售，介绍定制任务，谁有时间谁做，不但打出了品牌，而且客单价很高。

9. 跨界式

通过两种不同定位或类型的社群及社群与品牌之间的跨界合作，相互导流产生经济回报，共同获益。比如趁早社群与中信银行的合作：

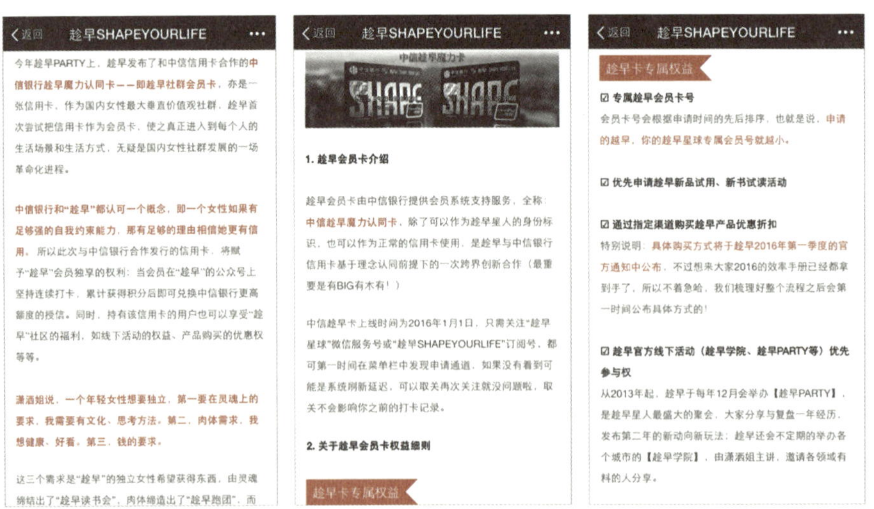

2.2　如何从 0 到 1 构建你的第一个社群

2.2.1 【同好】落实你的社群价值观

在社群“同好”主题之下要尽可能塑造大家认同的价值观。

有大家共同认同的价值观，才能保持长期的连接，比如罗胖的“U盘式生存”，趁早的“女性自己的活法”。

这些价值观一般来自创始人或者某一产品的理念。那么，这些价值观如何体现、落实呢？

1. 社群名称

名字是最为重要的符号，是所有品牌的第一标签、第一印象，所以要特别重视。

（1）起名称的三种方法。

第一种方法是从现成的核心源头延伸出来，特点是与核心源头息息相关，从名称上并不能看出特别具体的信息。

比如，从灵魂人物延伸：罗胖的罗友会、万能的大熊的大熊会。

比如，从核心产品延伸：米粉群、魅友家。

第二种方法是从目标用户着手，想吸引什么样的客户群体，就垂直地起与这个群体相关的名字，一般从名称上就能看出是做什么的。

比如，行为：拆书帮。

比如，爱好：爱跑团。

比如，内容：干货帮。

比如，理念：趁早、Better Me。

第三种方法是以上两种的结合。

比如，吴晓波书友会、秋叶 PPT。

（2）起名称的注意事项。

1）好名字应该让人容易记住和传播，可以让目标客户群快速找到你。

2）除非特殊原因，否则一定忌用宽泛、生疏、冷僻词汇。

2. 社群口号

口号作为浓缩的精华，从产品、企业、品牌……一直都是重中之重。

纵然口号有千千万万，但总结下来无非有三类：

功能型——阐述自己的各种特点，用最具体直白的信息让所有人第一眼看到就知道你是干嘛的，比如百度的“百度一下，你就知道”。

利益型——阐述该功能或者特点能够带给你的直接利益，能够为你完成某目标做出的贡献，比如秋叶 PPT 的“每天三分钟，进步一点点”。

三观型——阐述追求该利益背后的态度、情怀、情感，该利益升华后的世界观、价值观、人生观，比如王潇的“女性自己的活法”。

我们可以看到，新品上市，通常主要的焦点放在功能和利益上，尽可能减少用户的认知阻碍，迅速占领市场，而一旦成熟起来成为大众熟知的品牌，其口号都在说价值观，而且一般都与“我”相关。

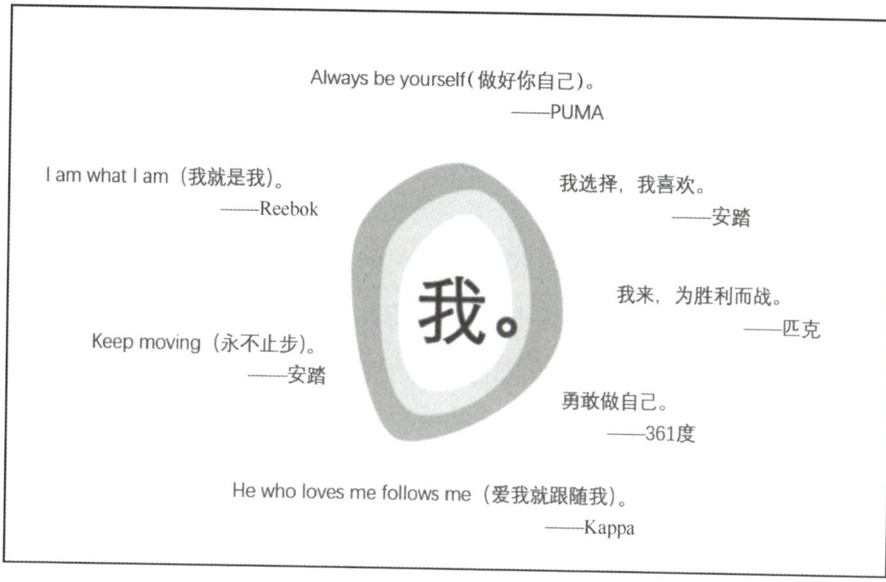

所以这三种类型是事物的三个层级，没有哪个好哪个坏，任何一个品牌或者企业都可以用这三个层级去剖析，至于你要使用哪一层级，这是多种因素综合的结果。

以 BM 社群为例：

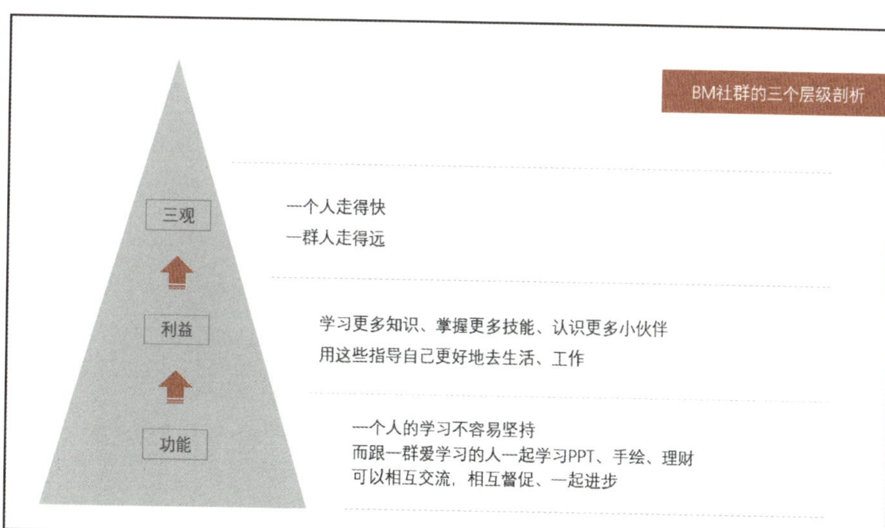

所以，关键看你的品牌到了哪个阶段，任何一个产品，初期可能还有功能、利益的竞争，越往后越是三观尤其是价值观的竞争。如果有一

天你所代表的价值观被大众接受，那你一定就是王者，社群也是如此。

3. 视觉设计

对于社群来说，尤其要凸显仪式感、统一感，那么视觉就是最基本的表现手法：

1）与社群相关的微信、微博、群……是不是都需要头像？

2）做线下活动，是不是要布置会场？

3）合影需不需要手持标志性的牌子或旗子？

……

所以，围绕着社群的名称与口号进行视觉设计，比如头像、背景、卡片、旗子、胸牌……不论是线上传播、线下活动，视觉都是最基本的认知，所以必须精心构思，而这一切视觉设计的核心就一个，那就是 Logo。

以 BM 社群为例：

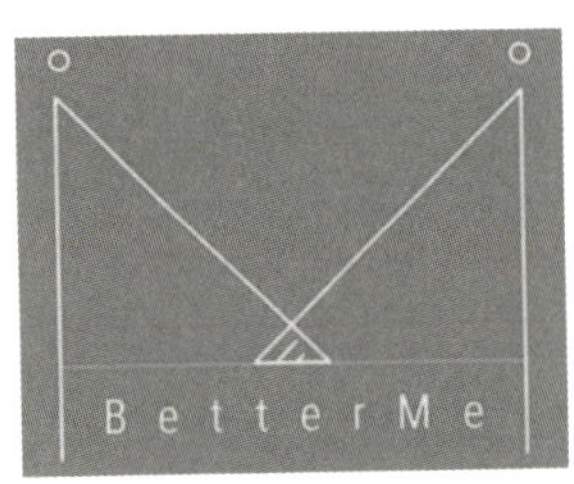

（BM 社群的 logo）

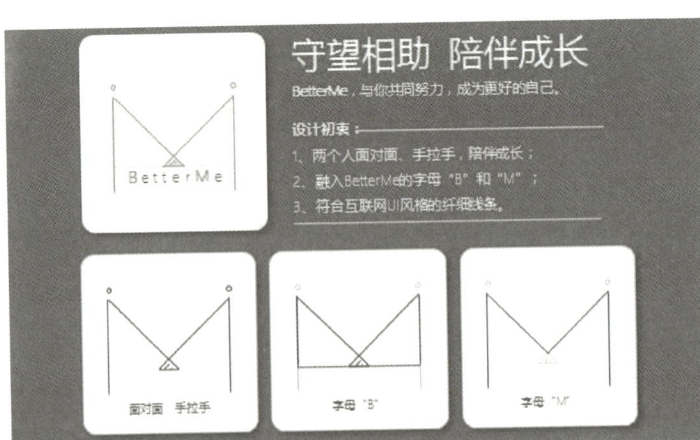

（BM 社群 logo 的含义）

然后，所有平台的占位、活动的开展，基本上都是 logo 的延伸，就像一家企业的品牌 VI 一样：

（BM 社群的官方微博微信）

（BM 社群的胸牌）

（BM 社群嘉宾邀请卡）

（BM 社群杭州营的活动合影）

（BM 社群深圳营的户外活动）

（BM 社群武汉营的活动创始人讲话）

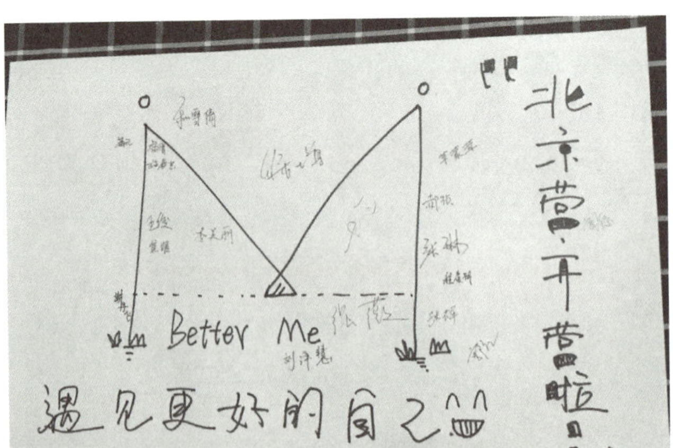

（BM 社群北京营活动的签到墙）

（BM 社群的纪念品）

瞧，贯穿始终，哪里都要用，足以看出 Logo 的重要性了吧？

目前的 Logo 有两个大类，已经非常成熟的企业或者品牌，在做社群的时候，会直接沿用自己的原 Logo；一般情况下，原生态的社群，主要还是用文字，部分也会用一些核心人物或者理念延伸的卡通形象。

趁早　BetterMe　正和岛　罗辑思维

大熊会　秋叶PPT　黑马会

其次，Logo 要考虑分化性。一种是在主 Logo 上加分区域的名称，比如趁早读书会；一种是在原基础上适当修改，比如魅友家的各地社群 Logo，都会结合当地的地标或文化进行修改，但风格是一致的。

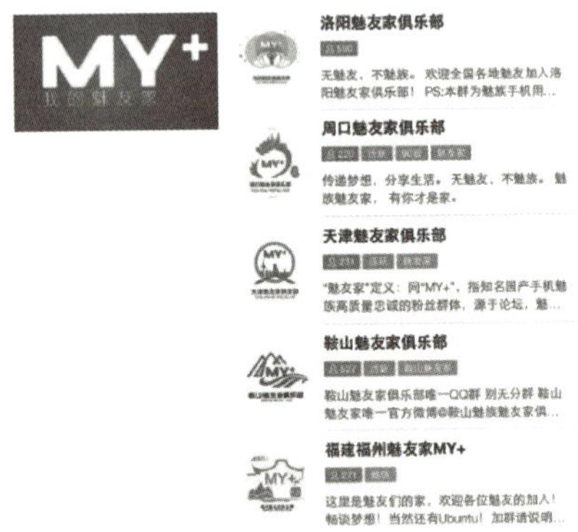

4. 增强黏性的方式

第一，形式。

用某一种你所擅长的形式与成员持续输出、交流、互动来不断强化共同的价值观，常见的有：

官方内容：比如罗胖的脱口秀视频、60 秒语音，趁早的“效率手册”。

互动形式：比如群讨论、群分享、答疑、内部群送福利活动等。

周边产品：比如秋叶 PPT 的三分钟微课程、行动派的日历等。

线下活动：比如 @ 秋叶 不但每年固定与社群小伙伴聚会加强感情连接，还会专门花时间培训加强能力连接。

第二，节奏。

这些方式最好还能加入仪式感，比如罗胖的语音是每天早晨 6 点半，而且一定是 60 秒，小米在橙色星期五发布最新 MIUI。以固定的方式做类似的事情可以有节奏地连接，形成固定的使用习惯，让大家对下次活动产生预期，进而逐步提高参与程度。

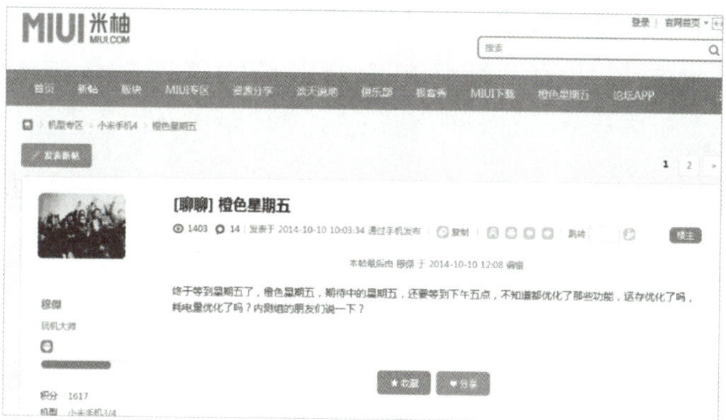

5. 主动洗粉

社群的三观必须鲜明，因为社群如果要提高凝聚力，就不能什么人都引入，新人要引入具备共同的三观。

你有没有听说过一个词叫“洗粉”？

就是通过某种内容手段把三观不匹配的“粉丝”给洗出去。

比如，罗胖曾经公开批判过中医，这造成一些认可中医的人的不满。在他看来，这些所谓的“粉丝”与其三观并不趋同，并不是真正意义上的认同者，未来很难在这些人身上赚到钱，所以直接洗掉让他们取消关注更好。

当然，主动洗粉这种策略我们建议慎用，与其一开始随便引入，后期洗粉，不如一开始设置好进入门槛，让进来的人都是自己人更好。

2.2.2 【结构】形成你的社群规则

运营好社群要制定一个符合自身定位的运营规则，规则模式可以先从一个社群做起，验证模式的可行性，最后进行大规模复制。

关于结构，最基本的有五个版块：

1. 引入规则

发现、号召起那些有“同好”的人抱团形成金字塔或者环形结构，成为社群，尤其最初的一批成员会对以后的社群产生巨大影响。

所谓金字塔形结构，就是有一个人高高在上做精神领袖，然后各位做他的小群的分群主。实际上只是用比较分散的方式，完成一个金字塔的关系。

所谓环形结构，就是有多个人是这个群里面的灵魂人物，而且在这个环形结构里面，大家的专业要不一样，每个人都有别人可能用得着的东西。

所有的人都有一个圈子，要么这个圈子里有一个人在金字塔尖，高高在上；要么大家各有各的能量，可以互补。

比如在 @ 秋叶 的核心群里面，能不能只有他一个人优秀？这很有问题，如果只有他一个人优秀，第一个麻烦就是——他天天当教主，不累吗？

所以，要发现优秀的小伙伴，要让这些人成为不同圈子里有能量的人。

如果仔细观察 @ 秋叶 身边的小伙伴，其实会发现他们不是都做 PPT 的，很多小伙伴是各行各业的人才，只不过刚好他们 PPT 都做得好而已。还有的小伙伴压根儿不会做 PPT，他会 PS，可不可以？他会手绘，可不可以？他特别会写文章，可不可以？—— 如果在社群里面有才华不同的小伙伴，就会形成不同的势能，因为都在一个圈子，大家都会愿意加入这个圈子。

这个圈子里要加一些什么样的人呢？——比大三大四的小孩多那么几年经验的就可以了。因为 @ 秋叶 的目标群体以大三大四和职场前三年的人为主，只要有进入职场三四年水平的人，就有足够的落差去教育后面的人。

思考一下，你觉得把吴晓波老师请进秋叶老师的群里好不好？

把吴晓波老师请进群里带来的后果是什么？吴晓波老师马上被各种加号请求骚扰到爆。很多人如果知道可以连接这种级别的大佬，他肯定想连接，他们很难意识到这个社会首先是分层级，然后才能讲连接——没有能量，你连接名人有什么用呢？

现在有不少社群是没有准入门槛的，就是贪图快速做大规模。这样引入的结果，经常是群里面什么样的人都有，无法聚焦。

如果我们观察企业家俱乐部就会发现——要加入顶级企业家俱乐部是非常困难的。有钱行不行？光有钱是不够的，你得在圈子里有软实力。

有实力的人才愿意一起玩圈子，没有能量对等或者能量互补，也很难有社群成员的高效连接。

我们认为，社群设立一定要用门槛保证质量，让加入者由于“付出感”而格外珍惜这个社群。

那引入规则有哪几类呢？

（1）邀请制。

小圈子式的引入一般选用邀请制，比如秋叶 PPT 的 69 群从不对外开放，都是群主邀约制，谁都可以来，但是有一个条件，你得手里有活儿——才华就是门槛。

有的小伙伴会画思维导图，要不要？要！因为别人画思维导图没有他快。

有的小伙伴会手绘，要不要？要！因为别人画手绘不如他。

有的小伙伴很会自拍，要不要？要！因为在网络上会自拍是一种很重要的技能。

在群里面，所有有才华的人都可以用才华建立各种各样的关系，智能交换。

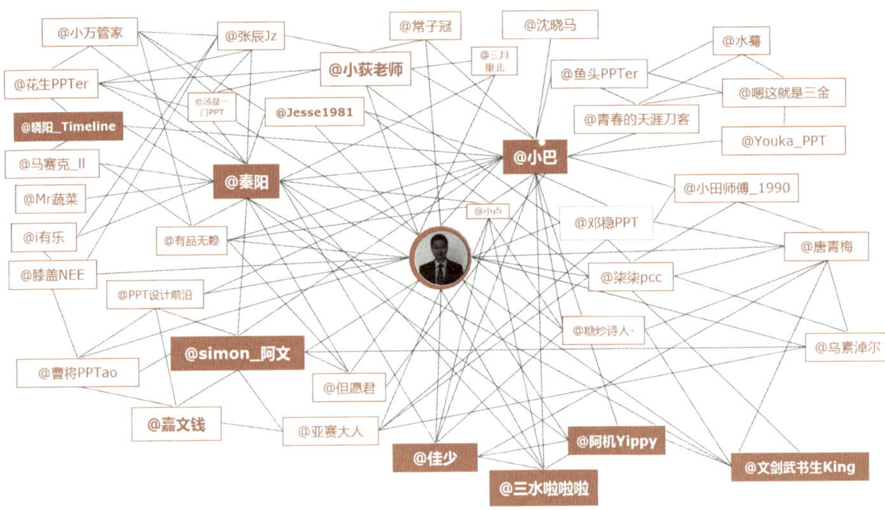

秋叶 PPT 的核心群结构准入规则就是必须保证每个进入的人都有才，至少要会卖萌。

而且秋叶 PPT 核心群有一个铁规，不能超过 69 个人，超过 69 个人就必须踢、换（所以这个群又被称为“69 群”），看起来很残酷，但可以保证群的正常新陈代谢。

（2）任务制。

这种方式加入社群虽然不用付费，但是得有一定的付出，一般是完成某一种“任务”后方可加入。

最初级的就是比如常见的“转到朋友圈并截图发给小编”“集齐 × 个赞”等小任务，不过已经被使用泛滥了。

还有就是填写报名表、个人资料等，流程看起来比较烦琐——别扯什么用户思维，就是故意烦琐的，连这点耐心都经受不了考验，你的质量能有多高？

更高级的是定位性质的任务，比如李叫兽研究会的主要研究定位是营销、文案，所以会给出一道文案题目。

终极的应该就是因人设任务了，根据你的特点给出一个任务考核，过关了就是自己人。比如本书的作者之一 @ 秦阳还是大学生的时候，在加入 69 群之前先接受了 @ 秋叶 给出的一个点评武汉地铁的 PPT 任务。

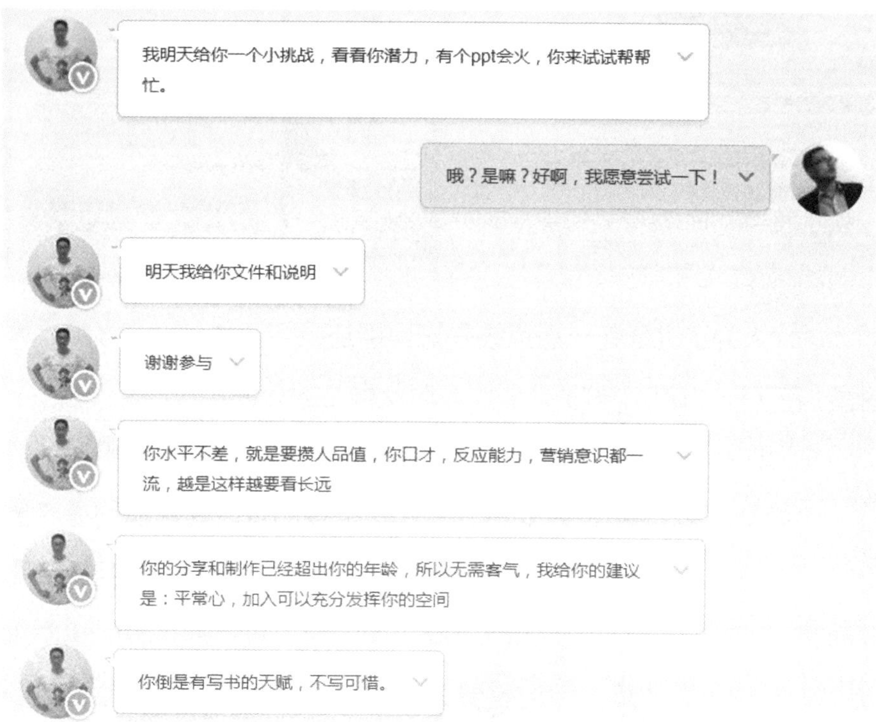

这个 PPT 发微博后获得了破千的转发，引起楚天都市报、长江日报的关注，任务完美完成，他也因此顺利入群，再后来成为秋叶团队的主力成员，这是后话了。也看得出，门槛高，筛选严，社群的质量才能

真的非常高。

（3）付费制。

人与人的距离就隔一件内衣，能够脱衣相见的基本是真爱、真朋友、真认可，这是社群会员筛选最简单的方式。

最常见的模式是付费买产品，比如秋叶 PPT 的学员是付费购买课程后才有机会入群获得相应学习服务，课并不贵，129 元，面向大学生的价位，但是不给钱不让进——付费就是门槛。

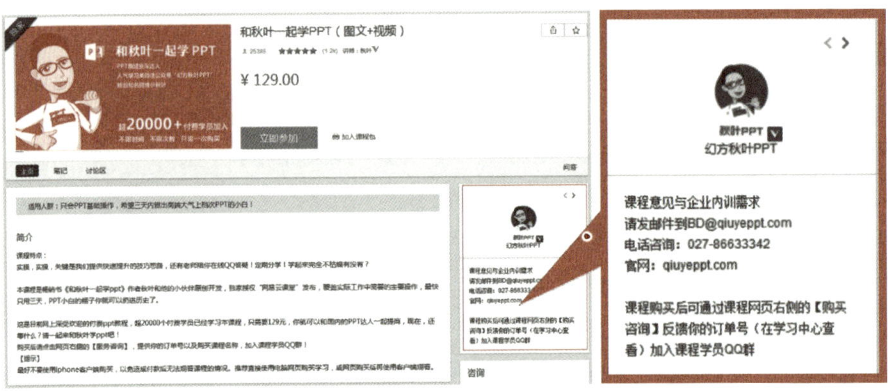

一个人为了进群花一点点钱是好事情还是坏事情？——当然是好事情，花了钱才珍惜，群员才更愿意服从群主的管理。

主流的社群付费还属会员制，付费成为某一种“同好”的会员。

比如罗辑思维亲情会员，花费 200 块钱即可。更有趣的是李笑来的共同成长群，每个人进群的时候，都需要花一笔钱，而且收费是浮动的，群在 100 人以内收费 1000。200 人以内收费 3000。300 人以内收费 5000。400 人以内收费 7000，现在收费 28000 了，而且还有其他门槛。这个社群诠释了什么叫“收费高，质量也高”，原因也很好理解，能为成长付费而且还是不菲的费用的人，一般都是质量极高的人。

（4）申请制。

还有一种是不主动邀请，也不用付费买产品或成为会员，但是你得像申请工作一样经过考核，换言之，得有足够的才华。

这种的典型是曾经写 X 型文案 Y 型文案的李叫兽。他成立了一个“李叫兽研究会”社群，通过公众号公开招募，申请者需要投简历，还要经过微信视频面试，从近千份简历中筛选出几十个人进入。

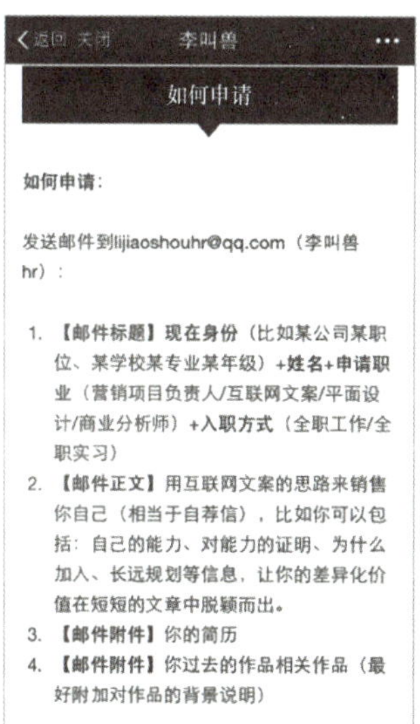

2. 入群规则

入群后的一系列规则规范，为入群仪式感做好基础。

(1) 这是一个什么样的群？——群的系列化命名和视觉统一

无论是 QQ 群、微信群或是论坛社区，想要在交流平台上让群成员井然有序，基本资料的设置和视觉化统一都是非常重要的第一步。以 QQ 群为例，群头像、群名称、群资料的统一，在进群之前就给人一种规范的感觉。

群中每个人的昵称就像团队的着装，如果每个人都不规范，可能让别人感觉这个社群是个杂牌军，群昵称高度一致，说明群规执行到位，不但对树立群的正气形成无形的正面影响，而且可以更好地进行管理和相互之间的了解。群昵称建议不要太非主流，也不要加任何的空格、横杠或符号。因为加一道横杠就会有很多人卡在这里，横杠在哪里加？长杠还是短杠？……最后反而凌乱了。

举个好玩的例子，秋叶的小伙伴曾经玩过这样一个肯德基头像群，谁看都知道这是超有组织有纪律的群……

秋叶 PPT 学员群的“四个统一”：

群名统一：命名方法——社群名 + 序号、群主名 + 归属地 + 序号

群资料、群公告统一：提前准备，告知相关事宜，如入群后报道、如何交流、聊天字体设置等。

成员名统一：命名方法——身份＋序号＋昵称、归属地＋类型＋序号。

聊天字体统一：气泡模式易杂乱，选文本模式，字体设置统一区别群主、管理员及普通成员等。

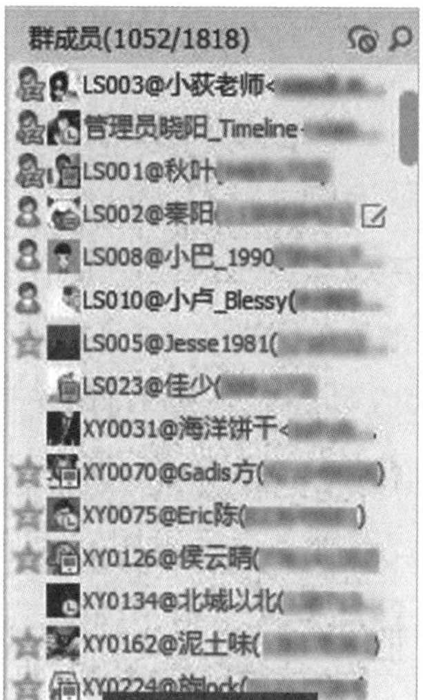

秋叶PPT学员群

太平人寿PP琪社群

（2）进群之后做什么？——用好群公告，告知入群须知

要让每一位入群的伙伴明白这个社群是做什么的，要反复提醒让其深深刻在脑子里。比如秋叶 PPT 学员加群之后会默认弹出群公告了解相关入群事宜。

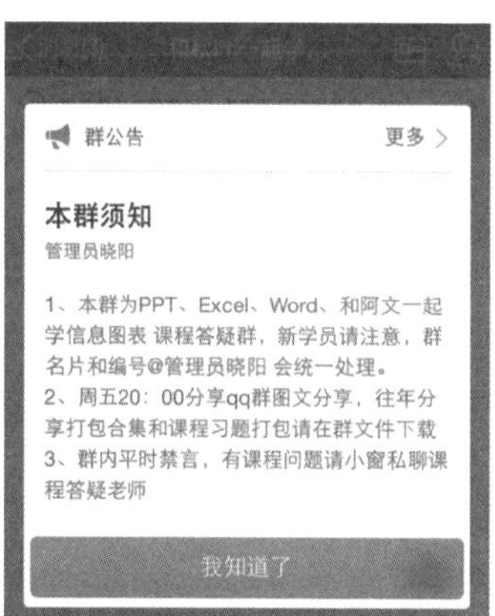

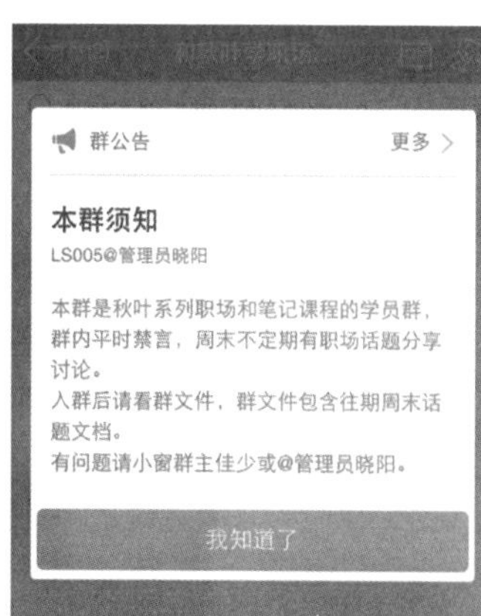

一般群公告的设置角度可以明确“三个行为”：鼓励行为，不提倡行为，禁止行为，这是对质量的严格把关。

鼓励行为如：发表原创分享、入群的自我介绍、成长感悟等。

不提倡的行为如：询问小白问题、发鸡汤链接等。

禁止行为如：发广告、拉投票、言语不净、无休止争论、破坏群的和谐气氛等。

（3）破冰——自我介绍或爆照

昵称规范、群规明确之后，下来就该破冰相互认识了。

入群做自我介绍是最简单的破冰方法，让群里的各位最快熟络起来。

一般来说，社交比较少或者偏内向的人不太会自我介绍，会显得比较局促，还有的人不知从何说起，或者抓不到重点。这种时候，可以提供一个信息要点的模板，让他们在其基础上进行发挥。

比如，太平人寿的 PP 琪社群中，新加入成员的介绍格式是：

“×× 群的小伙伴们大家好，我是来自 × 市 × 营服的 ××，我的微信号是 ×，我原来的职业是 ×，× 年加入太平，现在职级是 ×，正文开始（正文必须有加入太平的原因和来太平之后的收获），我的梦想是 ×，希望能和大家在 × 群交流分享，共同进步。”

不过，群破冰也要考虑群规模，像秋叶 PPT 的学员群，规模 2 000 人，如果每个人都破个冰，刷屏量也吓死人，所以，秋叶 PPT 的群只给老师和嘉宾或者优秀小伙伴破冰自我介绍的机会，这也是一种奖励规则。

3. 交流规则

（1）为什么要设置交流规则。

有种观点认为，群是一个松散的组织，不存在什么利益基础，无法制度化，其实这个问题只需要回顾群的规模和建立群的产品逻辑就很清楚了。

如果是在线学习群，哪怕规模再小，也得有规矩，否则老师无法进行在线授课。如果是微信群，产品设计逻辑本来就是随时间沉没的，定规矩并不一定有必要，但你如果准备长期维护某个微信群，要扩大规模、持续运营，那么定义一些群规是必要的。

群规主要是在活跃度和诱发刷屏两点之间寻求平衡点，特别是在移动端，群的活跃度太高，会带来强烈的刷屏感，而且很难屏蔽消息，使得群员手机使用体验下降。

比如，秋叶 PPT 的学员群每个都是 2 000 人的大群，如果没有一个良好的群规来规范，交流秩序就会乱糟糟。有的群员一开始不理解这一点，等运营主动放开了禁言，结果 2 000 人就很快刷了 10 000 多条，很多人就说受不了了，请管理员出面禁言。

（2）如何设置交流规则。

交流规则一般是与社群自身定位严格挂钩的，最简单的办法，就是小范围尝试后，将出现的最常见的问题罗列出来，然后一一对应起来设置群规。

比如，秋叶 PPT 为了方便教学，设置了这样的交流规则：

1）入群要编号，方便区分老师和学员。

2）全体禁言，每周五开放分享时可发言。

3）修改字体字号和颜色，便于和老师发言区分。

一个群除了为了激发活跃度、避免刷广告建立规范，也必须培养群员养成一些好的习惯，包括沟通和交流规范，我们还设计了一个交流规范：

1）日常交流过程中，有问题先上网搜一下是最好的方法。如果无法解决，和大家一起探讨，不要认为群员帮你解决问题是理所当然的义务。

2）所有成员请勿未经群管理员许可发布广告。

3）要学会聆听，在其他成员没有表述完观点之前，请不要插话刷屏，或是故意打断其他成员的发言。

4）可以质疑别人的观点，但最好拿出你的理由。

5）讨论问题的过程中有不同观点可以争论，但不得对其他成员进行人身攻击，或是恶意捣乱。

6）还有一条有趣的群规：一次发言不得少于十个字。只要坚持这条群规，群的发言质量会大大提高。

再比如，华中科技大学的“HUST 大电信群公约”。

【群定义】

华中科技大学无线电系、电子与信息工程系、通信工程系同学开展微信交流、友情联络、信息互通的平台。首发群名为“HUST 大电信团结群”，扩展群名后缀为“求实群”“严谨群”“进取群”，依次类推。

【群公约】

1. 避谈政治话题；
2. 杜绝色情内容；
3. 远离违法言行；
4. 严惩人身攻击；
5. 抵制传销集资；
6. 拒绝商业广告；
7. 不提倡鸡汤文；
8. 克制拉票行为。

【群礼仪】

如群内出现多次、重复、持续、强烈的争吵、攻讦、挑衅、侮辱等言语时，各成员、群管理员应及时友好劝阻当事各方，以维护群内友好团结基础环境。如劝阻无效，群内所有成员皆可用“投诉接力”的方式表达不满，形式如“投诉 @马向东 +1”。当出现“投诉 @马向东 +10”且当事方仍未停止的，群管理员应及时将其移出群冷静反省，改正后重新入群（如原群已满不保证能回原群）。

（3）如何引导成员阅读规则。

不要以为规矩设置好就高枕无忧了，规模比较大的社群最大的问题就是很多人根本不细看群规，尤其是有人加入进去了才发现自己不认同这个规矩，导致一些不必要的麻烦，所以，必须结合自己社群的特点用恰当的方式进行引导。

比如，秋叶 PPT 做了一个强制设置，那就是付费学员在网易云课堂的课程“和秋叶一起学 PPT”里面会看到索取群方式的提示，必须

先到微博私信 @ 秋叶，告知学员账户，秋叶老师会通过微博私信回复群号，还有告知去哪里获得入群暗号。

付费学员为了获得入群暗号，就必须阅读秋叶老师写的一篇文章，相当于对群规有所了解，这样，再入群就不会轻易出现不遵守规定的情况，如果你不喜欢这样的群规，你也可以选择不加入群。

这样的话，秋叶 PPT 群规是入群前告知，不像很多群是进来以后再告知。秋叶 PPT 提供的是事先预防制管理。

不过也可以透露一个秘密，即便如此，很多人还是直接去看文章找密码然后入群，至于群规介绍，他们干脆就直接略过去了。

4. 分享规则

（1）领袖主导制。

很多社群，大家加入就是冲着运营者的威望来的，其他的人 hold 不住。

这种分享机制一般对于灵魂人物要求很高，需要其有极高的威望，还有源源不断的分享主题和空余时间。

（2）嘉宾空降制。

请社群外的大咖或专家，每次分享人不确定。

这种机制，要么你有足够的人脉关系请来各路嘉宾捧场，要么你的社群有足够的能量吸引嘉宾来分享。

（3）轮换上台制。

如果社群成员本身质量很高，内部的分享量足够，这是最佳的状态。

比如李笑来老师的共同成长群，规定所有入这个群的人，有一个权利且有一个义务，这个权利和义务是一样的。你交钱进这个群，你必须得承诺未来一年之内，你要在这个群里面做一次在线的分享。

（4）经验总结制。

这种比较适合企业内部社群。比如太平人寿的 PP 琪社群的群规是成员们把自己一天的拜访经历一个字一个字地敲打出来，而不是去转一大堆无谓的链接。自己用心写，别人才会愿意去看。一方面，白天的时间努力工作，晚上总结一下，每天有成长；另一方面，今天如果你没有出去拜访，就没有原创分享，起到了督促的作用。

为了减少分享负担，让每个人都可以参与，PP 琪还给出了原创分享的格式，就算哪位伙伴不善表达也能按照格式与同事做简单的分享：

"我的原创分享送给太平家人们，我是来自 × 市 × 营服的 ××，我的微信号是 ××，我分享的题目是《××》。正文部分。结尾附上一点对正文的总结。最后说点祝福家人的话。（分享以实操为主、感悟为辅）"

这种总结分享在太平人寿有巨大的益处，PP 琪总结为三点：

1）培养业务伙伴每日总结的习惯。在纸质的工作日志里除了基本的拜访足迹和客户资料外，很难留下业务伙伴对于近日的思考，在微信群里去记录每天的拜访，就会凝聚业务伙伴对当天更多的思考和总结，坚持下来，这一习惯会有助于工作信心的积累和工作效率的增高。不难想象，在不久的未来，随着更多的年轻人加入保险业，电子版的工作日志肯定会应运而生。

2）养成业务伙伴主动思考的能力。太平一直坚持自主经营，自主经营的内在检验的是团队长主动思考的能力，做大直辖做大部，如果团队长连脑子都懒得动，队伍肯定带不好。所以，要想成为优秀的团队长，就要先拥有优秀团队长的思维。

3）保证了群聊的基本质量。每一位业务伙伴的原创分享，除了对自我的莫大好处之外，也能很好地启发其他伙伴。这也保证了群里每天都有干货，每天都有新鲜的东西、不一样的东西，这就是诞生于社群平台之上的智慧。如果社群的基数足够大，可想而知，一年积攒下来的干货分享都可以出书了。

5. 淘汰规则

为什么要淘汰？

第一，对于开放式社群来说，加入的成员鱼龙混杂，需要约束管理，触犯群规的人需要惩戒。

第二，对于高质量的社群来说，自我约束力虽然强，但是质量高的人群的问题主要是忙，参与少，于是给社群的贡献就少，那么，引入之后如何给予一定的淘汰压力就很重要。

淘汰规则常见的有下述几种。

（1）人员定额制。

比如，秋叶PPT69群，规定总人数有限制，人数永远不超过69人，如果群员达到69人，进一个就必须先T一个，T人没有什么规矩，基本上是长期潜水的或者长期没有参与输出的人会被T，这样的动态调整过程就保证了社群的更新成长。

（2）犯规T出制。

影响到社群正常秩序的行为必须及时制止，一旦有人发和群无关的主题，特别是发垃圾广告，或者两个人在群空间里过度聊天，影响别人阅读体验，就得有一定的惩戒规矩。

如果确定要T人，要事先约定制度。制度最好应该和群员一起约定才能遵守，首犯要有提醒，再犯再严格按制度执行。

（3）积分淘汰制。

我经常保持在线活跃状态，我也不发广告，是不是就能一直留下来？

社群也要看贡献，不是主动说说话、守规矩就OK了。

比如李叫兽的研究会，每周有小任务和作业，根据成果质量的不同换取积分，一个周期过后，积分排位在最后的几位必须踢出，然后进行新一轮的招募加入新鲜血液。

（4）成果淘汰制

冯新老师的C9社群，也有一个有趣的逆向淘汰规则。所有入群学习的人要交8 000元学费，如果你完成了学习任务，8 000元学费返还给群员。如果你没有完成任务，学费成为群运营经费。

2.2.3 【运营】吸收第一批种子用户

从0到1的难度大大高于从1到N，因为在前期得到种子用户的质量以及从中获得的价值，是整个社群运营的关键。种子成员的寻找和维护应该和社群规则的制定同时进行，将从种子成员那里得到的经验和教训作为社群规则制定的参考依据，非常重要。

1. 真爱聚拢法

社群在一开始找人其实很难，没有人气的群是没人愿意加的。

最开始的方式只能是邀请自己的朋友，朋友的朋友，先进来，帮忙撑场面，有了基础的量，再慢慢通过活动、分享等吸引更多的人加入。

还有就是从老用户以及真爱粉中挑选，这也是最容易实现的方式。多留意那些喜欢我们产品、多次购买并推荐给朋友的用户。经常转发你的帖子或者每次都来与你互动的成员，是需要我们的客服人员在平常的接待过程中及时发现的，在沟通或回访客户的过程中，不只是谈产品，更要沟通感情，深度聆听客户的需求与反馈，成为朋友。这一积累过程必不可少。

比如，在最初做小米手机系统时，雷军下达了一个指标：不花钱将 MIUI 做到 100 万用户。于是，MIUI 负责人黎万强满世界泡手机论坛，找资深用户，几个人注册了上百个账户，天天在手机论坛灌水发广告，精心挑选了 100 位超级用户参与 MIUI 的反馈。

真爱们难免在一些角度上不够客观，所以，一些有想法、能提意见甚至有一点点刺头的人，即可以完善社群运营机制的粉丝，也是应该考虑吸收的种子用户。

2. 影响力聚拢法

一般来讲，只要有“同好”，就有社群建立的基础，都是适合建群的。在“同好”的基础上，如果能够有一个带有一定影响力的领袖振臂一呼，那么组建最初的社群班子比较容易一些。

通常来说，在某一领域拥有影响力的个人和组织，更易建立起垂直领域的社群。很多企业建立社群尝试的失败，就是因为群里面没有灵魂人物，一个普通员工建立100个群，顶多是100个微社区，除非这个人真正具有了影响力。

对于企业而言，做一个社群最大的难点就是，精神领袖很难是企业，必须是人。但是企业可以结合自己的产品找到产品发烧级玩家，让这样的玩家成为自己运营的社群里面的精神领袖，就可以完成社群领袖的培养。

比如，秋叶通过论坛、博客、微博等方式积累起一定的个人影响力后，先通过发起一页纸PPT大赛的方式发现高手，然后邀请其加入QQ群慢慢泡感情。

3. 线上标签筛选法

互联网上有大量可以聚集某一特征人群的场景，比如通过线上一场某主题的分享吸引，比如对在某一人物微博下热评的粉丝逐个邀约，比如寻找某特定风格网站的用户……找好自己的定位，寻找这些场景，通过互动连接他们，第一批成员聚集起来或许会花一点时间，但基础打好了，是非常划算的。

比如，新浪微博通过微博标签筛选出微博高校教师，组建一个微博高校教师微博群，引导大家互相认识，交流投稿，送粉丝头条，就是通过标签挖掘汇集的。

4. 线下场景切入法

有一个做母婴类专营店的朋友，用了15天时间通过建立社群的方式完成了12万元的销售，他是如何做到的？

因为是做母婴用品的，他自己也没有互联网上的资源，所以就选择从线下场景切入，用场景找到潜在目标顾客。

需要母婴用品的人在购买之前会去哪儿？妇幼保健院、儿童娱乐场、早教中心……消费者没有义务寻找你，找到他们才是你的责任。

然后，在这些地点守株待兔让准用户扫码吗？这不科学——但入群就送价值58元的公仔书包呢？

通过这样的方式，他 10 天就建起来 300 多人的妈妈群，不但极其精准，而且都在线下见过面，信任连接更强。

在送礼取得的信任基础上，他先进行了试探性销售——价值 300 元的家庭摄影在群里只需要 98 元就可以获得，一个月后安排拍照，拍照结束返还 98 元。这一下就带来了 127 位社群付费客户，这个 98 元返还的意义就是试探性销售以降低消费门槛，获得更高的信任，有了信任就有利于提高客单价。要知道，当消费者开始愿意在你这里为一个低价位产品买单时，他就倾向于消费更多的产品。

随后他以六折的尿不湿为流量产品完成到店导流，237 人到店，共计产生 12 万销售额，这家连锁店就这样用 O2O 模式以社群做导流，在传统零售业不景气的环境下做到了单店增长翻倍的成绩。

2.2.4 【输出】形成社群输出推广矩阵

要做到矩阵，需要“三化”。

1. 全民化——全员开花而不是一枝独秀

（1）核心人物很关键但绝非全部。

当社群的每个成员在群体内展示自己的智慧、能力时，社群的价值才可以不断增加，全员开花才是社群，如果仅仅一枝独秀，迟早会榨干这个核心人物的能量，加速群的衰亡。

比如，秋叶 PPT 的 69 群，这批小伙伴一起写高质量的微信公众号文章，一起出有价值的课程，一起写一本书，一起策划讲座、办线下活动，统统是输出。

一页纸 PPT 群是秋叶管理核心小伙伴的群，群内主力是各方面有创意的 90 后小伙伴，只有两个 70 后大叔（我们其实主动淘汰了大部分 70 后），八个 80 后，其他都是 90 后。大家在一起迸发了大量灵感的火花，给秋叶 PPT 带来了源源不断的新玩法和产出。

在微信号秋叶 PPT 运营早期，我们通过内部约稿的模式，提前准备了几十期干货教程和 PPT 等，吸引第一批微信粉丝的加入，同时通过不同的积累和汇总，整合为免费的电子书《秋叶 PPT：三分钟教程》，一下子打出了影响力，解决了原创内容输出的问题。

核心群中的成员也为纸质书《和秋叶一起学 PPT》的升级改版提供了源源不断的丰富素材，甚至直接升级为书的署名作者。

等网络在线课程开始运营，优秀的 PPT 小伙伴又成为微信运营号、学员群的答疑老师。

秋叶PPT电子书
每期下载量超过20万

群体作品
一晚上108个创意

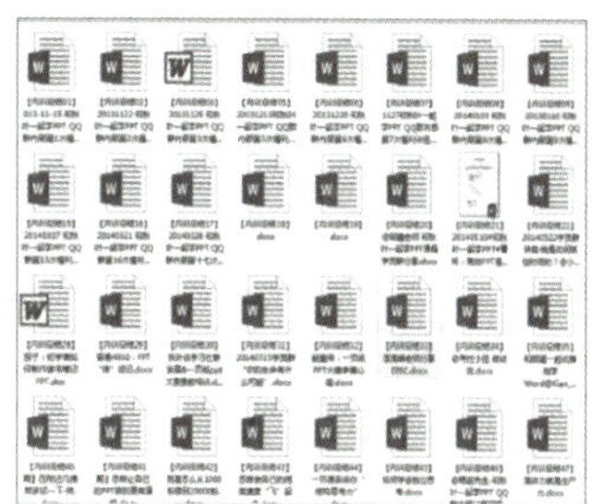

秋叶PPT学员原创
学习心得分享超过64期

纸质书
说服力、和秋叶一起学系列

秋叶PPT
微信公众号运营、答疑

（2）要舍得扶持核心小伙伴构建影响力。

很多做社群的人想打造自己的品牌影响力，舍不得花精力扶持核心小伙伴，其实，单点的影响力经常不及多点形成的矩阵面。

比如 @ 秋叶 基于自己的影响力，全力指导与扶持大量核心小伙伴建立微博微信个人网络品牌，为他们未来发展奠定更好的基础。

这个能量浪费了吗？不，能量会返回来的。

比如，和秋叶一起学 PPT 课程大促期间，大家提前早早就定好发布时间，合力推大促信息，只要你对 PPT 感兴趣，就算你从不关注秋叶，但总有一款你喜欢的公众号会让你看见。

小伙伴	公众号	发送时间
阿随		午
武逗		午
江惠仪	美人祸水	午
滕盖	NEE	午
乌素	娴话PPT	午
武冬青	光影流刑地	午
谢天剑		午
小荻		午
嘉文		午
周亚菲	我们都是读书控	晚
油杀臭干	infovison	晚
陈慧敏	三月巢北	晚
陈慧敏	BetterMe大本营	晚
常老师	教学笔记	晚
蔬菜		晚
汤帅		晚
阿文		晚
曹将		晚

（3）谁说普通成员就只能观望。

除了核心小伙伴，一个社群要进行群体进化，就要让普通群成员也能输出。

秋叶 PPT 团队一开始就思考如何让群员从“观察者”变成“行动者”参与到社群的运营中，逐渐群体进化成一个爱学习、爱行动、爱分享的进步社群。

所以我们鼓励学员在 PPT 课程学有所成后，读一本书，做一个有内容的读书笔记 PPT，老师免费指导修改并发布到微博、微信、网盘等多渠道。

正因为分享了好的读书笔记 PPT，学员 @ 晓荻 连接上了人邮出版社编辑，出了一本用 PPT 写的书《图解力：人人都能看懂的经济学》。@ 秋叶不但给了她很多指导，在书出版后也大力推荐。

至于学员的作品得到网络大 V 的转发，学员接到工作邀请的橄榄枝、PPT 设计的付费任务，这样的案例就太多了。

这样的真实案例也鼓励了其他学员更好地学习和进步。每周五的分享，由早期的嘉宾分享，逐渐演变为学员分享，我们把读书笔记 PPT 优秀学员组织到一起，然后带动更多的普通学员做更多的输出。

其中典型一个例子就是我们的品牌活动“群殴 PPT”。

2015 年年初我们打造群殴 PPT 活动（群殴 PPT 网址：http://

www.qunoppt.com/ ），一开始没有太多人参与，到现在每期最多 300 名不同学员网友参与。

累积到 2016 年第一季度，60 期群殴活动下来，参与输出的总人数超过 5 000 人。我们认为这些人是我们社群逐步品牌化的关键力量，差不多是我们当时学员总人数的 15%。

群殴 PPT 已经成为我们社群的一个品牌活动，吸引爱动手、爱设计的人，也通过他们的优秀作品，吸引更多人加入我们课程学习，成为社群的新鲜力量。

我们还会把输出的好作品做成明信片寄给他们，鼓励他们微博微信互粉，交叉连接，让大家感觉四海皆兄弟。

大量的输出就带来了可观的流量，现在群殴 PPT 被一些品牌盯上，要和秋叶 PPT 约内容植入，说明社群推广的力量也得到市场的认可。

对于那些实在不爱动手输出的学员，秋叶 PPT 团队也在想办法激活他们，所以秋叶 PPT 团队单独运营了一个微博账户，这个新浪微博账户叫 @ 读书笔记 PPT ，这个账户的粉丝很多是秋叶 PPT 学员。

为什么大家喜欢这个账户？因为这个账户每天拿一本书搞转发抽奖，看到好书推荐，转发试试手气。只要让学员变成一个爱读书的人，哪怕是因为参与抽奖中书，也可能诱使他们喜欢上读书、喜欢上做读书笔记，逐步能自己输出读书笔记 PPT。社群运营需要一个厚积薄发的过程，至少秋叶 PPT 团队做好了这样的长线准备。

2. 激励化——好的输出要及时给予激励

输出最好有合理的回报，不然热情迟早会衰退。

比如，秋叶 PPT69 群中有快一半的小伙伴开通了微信公众号，基本上都拿到了原创资格，拿到原创之后就可以获得赞赏。

这些公众号可以形成秋叶 PPT 的矩阵，上面我们说过，联动输出有很大的扩散能量，但让一个人坚持写微信最重要的力量，一开始是阅读量和涨粉的数量，之后很快就是赞赏。哪怕你的阅读量不高，但是你写了好文章，读者特别是社群成员互相赞赏，社群成员之间的爱就能通过赞赏表达出来，社群的输出也就更加容易坚持。

所以，秋叶老师一有空就把小伙伴的微信打开，一个个看一遍，谁写得好，马上打赏 5 元、10 元钱，小额红包激励，金额不高，但这是让社群成员感觉到激励、变得更有凝聚力的好方法。

在这个世界上，问题之一就是很多人做出了贡献，没有拿到合理的回报。优秀的社群内部应该尽量为贡献者提供激励。

再比如群殴 PPT 活动，我们特别强调要给每个首次参赛做出好作品的小伙伴打赏小红包，5 元 10 元都行，关键是激发他们的荣誉感，让他们更愿意花心思投入其中。

3. 品牌化——持续稳定的产出打造品牌

系列化输出能够让社群形成品牌效应，吸引更多高质量的同好主动加入进来，让社群的质量更高。

比如，吴晓波书友会，在全国各地线下经常用“吴晓波读书会”的名义举办活动，互相分享活动经验，社群的声势就越来越大。

比如，群殴 PPT，不管投稿者数量有无波动，我们坚持每周一期，一年不少于40期，如果没有这样坚持，也不会带来广告客户。

比如，罗辑思维的罗友霸王课，也是罗友组织的分享活动，也是在全国各地用同样的品牌坚持运营，慢慢积累了自己的知名度。

如果一个社群不有意识地打造一个或几个品牌活动，让别人一看到这个活动就联想到背后的社群组织，这个社群的生命力也会堪忧。

4. 生态化——资源整合循环成闭环系统

太平人寿的PP琪社群的运营就形成了一个完整的闭环，社群输出的干货要有展示的窗口，所以社群必须建立与之相关的微信公众平台，让在社群内输出的东西通过微信公众平台去展示。

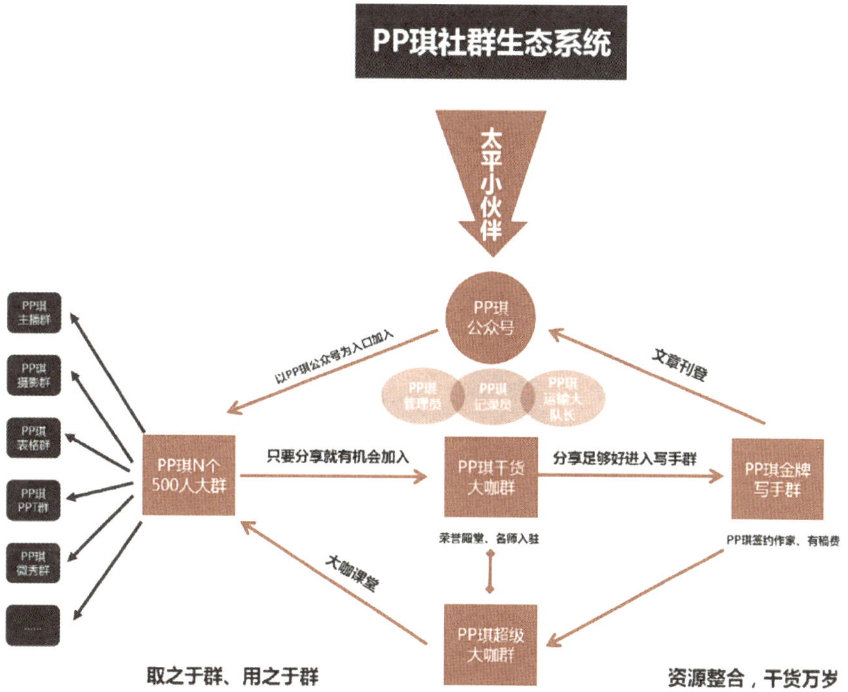

经过本章的阐述，我们回顾一下社群运营的流程方案：

第一，从决策者到执行者一起进行头脑风暴，明确社群的目的、价值，构思初步的用户闭环和商业回报策略。

第二，了解用户，通过对用户的画像评估社群的特征，确定一套标

3.1 什么时候就可以开始做规模了

社群做规模不能着急，想知道什么时候可以做大社群规模，至少得先回答以下两个问题。

3.1.1 是否已经做好扩大运营的准备

你是否做好了人力、财力、物力准备，能够支撑社群快速复制？规模的扩张不能盲目，要清楚地看到人力成本是不是能够同步跟得上社群规模的扩张。比如，PP 琪社群涵盖到太平人寿的 5 万名同仁，其管理员团队十分庞大，正式管理员超过 300 人，试用管理员 200 人。

大多数社群的运营都是先慢后快，前期积淀越充分，后期爆发越稳固。

比如秋叶 PPT 学员群，经过两年发展，我们也只是从运营 1 个群扩大到运营 12 个群。

秋叶 PPT 真正保持活跃的群现在总体上控制在 6 个，更多的群是有事就激活一下，平时不激活—— 有的人说，为什么不搞大一点？社群不应该是覆盖几十万人才算牛吗？

秋叶 PPT 团队当然愿意把群扩大到 20 个甚至 100 个，问题是不能确定是否有胜任的专职人员来做好运营。6 个活跃 QQ 群在秋叶 PPT 看来已经够大了，一个群可以装 2 000 人，6 个群容量破万人——1 万人管理起来已经很吃力了。

更不用说运营过程中需要整合资源，进行资源互换，放大能量，这对社群运营者的眼界和沟通能力要求很高。

如果找不到运营的人才，秋叶 PPT 社群的规模就不能轻易做大。秋叶 PPT 社群也是先找到一些核心小伙伴，让他们成为社群运营的内核，逐步作为社群种子用户加入后续社群，引导社群往良性的方向发展，这样才能一步步做起来。

以秋叶 PPT 学员群为例，先成立了“和秋叶一起学 PPT1 群”，在开放群之前，做了大量铺垫，使得群员的数量一下子就突破了 300 人。这也是秋叶 PPT 最活跃、重购率最高的群，因为这个群里都是当年课程一出现就立即毫不犹豫支持秋叶大叔的学员，这是真爱群。

这个群也涌现了大量像 @ 青春的天涯刀客 这样优质的 PPTer 被 @ 秋叶 发现并且收入核心群，他们不但可以从学员转化为老师去答疑、互动、引导，后期还是秋叶系列课程的开发主力。

每次从学员群中发现了新人、纳入核心群熏陶后，秋叶 PPT 团队认为，我们有管理能力、新人有运营能力，才会考虑扩大群的规模；如果没有这个能力储备，我们宁可慢点，也不着急。

3.1.2 是否已经形成了亚文化

一个好社群，要形成一种群体沟通的亚文化，比如大家聊天的语气、表情是否风格一致？

任何组织想要持续存在，必须形成一套有鲜明特征、打上自己烙印的文化体系，因为资源是会枯竭的，唯有文化才能生生不息，这是社群生命力的核心。

以秋叶 PPT 学员群为例，先成立了“和秋叶一起学 PPT1 群”，等第一个群运营进入良性循环后才开始启动第二个群的建设，通过内部小窗，转移了一部分老群员到二群；于是二群一开始就有一定的规模，这样新人入群感觉就很好。然后老群员在群里，自然就把群里的自觉不刷屏禁言文化传承下去了，不需要我们过多干涉和引导。

等第二个群快满时，我们就建设第三个群，然后交叉引入。后边的四群、五群、六群都以此类推。这样新老结合，让入群的人一开始就感觉加入了一个人蛮多的群，形成在线学习抱团感；又借助老群员自然延伸过去的禁言文化，为群管理打好基础，群文化也自然得到复制。

所以“和秋叶一起学 PPT1 群”建立后，我们很快就通过交叉法的复制建立并管理直到现在的八个群，每个群都是 2 000 人大群，虽然人数众多，但通过规范的运营，新老成员都可以很快地认同群文化、遵守群规。

秋叶 PPT 核心群、学员群建立后，很快基于学习进展，鼓励核心小伙伴在自己擅长的领域建立了读书笔记 PPT 群、轻松学图表研究可视化、每周一期一群人改一页 PPT 的群殴 PPT 等周边小群，核心成员如 @ 秦阳 基于个人影响力建立“秦友团”等亚文化群，这些都基于秋叶 PPT 团队核心价值主张——爱学习、爱动手、爱分享。

3.2　从小社群到大社群会遇到哪些坑

在互联网时代，成立一个社群并没有门槛。几个志同道合的人，建一个群，简单讨论一下目的和章程，再扩大邀请范围，社群也就成立了。

如果你的社群能够度过从 0 到 1 的生存期，自然会思考能否把社群做大做长，延长社群的生命周期，甚至创造出新的社群生态。

不过，绝大部分社群还没有机会走上从小到大的发展壮大道路，就已经进入死亡状态。

为什么社群会死亡，无法走向壮大之路，我们认为主要有五个原因。

3.2.1　失焦

失焦是导致群消亡的第一个原因，很多群都缺乏一个明确的定位。

没有定位的一个表现就是什么人都可以入群，结果一个群里又是大牛又是新手，把不同层次的人混在一起，以为这是所谓去中心化自组织。很多人一看牛人在群里，马上就各种加好友，各种求连接，这恰恰是把真正的牛人给骚扰走的最佳方法。

很多群的成立并不是群主系统规划后的结果，又往往快速拉入了很多人入群，大部分人入群并不清楚加入群的理由，结果容易变成自顾自聊天，偏离群主最初建群的目的。如果整个群缺乏共同的话题和活动连接，要么变成一个死群，要么变成一个灌水群。

如果在创建群前，先通盘考虑过群的主题、定位、分享机制，再在入群时告知群员加群的价值和交流机制，群的生命力也会更好。

但是，太多的人花费大量时间把自己认识的人纳入一个群，对于群的主题、定位、分享机制都没有通盘考虑，结果大家进来后发现，群里面没有有价值的话题分享，只是一些人在群里自我表现，时间长了，群员就失望了，留下来只是对工作的骚扰，不如退群。

有些群一开始建设时目的倒是明确，比如邀请大咖做群分享。大家临时组建了微信群，但大咖分享完毕离开微信群后，群员就失去了共同的联系。但组织分享的社群运营方又舍不得解散这些微信群，希望留下这些群将来做运营。问题是，没有定位聚焦的群，即便留下来慢慢也会失去活力。

3.2.2 无首

无首是导致群消亡的第二个原因，也就是缺乏有影响力或热心的群主或群管理员来管理群。

很多人觉得，一个社群有领袖、有管理、有规矩，就是违背“去中心化”的宗旨，这是一个误解。

其实定位再好的群，没有人主动管理和维护，也是无法持续运营的，不可能完全自组织，只能说在移动互联网时代有组织网络化、话题发散化、沟通碎片化的特点。

一个群如果没有群主或群管理员主动组织话题、发起活动、维护群秩序，这个群很容易变成广告群、灌水群。

总有人想在群里发广告，所以群规要提前声明发广告的规则，对不遵守规则的人管理员要及时治理。群管理员一个非常重要的工作就是每天要及时上网，对混进群发垃圾消息的人及时进行处理。如果一个群里经常有人发垃圾消息，群管理员没有及时处理，这个群很快就会沦为死亡群。

另一种是过多的闲扯灌水。一个超过 200 人的群，一人说一句，你也得看半天，如果正在工作或是学习，群消息不断地闪烁，经常打断一个人正常的生活学习节奏，时间久了也会让很多人选择屏蔽。所以如果一个群的人数过多，要选择一定的禁言措施，比如工作时间群内不聊天，晚上和节假日随意，反而会让群的活跃时间更长。

3.2.3　暴政

和无首对应，有的群死亡的原因是群主个性过于强势。

有的群因为群规模太大，或者是群主过去深受灌水群、骚扰群之苦，群主为了管理群，往往制定了严格的群规，但越是严格的群规越容易带来争议，因为很多人不喜欢一个网络组织还有太多的约束。

比如，很多群主希望群里少一些闲聊，多一些干货，不要发和主题无关的话题，有的群员会认为一个只聊专业话题的群没有趣味，不认同这样的规矩，他们认为应该有一些轻松活泼的内容来活跃气氛。

大部分群主是认可群应该、可以轻松活泼一些的，但也有一个度的问题，群规模越大，对这个度的把握就越难，直到群不得不建立严格的约束。

一个群的群规经过群员的一致讨论才容易得到遵守，如果群主要推出强势群规，那么群主的个人影响力就必须比群员高一个数量级，才能获得遵守群规的心理优势。

自然，有民意支持的有组织纪律的群比没有管理章法的群寿命更长。

3.2.4 无聊

一个群想有声有色，不让成员感到无聊乏味，必须有定期的活动。如果一个群总是那么几个人在热闹，大部分人失去了新鲜感也不行。

最受群欢迎的活动形式应该是定期分享模式。一种常见的组织方式就是由群主提前协调群员，规划每周 1~2 个主题，邀请不同群员或者外来顾问分享，每次 1~2 个小时，在约定的时间邀请群员一起交流讨论，聚焦特定主题，这样就有了“集体创作”的感觉。

如果一个群规模超过 40 人，又没有一个固定的形式来组织，大家没有定期的互动、协作、讨论，没有熟悉度，没有凝聚力，没有归属感，那么这个群的生命力很快就会衰退。固定的分享会让群员产生一种身份认同感：我在这个群，我是和一群怎样的人在一起。这种身份认同感也是群员愿意留下的重要理由。这种身份认同感消失的时候，群员很可能会选择退群。

若一个群规模不超过 40 人，大家在一起的理由可能是兴趣相投，认同度高，愿意一块儿聊，不需要刻意限定分享形式，群的生命周期可以很长。

另外，如果一个群的人员长期没有更新，那么也可能是群走向死亡的开始，任何组织都需要经常换血，没有新血注入，群往往会沉寂。因为新人的进入会给群带来新的冲击力，也带来新的活力，让群里面气氛不会变得无聊。

另外还有一个秘密就是，经常有美女和萌妹子加入的群，一般活跃度都低不了，而且会吸引很多人慕名而来。如果你有美女资源，可以让她们帮你把社群更好地带动起来。

3.2.5 蒸发

当新成员不断涌入一个开放聊天群时，群中最有价值的成员会发现，群成员平均水平的降低让自己继续待在这里已经没有意义了，于是他们就会选择离开。这批成员的离开进一步降低了群的价值，于是恶性循环开始了：越来越多高价值的成员选择离开，直到有一天这个群彻底沦陷成了一个平庸的聊天群。

用一个专业的科技词汇来表述，这一现象叫“蒸发冷却效应”。蒸发冷却是指液体在蒸发成气体的过程中会吸热，从而降低周围的温度起到冷却的效果。

群的开放意味着它对成员的加入没有选择性，如此一来，最想加入群的成员自然会是那些水平在群目前平均水平之下的人，因为他们可以从群中学到更多东西。但这样的新人的加入，从长远来说必然会对群运营造成不利影响。他们习惯对群内大牛提出各种解惑要求，而忽略了牛人的时间是很宝贵的。

而那些相对封闭的群反而能更好地应对这种问题。这种封闭群对成员的加入有着极高的要求，一般都是采用邀请制。由于小众而又封闭，大部分此类群都只是低调地活在大众的视野之外。

据我们的经验，一个群在入群阶段设置的筛选和挑战门槛越高，这个群加入后的流失率反而越低。

比如有的群要求必须付费才能进入学习，群员反而更愿意遵守规则、维护学习秩序、尊重群内的老师。

3.3　如何打造线上高效运营团队

3.3.1　中心化管理 VS 去中心化管理

中心化（centralization）和去中心化（decentralization）从字面上理解是集权与分权。在社群管理中，不管采取哪种管理模式，都是为了实现更好、更有效的管理。

我们认为，不管是线下还是线上，社群都必须有人作为管理中心存在，而且管理一定是能产生管理层级的。

所谓去中心化，我们认为，第一点理解是指内容、信息不再是由专人或特定人群所产生，而是全体共同参与、共同创造的结果，与为了让参与更积极、沟通更畅通、结果更多元的“管理”“有人维护”并不冲突。

第二点是，去中心化管理和中心化管理对各方面资源的掌控模式完全不同。在中心化管理模式中，社群是我们熟悉的线下组织机构的金字塔结构，大家服从权力中心的指示，一层层去落实，这种社群可以理解为组织机构的在线化，背后需要有权力机制做保证。

而在去中心化管理模式中，社群是放射线结构，社群围绕灵魂人物聚集，然后每个节点又可以自由连接不同资源，安排自己的活动。通过灵魂人物的言行去影响整个社群的文化和价值观，而不是直接管理。

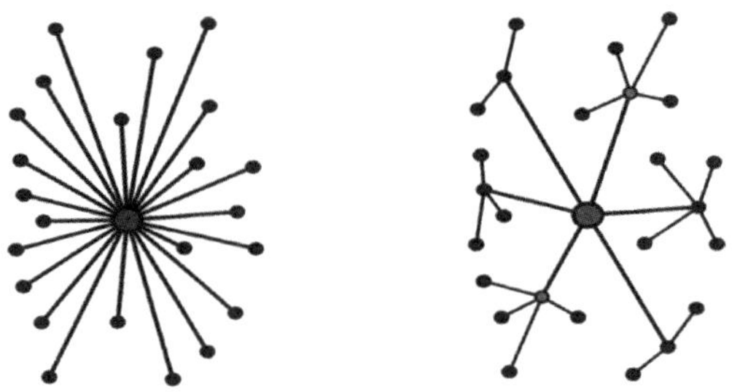

A　B

在去中心化社群模式中，A 图中一个小节点放大后可能就是 B 图结构。一个理想的去中心化社群，就是群里面有很多能量很大的 A 节点彼此连接，最终形成一个网状结构。

中心化管理和去中心化管理模式之间，并没有谁更好的问题，也不是“非此即彼”的。

社群要做大，必须允许去中心化的节点承担更多的责任独自去管理。在一个大社群中，对核心成员采取中心化管理，对外围成员采取去中心化管理，保持中心化管理的成员对外围群的影响力，适当平衡两者之间的比例，是做大社群的关键。

即使社群彻底去中心化，也往往要保留核心人物的社群文化规则制定和监督的作用。

那么，基于社群，要打造线上高效运营团队，该怎么运用这两种管理模式呢？

比如，秋叶 PPT 核心团队是中心化结构，秋叶是灵魂人物，最核心的全职成员集中在一个小群，而且最核心的七个全职员工都在武汉，不仅仅可以频繁地线上沟通，还经常线下沟通，这个群成员是有明确工作制度和运营目标考核的。再往下就是不超过 69 个核心成员 QQ 群，不会有任何工作上的压力或者考核指标，但经常被秋叶 PPT 团队邀请完成各种任务，按工作量打赏，然后就是扩大的 69 微信群，容纳一切节操值接近的有才小伙伴，为 69 群动态更新储备新血。

在秋叶 PPT 核心群里，秋叶老师鼓励小伙伴成立了独立运营的微社群。比如秋叶 PPT 核心成员成立了秦友团、信息图表群、表情包学员群、PPT 动画学员群、新媒体学员群等，这些群都由秋叶 PPT 小伙伴自己去尝试管理和运营，秋叶老师也在群里潜伏，但并不做具体的运营工作，只是偶尔卖个萌，保持存在感。

如果这样由小伙伴独立运营的社群越来越多，整个秋叶 PPT 社群的能量就会越来越大。这样，不但避免了秋叶 PPT 核心团队付出大量时间和精力成本管理社群，可以把有限的资源放在关注核心业务上；而且秋叶老师可以通过和核心粉丝一起或一对一交流提供群运营指导建议，让小伙伴们能独立运营得更好，这样也有助于培养小伙伴自己的个人品牌。

而 BM 社群以去中心化管理为主，各个 BM 城市交流营、读书笔记 PPT 营、绘画营、码字营都有独立的群负责人按自己的群特点去组织运营。总群负责人只是把各个分群组长们放在一起，分享好的经验，提供可以共享的资源，提出运营建议，但每个群的决策权完全在组长自己。

这两种模式没有优劣。中心化模式有个偏强势的群中心人物驾驭与规范，对群有很大的影响力。去中心化模式中心人物偏弱势或者干脆就没有，但是一定有一个非常主动的连接者和沟通者；比如 BM 社群的核心人物陈慧敏通过自己积极的沟通和交流，让不同群的核心人物保持了紧密沟通，形成了大家都认可的群文化。

1.0 版本的时候，是刚刚建立社群，并不知道社群能不能运营好、能不能活下来。这个时候，BM 社群只有群主和一个小助手佳佳在管理一个 300 多人的群。小助手负责汇总群内的内容和群友的资讯。

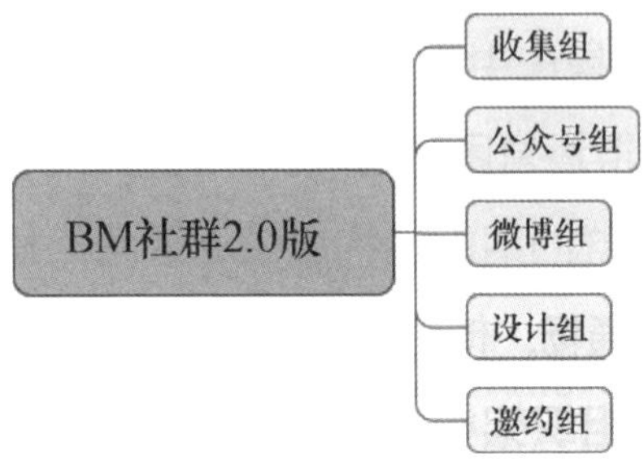

2.0 版本的时候，BM 社群建立了一个多月，发现运营状况尚可，可以做内容输出和吸引新的优秀人才进社群，于是组织架构做了调整，成立了工作团队雷锋营，让之前的小助手成立了收集组，再添加公众号组，进行社群内容输出和对外展示。

后来根据群员特长成立了设计组，设计组做的一系列精致的宣传海报为社群的品牌传播做出了很大贡献。

3.0 版本的时候，BM 社群的组织架构发生了更多的改变。社群人数大幅度增加，各种大咖来与社群合作、做特色训练营并逐步实现变现，社群从线上走到了线下等，让组织架构变得更加庞大。

这个时候，多出了区别于其他职能部门的项目部。职能部门的成员需要单一且专业化，而项目组成员是复杂交叉的。一个人只属于一个职能部门，但可以属于多个项目组。项目经理的业务范围远大于职能部部长。

以读书笔记 PPT 营、理财营等为项目驱动，每次项目抽取各职能部门人员若干去驱动。如果社群需要开一个小白 PPT 营，需要一个设计、一个文案、一个外联。那小白 PPT 营营长可以到设计组、文案组、外联组各借调一个人，组成临时项目组，当项目结束，各组借调来的人各归各位。这种管理模式是借鉴了高校很多社团的运营模式。

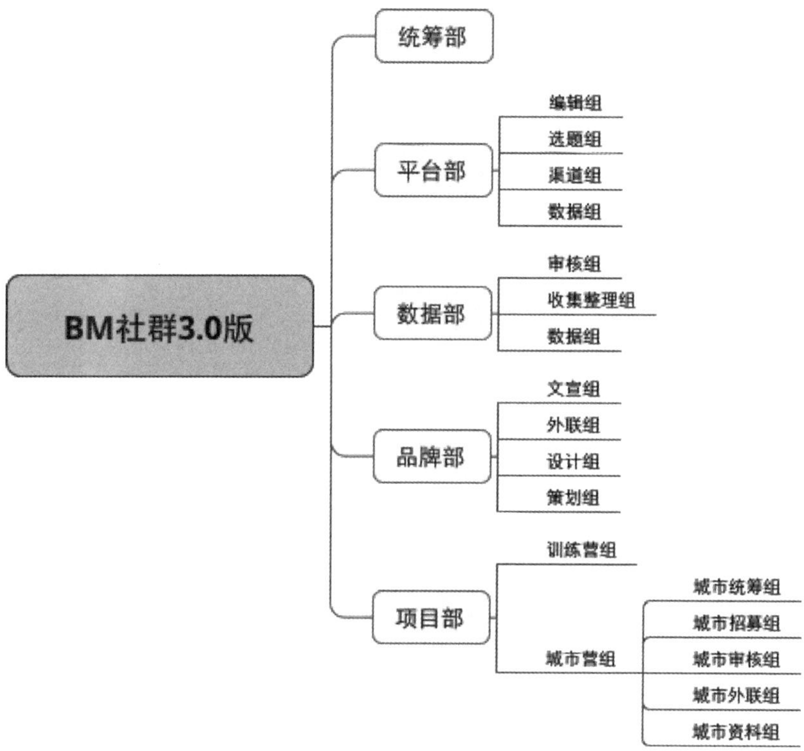

总之，社群的组织架构需要根据社群的发展来动态调整变化，找到最适合自己社群的架构。

特别要提醒，大社群运营中人员的变动性会更大，人员的临时事务冲突可能性更大，人员彼此之间因为不熟悉，工作缺乏默契，会产生更多的沟通问题；因此，在社群运营开始变得复杂后，建立专人进行信息收集记录和事务提醒是非常有必要的，这点在线上比线下组织的场合更有必要性。

下一节我们就重点谈谈社群内部沟通的问题。

3.3.3 线上团队如何有效沟通

在线下工作中，每个人都有明确的岗位职责、固定的工作流程，在同样的工作环境里沟通，协调起来相对比较容易。而线上社群规模一大，需要组织的事情越来越多，即便是核心团队也经常遇到事情对接的人多、有事不知道该找谁协调的问题。

所以社群策划线下活动时，常常会遇到如下困难：

- 开会的时候，很难集体在线，一件事情反复多轮沟通依然没有结果。
- 你以为对方理解你要怎样做了，最后发现根本就不在一个频道。
- 约定各自负责内容后，发现对方太忙忘记执行。

所有这些沟通不顺导致的直接结果就是效率低下和发生纰漏，影响团队凝聚力，然后，因为反复出现沟通问题，导致运营人员心灰意冷、主动流失。

如何避免出现这样的情况呢？我们的建议是，越是线上社群沟通，越要及时做好标准化沟通程序设计和在线沟通内容记录工作。

1. 制定工作手册，让新人快速上手

制定线上各团队工作手册，并输出标准作业程序（SOP），让新加入社群的人也能马上通过学习 SOP 理解工作程序和方法，尽快上手，减少因为不了解社群工作方法而产生的沟通成本。

案例：Better Me 社群工作手册模板

（1）封面

（2）前言 / 扉页

创始人照片（形象设计）+BetterMelogo+ 寄语

（3）目录

1）BetterMe 规章制度

2）BetterMe 组织架构

3）BetterMe 各部门宣言

4）BetterMe 各组工作手册

5）BetterMe 在线沟通方法论

6）BetterMe 成功案例

7）BetterMe 形象展示

8）BetterMe 核心团队

9）BetterMe 通讯录

（4）封底（封底一定要放二维码）

2. 约定社群核心群例行沟通制度

不同的社群，管理和分享的方法不同，但都需要逐步探索出适合自己社群的管理方法。

我们认为，一个社群要保持运营效率，社群核心成员保持有规律的沟通是必需的，没有有规律的沟通，社群成员之间就无法形成共同的归属感，而例会就是形成这种归属感的重要仪式。

比如，在秋叶 PPT 社群逐步做大以后，我们在内部约定每周一在 QQ 讨论组交流上周工作完成情况、下周计划完成工作，有问题马上沟通。

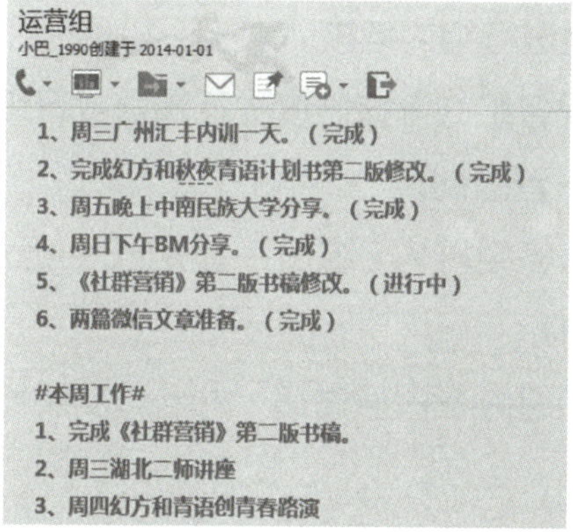

通过这种简单的工作分享，社群内核心成员就知道彼此工作安排和进展，不会因为不在一起工作而不清楚分工安排和工作进展。另外，秋叶 PPT 团队核心群坚持每天晚上 10 点在核心群在线沟通当天业绩数据，确定需要改进调整的工作方向，这项工作已经坚持了两年多了。

无独有偶，在 BetterMe 社群，也有详细的工作沟通制度，甚至还有考核和晋级制度。

（1）BetterMe 日常工作。

1）周一到周五：每晚 8:00—9:00 各组根据目前工作需要进行组

与组之间的协作。

2）周六到周日：每晚 8:00—10:00 各组根据目前工作需要进行组与组之间的协作。

备注：白天不接受没有经过预约安排的紧急任务，请提前安排好自己或本组需要和其他组进行配合的项目需求。

（2）BetterMe 周会、月会。

1）平时由各组自行安排周会和月会时间。

2）各部部长和组长参加 BetterMe 的大周会和大月会。

周会时间：周六晚 8:00—10:00。

月会时间：每月 30 日。

根据本周或本月情况提前通知各部门部长，由部长再通知各组长。

（3）BetterMe 考核标准。

1）主要由各组进行组内考核。

2）考核后根据各组的考核制度进行淘汰或晋级。

（4）BetterMe 晋级制度。

1）晋级方向：各组群内（组员—副组长—组长）——BetterMe 咖啡厅——CPU 团队。

2）晋级方式：组内考核通过后，由组长及部长进行推荐，最后由统筹部定夺。

3. 建立社群核心成员云共享日程表

网络社群运营最大一个问题是成员天南海北，各自单位工作安排不同，时间空闲也不同，有些需要集中沟通的事情，很难协调时间。

比如设计师，在做一个海报的时候，每个部门都根据自己的需求找设计师沟通，不但把设计师时间碎片化，而且大家有不同意见没有直接沟通，会让设计师被迫花费大量时间在沟通环节，导致工作效率低下。

有的社群的工作人员是属于志愿者或者兼职形式，白天的时间更是无法每时每刻盯着社群的信息，不然自己的正常上课工作时间就被社群突发工作信息给碎片化了。

所以，社群运营需要为远程协作核心团队建立共享日程表，现在云技术很发达，应直接用这样的云服务来协调线上团队人员的时间。

我们可以通过共享日程找到每天大多数人的固定空余时间段，比如每天晚上 8 点到 9 点集中沟通。一来这样能保证更多的人在线，解决线上沟通异地不同步的问题。二来集中时间段沟通能提高沟通效率，节约社群成员交流时间。

在社群早期阶段，可以制作类似周工作计划的表单给各部门填写，然后再整理公布下一周各部门安排。这样，各部门心里有数，能更好地安排和其他部门的合作。但是这样的计划单无法反映团队成员的工作变化和时间安排。

所以，在秋叶 PPT 团队内部使用 360 日历，小伙伴有了日程安排，及时更新到团队共享日历，对彼此的日程安排就一目了然。

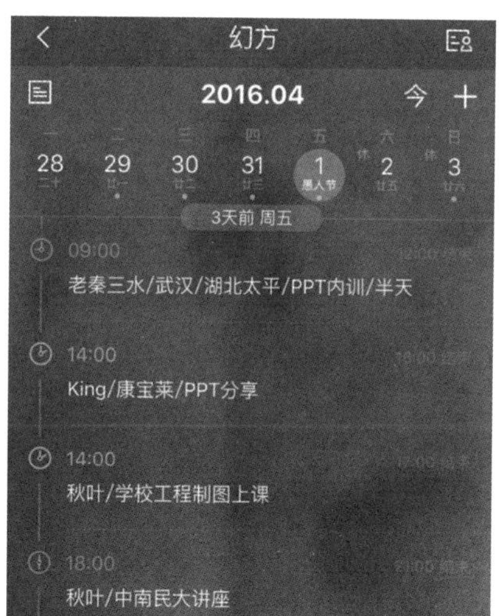

BetterMe 因为经常要组织线下讲座，使用 Tower 互联网协同办公软件，团队的所有人加入 Tower 后，只要输入每周安排，整个团队时间安排就能一目了然。时间表能及时动态反映各个组做了哪些动作；周报能反映本周团队成员都做了哪些事情。

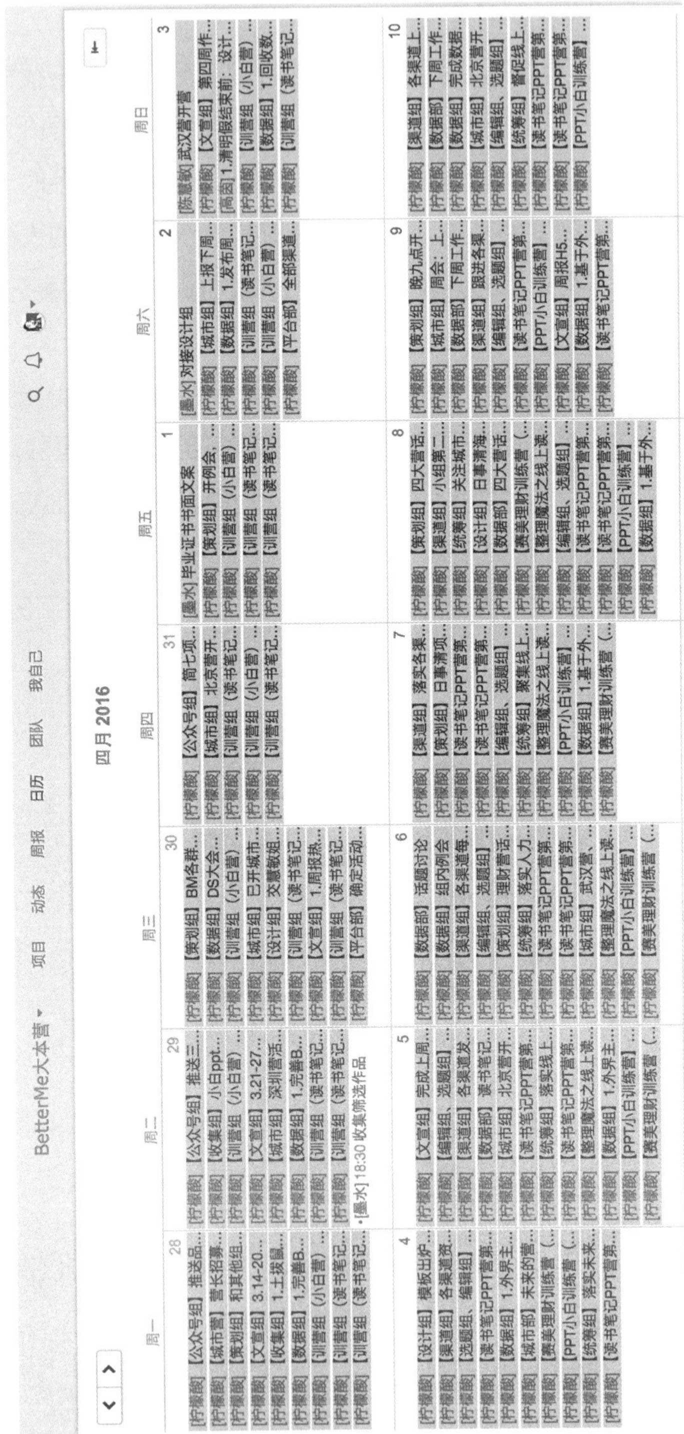
BetterMe大本营
项目
动态
周报
日历
团队
我自己
四月 2016
周一
周二
周三
周四
周五
周六
周日

这是 BM 社群在使用在线协作服务后的月历表，之前每个组信息不对称，沟通起来烦琐、麻烦，后来团队的人都加入了 Tower 后，能够对各个组的任务一目了然，关注 Tower 的公众号后，还能用手机直接操作。Tower 里面有个“项目”选项，能够提前安排项目，而且能够添加项目任务后指派给别人，责任到人。安排的日程能自动同步到日历中，是团队提前沟通日程安排的利器。

4. 注意线上沟通程序设计

在线运营团队在沟通时，因为很多人不自觉带入网络聊天习惯，常常会出现没有围绕着主题展开发言、交流过程中出现偏离主题的问题，或者有的人习惯潜水，发言积极性不高，出现讨论产出内容不足等问题。

所以，为了提高沟通效率，在约定时间做正式沟通时，需要全体成员遵守约定的发言流程。

我们建议，在社群线上沟通前先做 5W2H 梳理。

5W2H 梳理沟通关键要素

WHAT	WHO	WHY	WHEN	WHERE	HOW	HOW MUCH
沟通内容	谁参与沟通	沟通目的	沟通时间	沟通地点	如何完成	成本

运用这个模型，能够快速整理好沟通邮件，提前发给需要参与沟通的团队成员，能帮助大家更快进入沟通状态。

比如，一个团队一起开会讨论“线上团队如何有效沟通”这个话题。那么会议开始前可以做一次 5W2H 梳理。

在社群运营中，要对高质量发言者进行奖励，逐步形成积极思考参与的发言习惯。

在线会议 5W2H 梳理

(WHAT)	如何实现线上有效沟通
(WHO)	团队核心成员
(WHY)	讨论出一套具体可行的方案来实现线上的有效沟通
(WHEN)	三小时之内
(WHERE)	线上微信群
(HOW)	有关资料发放准备，1~2 小时头脑风暴，1 小时复盘总结
	提前制定发言机制、讨论内容的先后、禁止事项
	给予用心高质量讨论者适当小奖励 (KPI)
	组长全程引导发言方向，激活气氛
	安排书记员全程同步复制记录发言要点
(HOW MUCH)	无直接成本

比如，BM 社群发言中由一个主持人控场、一个计分员来统计积分。每轮发言后主持人给出评分，有效建议或者意见作为有效发言加分，无效发言减分。最后一名可以发红包或者接受小惩罚。这样，可以让所有参与会议讨论的人认真对待自己的每一次发言。

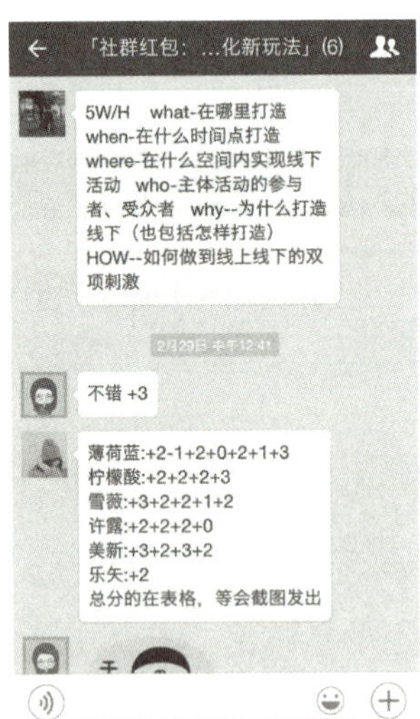

另外，线上沟通工具也值得仔细选择，不同的线上沟通工具和平台各有特色，可以根据社群自身需求使用适合的沟通工具。这里介绍几种常见的团队协作沟通工具。

对比项	微信	QQ	YY	钉钉	Tower
普及性	高	高	中	低	很低
即时性	是	是	是	是	是
优点	操作熟悉	操作熟悉 可保存群文件 可多人视频	可多人视频 可设置进房间密码	可看已发消息的阅读状态 可视频会议 可短信通知	可做任务分配和项目跟踪
缺点	不能追踪团队任务完成情况 不能上传群文件	不能追踪团队任务完成情况	使用率不高 不能追踪团队任务完成情况	用户容易被管理者推送信息骚扰 需培养使用习惯	即时性反馈不强 需要培养使用习惯

其他一些在线协作沟通工具还有worktile、teambition、wunderlist、ioffice等，这一类在线云工具并不少，大家可以选择适合自己社群的产品。

5. 重视资料记录分类和归档

社群团队各种资料都需要及时分类归档，减少因为查找资料产生的各种沟通成本。特别是重要的沟通内容，需要有记录总结输出，这样，一方面可以帮助回顾和总结，另一方面让沟通内容得到进一步追踪和落实。避免在繁忙的工作中因为没有持续跟进而造成不必要的纰漏。

一般常用资料可以存放在QQ群文件夹，需要分类整理的，可以存放在有道云协作之类的云协作工具里，或者是百度云、360云盘里。这样就可以让社群小伙伴根据自己的分工需要自行下载和寻找相关的数据、图片、视频、资料。

比如，可以把资料分类归档为：团队成员资料库、团队SOP库、内部素材资料库、嘉宾资源库、社群成员资料库、媒体资源库、线上活动资料库、线下活动资料库、紧急事件预案库、项目总结归档库等。

资料及时归档后，安排写后续报道或者微信微博文章，以及联系渠道发表，就变得相对容易多了。

6．设置轮岗交流制度，举办跨地交流活动

很多社群发展壮大之后，工作团队也随之越来越庞大，内部之间的交流反而变得更少了。社群沟通不畅的一大原因是内部各个小团队的信息相对封闭，彼此不熟悉对方的工作内容和流程。通过轮岗，能够使新成员更加容易融入社群内部，能够拉近彼此间的距离，增强社群的凝聚力，能够让新手接触到其他部门更多的精英、用全局的视野去处理社群事务。

除了轮岗，还可以采取社群在线会议列席旁听、成立会议组等形式帮助社群团队成员建立共同的沟通背景。我们还提倡在不同地区的社群群员进行跨地交流，人和人在不同城市旅行交流的经历会成为社群内美好的回忆。

7. 注意线上沟通文化的培养

在线团队特别需要培养沟通中对事不对人的文化。沟通是为了把团队的事情更好地完成，而不是找最佳辩手。出现问题沟通处理完，就要记得翻篇，不要纠缠不休、没完没了。特别要注意，团队新成员加入后，如果在讨论中被指出问题，就不容易产生挫败感，也不会认为是老成员故意找茬针对他个人，会把注意力放在和团队一起关注事情的解决方案上。

在线沟通时要特别提醒运营成员不能因为是网络发言就过于随意，有的人对网络调侃式的语言比其他人敏感，不一定认为这是无伤大雅的玩笑，也不一定接受你们认为是正常的措辞。

所以，在网络交流中也需要注意说话的技巧，要照顾沟通双方的情绪和感受。网络交流的技巧就是 :**同样一句话，加个微笑的表情就能把语气缓和很多**。

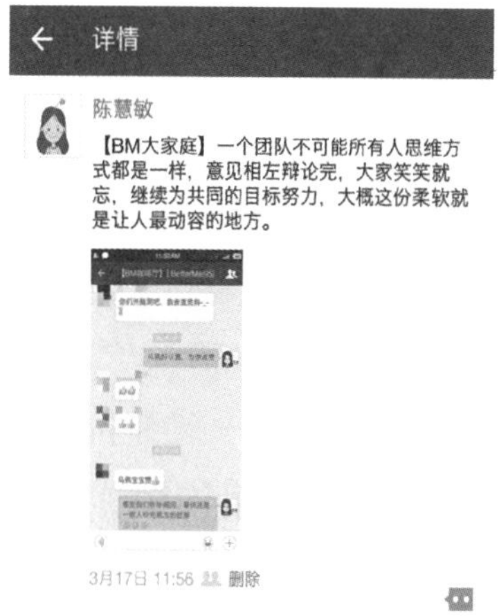

3.3.4　如何发现值得培养的社群运营新人

有一定规模的社群运营团队必须定期引入新血，新人对社群活动积极性高、时间投入多，但是很多人不仅不知道线上社群运营的方法，就是搞线下活动也缺乏经验。

只有热情而能力不足的人，往往会主动帮你把事情搞砸。很多老群员担心新手刚上手会出错；社群管理者觉得有经验的群员更熟悉工作，尝试新手有风险，过于依赖老群员。但这样下去，老社群成员会觉得负担太重，选择退出社群，而往往几个积极分子一走，大家就失去干劲，马上显露出社群人才培养梯队断层的劣势。社群向上蓬勃发展到一定规模，反而会突然遇到人力出走潮，社群运营发展势头戛然而止。

所以，社群运营者要更积极主动地挖掘新人、培养新人、给新人机会，让他们尽快和老手融为一个团队。只有愿意培养新人和能够持续不断推出新人的社群，才是一个健康的社群。

像秋叶 PPT 社群，秋叶大叔一直关注里面有才华的小伙伴。最早冒出来的小伙伴在 2012 年是曹将、刘健亮和但愿等，后来他们三位一个做市场营销、一个去做新媒体运营、一个去读博士，然后 2013 年秋叶大叔又发掘了小巴、秦阳、阿文、嘉文、饭饭、熹熹、小荻、无赖、鱼头、水蓦、小万、阿建等新人，从这些人里面培养出了秋叶 PPT 团队的骨干成员，等这些成员大部分走上工作岗位后，秋叶大叔又发现了马赛克、蔬菜、有乐、优卡、柒柒、乌素、青梅、少年、膝盖等更多的新人，并帮这些新人更快在某个细分领域开始打造自己的个人品牌。

秋叶社群在选择新人时特别注意三个标准：

1. 才华出众

网络运营需要的才华分三种。一种是能打造出网络爆款内容，不管这些内容是文字、图片、PPT 还是视频，甚至是 H5；一种是网络项目协调、运营、沟通、组织能力；一种是天然开心果性质（能带来社群黏性）。

一个优质社群应该有具备这三种才华的新人搭配，能做社群内容输出的小伙伴可以占到 60%~70%，社群运营组织的小伙伴可以占到 20%~30%，社群黏性连接的小伙伴可以占到 10%~20%。

当然，有的人身兼两种甚至三种特质，这当然更好。

特别是有内容创造才华的小伙伴，一旦度过新人期，他们的热情加上才华能在一段时间内产出超过 80% 的社群原创内容贡献。

2. 效率出色

有的人有才华，但是做事情有拖延症，如果你期待这样的新人做社群运营，结果就会很失望。

要选择那种有才华而且行动力很强、能够成为整个活动的发起者和组织者的人，社群需要一个发动机型的人，而不是一个依赖发动机才能前进的人。

如果我们给一个人安排一件工作，他能够马上就生成结果并主动反馈，不管这个结果是否完美，这样的人都是我们要找的适应互联网的人，能力不足可以学习，快速响应能力和反馈意识却是最难学的。

3. 产出稳定

像秋叶 PPT 团队，一旦发现合适的新人，马上会联系他们，提供一些小任务给他们挑战。如果发现新人做事效率高、质量好，特别是通过作品可以看出他们的思维深度和广度的话，这些优点全部会帮助小伙伴真正加入我们的微社群团队。在自由发言、交流熟悉的同时，我们不定期继续给他们小任务来评估他们的工作质量稳定性。

通过小任务就可以评估一个人是否有稳定的创作才华和创作周期，只有能稳定产出作品的人才有可能做出有质量的工作。

不过，我们对新人投入的培养成本应该和他的潜在成长价值成正比，我们应该努力把时间花在有培养价值的人身上。

什么样的新人适合被培养？

（1）团队至上型

社群是基于网络的，人才的流动性大，当他愿意跟着社群从 0 到 1，一同成长并一起面对困难、共担责任，哪怕其他方面的能力没有那么强，也往往是值得去培养的。

社群运营者团队往往乐于分享与服务社群。能够做到这些的群员，往往情商不会特别低，他们往往受到团队的喜爱，并能很好地连接整个社群，使社群的凝聚力加强。

也因为他们在社群里待的时间长，对社群方方面面的熟悉度也会更高，对社群有归属感。他们往往会把社群当作自己的一部分、同气连枝，愿意付出更多的心力和时间，跟社群一起去实现共同的目标。

（2）积极主动型

他们往往执行力强，能根据反馈及时调整行动，能自我螺旋式地进步，自己给自己安排任务，在社群还没有安排任务的时候，他们已经把下一步该做的提前完成了。他们有上进心和强烈的学习欲望，乐于分享，愿意为了社群不断学习提升，积极参与社群内的讨论、活动。能够独立思考、自主学习，能减少社群培养一般新人所需的成本与精力。他们是一个社群里的鲶鱼，能够激起社群里积极的池水，是应该被重点培养的新人。

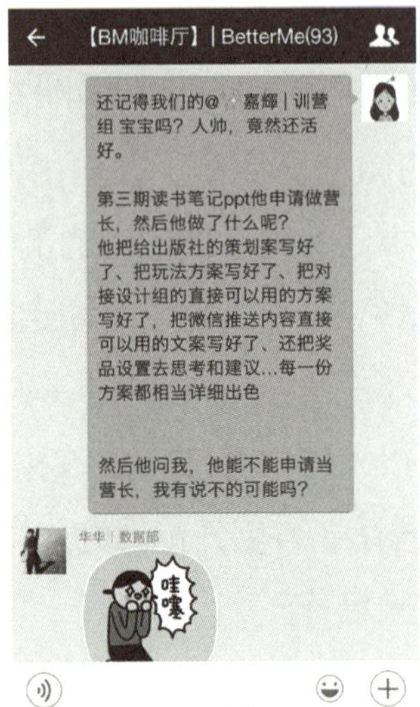

上面的截图是 BM 社群中一个新成员主动申请做营长，在申请之后先主动完成一系列未指派的任务，将大家眼前一亮。将积极主动型新手做得特别好的任务拿到团队中分享，可以让更多的新手有榜样可学，刺激整个新手群体。

3.3.5　如何培养社群运营新人

1. 明确新人定位，采取不同培养方案

我们首先得清楚加入社群的新人定位是什么？

如果你希望这个人成为社群的开心果、气氛点燃者、喜欢娱乐的人，让他做自己就好。唯一要关注的就是，是人就会有情绪低落的时刻，这个时候要让他看到社群对他的关心，帮他摆脱负面情绪。

如果这个人是社群的内容创造者，你就得主动提出内容策划方向，由他们完成内容的创作。特别是新人，如果没有得到方向指导，稳定持续创造出内容是很困难的。

比如，在秋叶 PPT 核心社群，一旦秋叶或核心小伙伴想到一个好的点子，就会在社群内和大家交流，落实点子确定内容的负责人，由小伙伴尽快完成内容创作，达到发布质量后借助社群的能量制造传播。

新人经过多次内容创作，就会慢慢找到自己的喜好方向和开发节奏，甚至是自己结合社群运营方向形成稳定的产出，那么秋叶 PPT 团队会把开发工作形成一个工作包，外包给新人负责，并慢慢帮助新人形成稳定的创作团队。

如果发现新人的创作进入倦怠期，我们会发起一些活动和交流，一起来找到新的创作灵感。

正因为秋叶 PPT 社群的工作是不同的小伙伴通过网络协同完成的，所以秋叶 PPT 核心团队每周花在微信内容准备上的时间非常少，整个团队都没有专人负责微信，连内容推送都是轮流值班，却持续稳定运营了两年，阅读量也稳定在合理的水平。当然我们认为如果可能，应该培养一个具有策划能力的新媒体专岗人才来运营更好，这意味着秋叶 PPT 社群持续发展到一定规模后，要从众包模式转化为“专业策划 + 众包出品”模式。

秋叶 PPT 社群努力发现有内容创作才华的新人，然后逐步把这些有内容创作经验的新人发展成课程开发人才，然后把有稳定产出的课程开发人才和运营人才变成社群背后的全职工作团队。

而 BM 社群，更多是面向线上线下的活动组织，社群的运营基点是整合资源能力。社群需要新人尽快理解如何借助 BM 社群平台找到适合活动的人物，然后独立完成社群需要的工作。因此，在 BM 社群为新人提供引导就非常重要。在 BM 社群内部有详细的《新人成长手册》，积极主动的新人可以自学了解相关规则及运营知识。为新人提供的《新人成长手册》让新进来的成员迅速熟悉社群和所在部门的具体架构以及发展目标、形式等，并找到与社群的连接点。

另外，社群和公司一样需要对新人进行基本素质和技能的培养，提升新人综合能力。像秋叶 PPT 团队每年都要组织 1~2 次核心成员线下聚会，在聚会上，除了一起玩，秋叶老师还会进行内部分享、观点交流。当然，除了内部培训，还可以邀请外部的大咖来分享培训。

除了大规模的线下聚会，秋叶 PPT 社群也会经常结合出差机会进行同城小伙伴线下聚餐交流，我们认为，越是线上的社群，越是要多进行线下交流，社群的新人通过线下交流一旦对社群产生认可，就更容易通过网络协同产生战斗力。

2. 提倡试错文化，通过复盘进行迭代改进

适应互联网的运营模式一定是提倡试错文化的，一定重视在复盘中进行迭代改进。

秋叶 PPT 团队侧重内容运营，非常重视阅读各项运营数据、评估工作质量到底有无提高。我们内部会不定期随时结合数据与大家交流文章准备方向和调整改进建议，让大家尝试新的写法、挑战新的话题、避免内容创作陷入停滞或重复。哪怕在这个过程中内容没有得到认可，我们也鼓励大胆去做、慢慢总结原因，找到改进方向就采取迭代改进模式完善，而不是追求一步做到完美，这样可以适应互联网快速发展的挑战。

对于活动型社群的新人组织能力培养，社群运营者更是要敢于放权、大胆试错，必须放弃一切论资排辈的习惯，一个人能否承担社群工作，最重要的评估标准是新人**有无热情、有无时间、有无能力，而不是有无资历。**

新人对工作从陌生到熟悉，一定是需要不断实践的。在以老带新的过程中，老成员如果事必躬亲，不但会拉低团队合作效率，也会让新人养成依赖心态。我们提倡老成员先放手让新人去做，并给予其足够的资源支持，不随便把自己的想法先入为主强加于新人身上。为了避免风险，可以先让新人小范围地独立做一些完整的工作，积累几次经验后，就该放手让新人独立完成活动，通过承担更大压力的活动来锻炼综合能力，并通过复盘总结实现能力螺旋式上升。

无论是培养新的内容创作者，还是培养新的活动运营者，都必须鼓励新人逐步学习如何做个人品牌，在团队中带新人，形成自己的能量辐射圈。**只有当一个人通过社群找到自己的能量圈，而且意识到可以通**

过社群不断扩展自己的能量圈，他和社群的连接关系才会变得稳定和持续深入，而不是新鲜期过后对社群各种活动形式变得麻木、不再持续参与。这是很多社群活动开展最容易遇到的问题：一开始的活动大家参与积极性很高，慢慢大家对内容产生审美疲劳、开始逃离，社群的能量就进入涣散期。

不过，即使有好的活动形式，有积极的运营者，也会有活动形式遇到瓶颈的问题，这个阶段就需要社群运营者引入新人来组织，鼓励新人提出自己的看法，借助新人的热情点燃活动的能量。这个阶段要大胆允许新人试错。

秋叶 PPT 团队打造了一个“群殴 PPT”活动，即每周四在网络上发布一个 PPT 作品，发动网友一起来改造，看看谁的灵感好就给网友打赏。这个活动发布后很受欢迎，但是运营数据也有过起伏。为了激发更多网友参与，避免活动进入审美疲劳期，我们不断扩大或更新活动负责人团队，同时加大对活动的投入，尝试新人的各种可能性。在活动中，我们逐步形成了如下改进：

1）对优秀者提供红包奖励。

2）将优秀作品制作成明信片邮寄（这个礼物非常受欢迎）。

3）开发群殴 PPT 投稿网站，并不断完善网站功能。

4）不仅仅提供修改成品，还提供修改示范，鼓励大家动手模仿。

5）尝试群殴内容准备的轮流值班制度。

6）尝试结合热点话题或时机提供群殴 PPT 素材。

7）允许网友提供修改案例，我们选择后作为群殴素材。

8）扩大群殴 PPT 点评老师的队伍。

9）引入企业作为广告合作方加入群殴。

10）尝试在企业内训中和群殴 PPT 结合。

……

在这样的实践过程中，免不了要犯错，会带来数据波动，但如果对新人的想法，我们不敢试错，也不会点燃新人的热情和才华。

同样，在 BM 社群也有一个内部文化就是鼓励试错，在试错中成长，在试错中发现问题、优化方案。往前多走一步，哪怕可能犯错了、摔倒了，也一定会比一直站在原地踏步强。

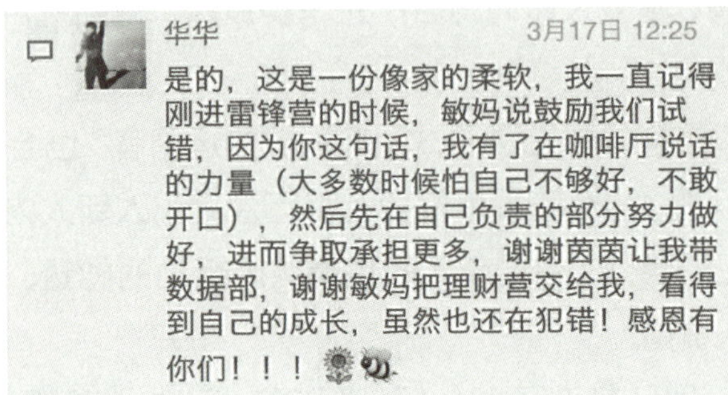

3. 设置运营教练，关键时刻提醒，进行升级考核

由于新人对社群运营工作参与经验不多，对全局的掌控感不强，对于工作进入哪个阶段需要快速采取哪些动作才能提升效率，在第一次工作时还是会有茫然感。这个阶段，社群负责人需要为新人指派一名有经验的运营者协助，只负责在重要节点或者容易被新人忽视的节点进行适当的提醒。就像一个婴儿学走路，摔倒是常有的事情，但如果明知道前面就是悬崖，就必须提前规避危险。

现有精英社群运营者的适时指导，能帮助新人更快进步。也可更进一步直接采用师徒制，会建立社群成员之间更深的感情连接，以后新手在执行任务中遇到问题时，也能找对人提供更多及时指点。

除了帮助指导，和职场一样，社群运营也应该有升级竞争、考核淘汰机制。

比如，秋叶 PPT 社群中的优秀学员，会得到秋叶邀请投稿的机会，如果投稿优秀会得到继续邀请投稿的合作机会。如果合作投稿也很优秀，会得到加入微信群和其他小伙伴连接的机会。如果在微信群中表现稳定，会得到进入核心 69QQ 群的机会。如果在 69 群中表现出色，会得到合作写书、合作开发在线课程的机会。

比如，BM 社群中的新手，通过为期一个月的实习期后，就可以晋级到 BM 咖啡厅，加入 BM 社群工作团队的编制。如果表现特别优秀，可以被选拔进 BM 的 CPU 团队，成为社群的核心团队成员。社群根据三者的付出给予相当的福利。CPU 团队能优先得到任何福利，咖啡厅能得到在编团队的福利，实习期的新手在结束实习前没有福利。这就让新手们有了更多的动力进行自我能力的升级。

除了福利，社群也需要有考核机制。考核机制的引入能够使新手看到自己在社群中的付出的量化指标、与精英们相比的差距和自己应该努力的方向。对于社群管理者来说，考核能够让他们更直观地看到新手们的参与度。

CPU|BetterMe 数据部积分考核表

序号	工作所属职能	工作加分项	加分
1	收集整理组	作为DS组长统筹收集或整理工作	1
2		完成CPU内部会议收集或整理工作	1
3	数据组	按时完成某部门数据收集与分析工作	1
4	审核组	完成工作表发放与回收	1
5		编制下周工作计划表+更新tower日历	1
6		跟进一周工作计划落实情况	1
7	其他表现加分	按时参加工作会议，会议中表现积极	1

积分注意事项：1.按时完成上述工作，加1分；请假且互助协调完成工作不加不减；未请假且延误工作减1分。2.出色完成上述加分可获奖励分1分，获得团队赞赏可再加1分。3.承担外接工作项目，如训练营助手等，奖励1~3分。

上表是 BM 社群数据部的考核，通过考核，成员们参与度更高了。有了量化目标后，每个人都争取高效高成、用更短的时间做更多的内容。

在 BM 社群内部，福利也是根据积分来分配的，积分等级决定福利的多少和权限门槛。这也需要社群本身不断地进步升级，让自身能有更多的能力给予团队相应的回馈。

对于考核不及格的成员，会有淘汰制度。有淘汰才会有危机感，有危机感才会更珍惜自己的社群工作。淘汰方式可以进行多元化设计。

末位淘汰制：考核积分最低的淘汰。

区段淘汰制：考核积分中某个区间以下的淘汰。

如果没有考核：以在团队中的贡献度来决定淘汰人选。

淘汰是为了进步，但是淘汰需要有弹性；可以有返场设置，当被淘汰的人通过努力达到团队的要求，可以返回团队。

比如，秋叶 PPT 的核心小伙伴团队规定人数不得超过 69 人，但是如果留下来的人活跃度不够，每半年会定期调整，引入新人，让不活跃的人转移到微信群。当然，如果小伙伴表现又活跃了，又会欢迎他再次进入 69 群。

3.3.6 如何吸引各种优秀人才加入团队

互联网的发展以及微博、微信的普及，使得各种资源更加容易连接，包括各种优秀人才。社群就有着这样的魔力，它能够容纳各行各业的精英，你要做的是找到他们，然后吸引他们加入自己的社群工作团队。

1. 分析人才加入动机

我们首先需要思考一个问题，优秀人才加入我们的社群的好处是什么？我们的社群是会给成员带来成就感、新机遇、可施展的舞台、影响力？还是丰厚的酬劳、有效人脉、新鲜感？还是其他？

我们可以根据动机把被吸引的各种优秀人才大致分为四个类型：

1）奉献助力型：这种类型的人，喜欢帮助他人和分享，当他们遇到一个适合的群体，加入工作团队，能够更加便捷地提供帮助，获得成就感和满足感。这种类型人才的存在可以在社群初始各方面人才都缺乏的时候，提供很大的能量和助力。

2）求知探索型：这种类型的人，有着更强的求知欲、好奇心；有的是从未接触过社群，感到好奇；有的是对社群运营模式、管理方法、优质内容感兴趣，想要主动参与其中一探究竟；有的是社群团队中已有优秀的人存在，他们想要加入学习，得到提升进步。这种类型的人，往往学习动力强、自我驱动力好，能够带动社群核心团队的整体学习氛围。

3）成长反哺型：这种类型的人，在进入社群之前或者进入社群之后，受到社群的帮助或者得以成长，希望自己能够出力反哺社群，因为参与度高、忠诚度高，他们往往会成为社群中的核心运营力量，与社群共同发展。

4）资源互换型：这种类型的人，可能自身具有某方面的能力或者资源，有的希望互换相应的酬劳、人脉、平台、影响力，有的希望通过连接遇见更多可能性。他们的存在能让社群的基因更加丰富。

一个人身上可能同时有多种动机，只不过在某个阶段某种类型比例会相对高一些。我们可以根据自己社群的性质类型和规模发展需要，针对这些类型，运用不同的方法吸引人才。

2. 修炼社群品牌

社群吸引优秀人才的最有效法宝是修炼内功，提升社群自身的能量和品牌形象。

优秀的团队才能吸引优秀的人才。有能量的社群才能通过影响力辐射更多不同特点的人群，通过资源互换创造跨界激荡。当社群影响力和规模都还不那么大的时候，可以集中精力打造微品牌，通过专注持续地做好一件事来打造好口碑。其实在一个领域顶端圈子都是很小的，当有影响力的优秀人才持续加入后，就会产生多米诺骨牌效应，其他的优秀人才和资源会跟着过来。

像秋叶 PPT 团队，最初以 PPT 为起点发力，做精品线上课程，吸引到 PPT 圈一群高手，高手们又不断由灵感激活灵感、创意激发创意，升级精品教程，进而拓展到在线教育其他各个领域，形成品牌和影响力的良性循环。

3. 有节奏地让品牌曝光

有一个悲伤的段子：一个男子爱上一个美丽的姑娘，每天认真给她写上一封情书寄出去，最后，这个姑娘爱上了邮差。

日久生情是人类的一个常见特质。有节奏的曝光能够保持社群品牌的存在感，从而让更多人开始认真关注社群的运营，并一步步了解团队的方方面面、参与进来，最后产生感情。

社群曝光不一定是发布高大上的活动，也可以是在活跃的群发一些轻松愉快的段子，在朋友圈集体卖萌玩刷屏，还可以创作优质文章、金句输出到各个社交媒体平台传播，来呈现社群的方方面面。

内容曝光是指定期对自己的核心产品或者内容进行适度曝光。不断优化升级的内容代表着一种持续的能力和进步，能够让一些旁观者转化为求知探索型或资源互换型人才加入。

比如，秋叶团队通过各种社交平台、活动培训、出版书籍等渠道让大家知道有这样精品课程的存在，而精品课程通过学员提交优质作品引发朋友圈二次传播，让更多的人才被吸引过来。

上面这张图片是秋叶团队出品的 PPT 手绘教程之“三分钟教你变身肯德基老爷爷”的作品。当时从 PPT 圈高手自发换肯德基头像开始传播，再到学员，再到普通的小伙伴，大家动手画自己的肯德基头像，风靡了朋友圈，吸引了大量眼球。后来秋叶 PPT 团队小伙伴趁热在网易云课堂发布“简单快速制作手绘表情包”课程，很快就销售破千。

团队曝光。社群团队内部的管理运营，外界无法看到。可以通过曝光一些优秀的闪光点，让外面的人对团队有更多的了解，降低认知成本。团队曝光可以是对优秀标杆、丰厚福利、团队精神面貌等的曝光。

上面这张图片发到朋友圈后有很多人点赞。有的人对 BM 内部如何调动工作人员积极性很感兴趣，有的设计师也希望加入“被虐”，从围观者型转化成了求知探索型。

话题曝光：一个好的话题可以引发很多人的点评和思考。心灵鸡汤、书评影评、热点事件都是好的话题素材。找准一个点切入话题能迅速引爆传播。

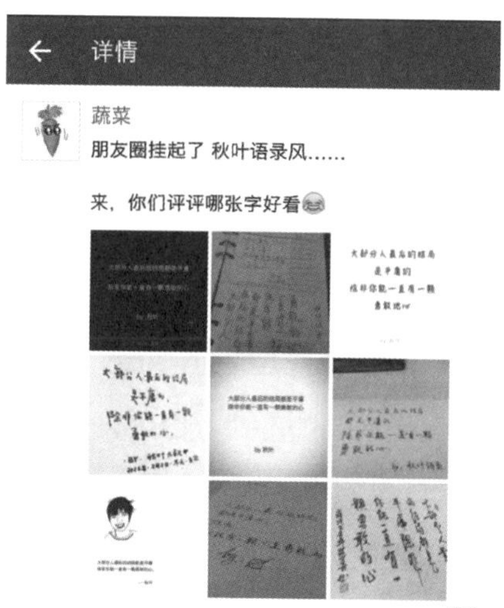

上面这张图片源自于秋叶在一次跟团队核心成员谈心中说的一句话：“大部分人最后的结局是平庸的，除非你能一直有一颗勇敢的心。”团队成员不经意流出，却引发了朋友圈配图刷屏。

4. 完善激励机制

针对不同的用户群体，社群的激励机制应该是不同的。因为他们对激励的反应和期望是不同的。可以对社群人群做三个自问：①我的社群用户群体类型有哪些？②他们分别对社群的参与度如何？③这几类类型的人对其他类型的影响力如何？

以秋叶 PPT 为例，大致用户可以分为：

PPT 圈高手（积极参与优质内容创造输出）。

PPT 爱好者（偶尔参与少量作品输出）。

围观者（基本是围观点赞）。

分享者（自身有一定能量，想做跨界资源互换）。

不论哪个领域，高手都是稀缺的。按照二八法则，少量用户贡献社群的大量内容和影响力。

现在，秋叶团队对于 PPT 圈高手是，只要有优质内容输出，就会积极帮助传播扩散，帮助高手打造个人品牌。当高手积累到一定程度，就会邀请其进入 69 群核心团队进行更多的培养，比如出书、出在线教程、出培训课程、出内训课程。淘汰也是秋叶团队对高手的激励方法之一，吸引新的力量源源不断加入的同时，促使元老们精益求精。

对于 PPT 爱好者，则是只要做了作业就会认真点评、帮助提高技能，通过这样的方式也引导他们变成在线课程的付费学习者。

对于围观者，更多的是以兴趣培养为主，如果能够在动手中觉得学习是一件快乐的事情，那么就达到了目标。

对于分享者，秋叶团队能提供的就是一群爱阅读爱思考爱动手的学员。如果分享者的内容在秋叶学员群内受到欢迎，他们会自觉自发写分享读后感、做 PPT、发微博和朋友圈，甚至购买分享者的产品，对分享者的品牌形成良好的内容二次传播。

秋叶团队对高手的强力激励机制，同时也形成了对其他 PPT 爱好者和围观者的莫大刺激。促使那些 PPT 爱好者更加雕琢自己的技能，而围观者能够通过高手和爱好者的作品了解到学习 PPT 能够得到怎样的成长，跃跃欲试。三者形成求知探索型、成长反哺型、资源互换型的互相转化。

对于分享者，秋叶团队始终坚持一个原则：对内只对付费学员提供分享福利，我们认为，没有门槛的福利是没有任何人会珍惜的，没有珍惜就没有投入，没有投入就没有效果，社群的运营从来不是一厢情愿。

但是，秋叶 PPT 团队鼓励内部认可的核心小伙伴以秋叶 PPT 团队核心成员名义去其他社群参与开放式分享，这也是一种品牌资源对外输出，这种“个人品牌 + 团队品牌”的输出模式也会激励团队内核心小伙伴获得成长的动力。

3.3.7 社群核心团队成员流失的原因

核心成员是社群的管理者和运营者，他们熟悉社群流程和制度，投身于社群运营的日常工作中，维系社群的正常运转，他们参与程度高，对社群的归属感、成就感会比普通成员更强，对社群贡献大，他们的存在是社群良性发展的重要条件。

但核心团队成员离开社群仍然会贯穿社群发展的整个时期。

核心团队成员出走有如下几大常见的原因。

1. 为爱透支，工作量大

社群在初期没有形成规模的时候，各方面的机制都在完善之中，都需要从 0 到 1 去梳理建设，工作量大。当社群形成规模后，机构庞大，沟通变得更为复杂，各方的合作和事务的数量也会跟着增加，工作量也大。如果没有合理的平衡，高强度的工作量甚至会影响到核心团队成员的日常生活，引发核心团队成员的不满，若不能及时处理的话，很容易造成人员流失。

2. 没有回报，没有认同

许多社群一开始并不是以公司的形式运营，由于经费有限甚至没有经费运营，采用的是志愿者模式或者是兼职打赏模式。核心团队成员的付出和收获落差大。

如果社群管理者管理不善，社群的定位和发展前景也不清晰，一味地让人埋头干活，既没有重视他们在社群中的价值，也没有让他们在社群中得到应有的回报，当出现了其他的发展平台，他们预期自己会有更大的回报，那么离开也是意料之中的事了。

3. 成长停滞，心理逃离

社群中有一部分人在社群发展初期势头很足，能够挑起社群中的大任。但是在社群发展的过程中，却失去了这种后劲，没有跟上社群发展的脚步，无法在社群中继续找到他们的位置。

如果他们在之前对自己的期望值很高，社群对他们的期待也很高，那么当面对个人停滞不前的成长，就会产生巨大的心理落差，产生对自己能力的怀疑，对无法再回馈社群产生无法面对现实的逃避，从而加速他们离开社群的步伐。

4. 团队不和，凝聚力差

社群是以人聚集的，并不是简单的牛人聚合在一起就会产生化学反应。一个没有凝聚力的团队，一个只有争论和不和的团队，只是一盘散沙。工作氛围差、彼此的不理解不包容不沟通，会耗尽核心团队成员的精力和时间，以及继续留在社群的耐心。

5. 前途不明，对手挖人

经过社群发展活跃期后，整个社群活力下降，用户黏性变弱，平台开始走下坡路，核心团队成员看不到社群的未来，觉得继续留着也无力回天，只能另寻出路。

或者是社群自身力量过于弱小，遇到其他更有资源的社群来挖墙脚的时候，就直接人往高处走。

3.3.8 如何留住社群核心成员

归根结底，社群的运营真正的挑战是如何建立一套适合互联网工作的组织模式，而不是天天谈去中心化，连接一切这些虚的概念。

一个社群如果在运营流程建设、内部沟通文化、团队组织分工、运营绩效评定、商业收益转化几个维度做好工作，社群核心成员有畅快的工作心情、有默契的工作氛围、有合理的工作回报、有可控的投入时间，那么愿意坚持下来的概率就大大增加。

我们建议社群在运营过程中，要重点关注如下工作。

1. 持续完善社群运营流程

要将工作逐步标准化，减少核心团队成员在产出比低的琐事上的精力耗费。

比如，在秋叶 PPT 团队，我们一直强化社群核心成员工作事务的标准化，一开始课程开发、内容运营、产品推广和客户服务都集中在两个人身上。随着社群规模成十倍增加，我们不得不细致总结一些工作的方法，变成可以标准化操作的流程，这样就可以把一些非核心业务外包给小伙伴完成，既可以解放核心成员的精力，也可以控制运营工作的质量。这个运营标准化梳理工作会随社群扩大而持续进化。

2. 不要追求大而全的运营规模

所有的管理都强调把正确的人放在正确的位置，合理分工，尽量让成员做自己擅长的事情。我们特别提醒社群核心成员并不需要全部扎堆在一起，都在一个群或加入全部的在线聊天群，这样会给核心群员极大的信息过载负担。我们提倡“核心群 + 多讨论组”运营模式。

比如，在秋叶 PPT 团队，有的团队成员的兴趣点在有关专业课程内容的问题上，那么社群日常运营工作就不让他们参与，甚至连群都不让他们加入，减少他们的弹窗消息骚扰负担。

但是，我们会另外建立讨论组讨论有关的工作，会在线下活动时邀请一起聚会，加深彼此之间的感情。

3. 建立情感连接

社群核心团队成员经常在一起，彼此熟悉后，知道对方的生日，我们鼓励大家互相通过网络祝福，发个小红包，对于有特别贡献的小伙伴，我们还可以发一个大红包激励，这样会逐步建立社群核心成员的情感联系。

另外，当社群核心成员遇到困难时，要及时发现、私下沟通、发动社群资源帮助解决。有些事情，你一个人面对是困境，但一群人和你一起面对，就有很多新办法了。

像秋叶 PPT 团队核心小伙伴，如果毕业求职遇到困难，秋叶老师一定会想办法找内推机会，联系可能的企业，或者在企业咨询小伙伴能力时提供详细的推荐。

所有的情感连接都建立在关注对方真正的关切点之上。

4. 设置有弹性的组织架构

有些社群核心团队成员属于兼职或者志愿者，那么当核心团队成员在本职工作和学习压力过大的时候就只能退出。如果采用弹性的组织架构，忙的时候就到组织架构的休息区，不忙的时候就到组织架构的高速运转区，这样就能让成员有一个回旋的余地，而不是一忙起来就只能离开。因为一个核心成员离开社群后，回来的概率不是特别大。

比如，BM 社群的组织架构分为了三个部分：CPU、咖啡厅、实习区。一般核心成员都在 CPU 里，但如果出现了核心成员在现实生活中有段时间特别忙，就可以申请到咖啡厅休息一段时间，等忙过了这一阵再申请调回 CPU。这样既保证了社群持续有节奏的运转，又让暂时没时间投入社群工作的核心团队成员能有退路。

5. 建立合理的回报机制

社群首先要能给核心成员的未来一个清晰的发展规划，不断让团队的成员去学习、提升自我，让其获得在管理、技能、专业知识等方面的提升。

在社群初创期，留住核心成员应靠成就感。精神上的回报要高于物质回报，要让核心人员觉得自己的存在是有必要的，他所做的事情是有价值的，而且在组织里能够找到自己的定位，产生归属感。

一旦核心成员深度参与社群的运营，见证社群的成长，那么社群对于他们来说，就不仅仅是一个平台，更像是自己的作品和陪伴的朋友，建立了深厚感情，也不会轻易割舍。

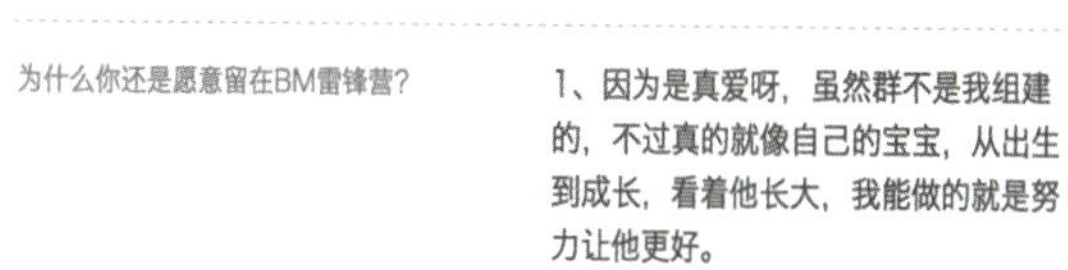

BM 社群曾经让所有核心成员填写过一次问卷调查，得到的很大一部分答案是这样的：从建立到现在，看着它长大，就像自己的一个孩子，没有人愿意舍弃自己的孩子，所以 BM 的人员流失率非常低，大部分最初就在的人一直留到了现在也没离开。

当社群有了盈利能力，更需要一套清晰的奖惩制度和绩效考核，让付出有效劳动的成员有相对应的物质回报，让精神力量有物质基础的支撑。

比如，秋叶 PPT 的核心团队，每个参与开发课程、组织活动或者进行在线分享的小伙伴，都会根据自己的付出程度和工作质量得到相应的回报，很多时候会是大大超出自己预期的回报。

6. 及时清理不同频的人

对于社群核心成员，我们强调疑人不用、用人不疑。要对人给予足够的信任和尊重。真正的信任能调动核心人员发挥自己的主观能动性，增加其在社群的参与感。

但是，对于加入社群刚开始表现积极但是并没有真正认同社群核心价值观的人，或者加入社群更多是为了牟取个人名利的人，我们也要及时清理。留下一个不同频的人，就是伤害大部分志同道合的人。

及时清理不同频的人，把内部矛盾从源头肃清，保持一致的价值观，反而能提高团队含金量。

有些人被清理出去后会在外面散布一些谣言，以内部人士身份发布一些并非真相的内幕，这也能一时迷惑一些人。但是总的来说，这样的谣言反而会刺激社群内部核心成员的凝聚力，刺激我们把工作做得更好，用好的工作反击，而不是用言论去回击。

7. 社群增加自身品牌影响力

社群发展的根本在于平台本身逐步形成品牌影响力，这个影响力，核心成员跳出去也带不走，反而让自己离开这个具有非凡价值的平台后失去一些发展和连接的机会。

努力运营好社群，不断让社群可以连接更高能量的资源和平台，反而能让核心团队成员慎重考虑自己每一次的决定，从而保持社群健康发展的节奏。

而且，秋叶老师经常借助小伙伴的才华和能量从外面对接一些优质合作机会，比如秋叶 PPT 团队小伙伴就可以靠才华得到在罗辑思维平台上合作读书笔记 PPT 并署名发表的机会。

一个集体的成长，会让人更加愿意长留。秋叶 PPT 的 69 群，因为里面的人都各有所长，每个人每天都在逐渐变强大，能学到很多东西，所以核心成员们都很珍惜自己能够留在里面的机会。

3.3.9　社群运营 KPI 该如何设置

1. 什么是 KPI？

可能有的朋友还不清楚这个概念，我们套用一段名词解释：关键绩效指标（KPI：Key Performance Indicator）是通过对组织内部流程的输入端、输出端的关键参数进行设置、取样、计算、分析，衡量流程绩效的一种目标式量化管理指标。

KPI 法符合一个重要的管理原理——“二八法则”。在一个组织的价值创造过程中，存在着“80/20”的规律，即 20% 的人创造组织 80% 的价值；而且在每一位团队成员身上“二八法则”同样适用，即 80% 的工作任务是由 20% 的关键行为完成的。因此，必须抓住 20% 的关键行为，对之进行分析和衡量，抓住业绩评价的重心。

2. 社群运营是否需要设置 KPI？

对于规模较小的社群，因为不确定因素太多，一般而言不应采用 KPI 制度，引入此制度其实是降低效率的做法。

而对于人数庞大的大型社群，不提出目标考核管理方法，则意味着很难运营。

但是 KPI 的不足也非常明显，比如追求 KPI 可能会导致无人愿意顾及运营细节，而群员创新能力也无法用 KPI 衡量。更糟糕的是，KPI 的引入会让群员感到日常组织文化对社群氛围的影响，会引发逃离社群效应。加入社群就是希望有一个轻松的沟通环境，怎么又来了 KPI 考核？

所以，社群是否需要设置 KPI，最终还是要看社群的需求，是否需要 KPI 作为达到目标的工具。KPI 只是达到目标的一种工具，社群运营设置 KPI，是对社群战略目标的进一步细化和发展，最终还是为了达到社群的发展目标。

社群运营是有生命周期的，不同的时间段，不同的社群属性，目标也会不一样。当社群运营侧重点转移时，KPI 就需要同步修正来反映战略的新内容。

提升用户黏性和建立自有传播渠道，是社群在初期、第一阶段常见的基本战略目标，也无法用简单粗暴的 KPI 来考核。所以社群运营第一阶段不设置 KPI，但是要有目标和运营数据分析。

有的社群以项目驱动，以产出质量来决定是否符合目标要求，他们主动采取行动以达到目标，清楚应采取什么行动来达到目标，不需要 KPI 作为辅助手段。比如，秋叶 PPT 团队合作开发在线课程，就是以各种开发课程的质量来决定回报，并没有设置业绩 KPI。

有的社群工作团队处于无序状态、信息不对等，又有商业利益分配的问题，为了让社群核心成员感觉到管理者能公平公正处理问题、不搞暗箱操作，是需要 KPI 这种具备一定主动性的契约式的目标管理制度来提高执行力并控制成本的。

3. 社群运营 KPI 的类型

常见的社群运营 KPI 包括结果导向型 KPI 如用户新增量、转化率、复购率、活动参与度、朋友圈点赞数等，以及过程导向型 KPI 如活跃度、活动频次等。

1）用户新增量：包括社群用户增长量或者平台用户增长量等，这是社群运营的一个基础指标，如果一个社群没有新增用户，那这个社群其实已经死亡了。

有的社群过于在意用户新增量，采取积极手段拉粉，导致大量无效粉僵尸粉关注，这并没有意义。还有的公众号为了吸粉，不惜过度使用标题党手段，结果让一些用户失望，结果不但不能拉粉，还让很多用户取消关注。

2）群活动频次：社群要保持群员对社群的认可度，最常见的做法是组织一些活动。是否按节奏安排群活动、保持适当的频率，是评估一个社群运营规范化的方式。

某些社群为了不让群里死气沉沉，没话找话，针对一些没有营养的话题讨论，不但没有活跃气氛，社群成员参与度也不高，反而让人觉得群里信息太多，让人觉得很烦，只能屏蔽或者退出。

3）活动参与度：有了活动还不够，我们还得评估群员是否积极参与活动，在活动中是否保持一定的活跃度，这是评估一个社群运营质量的方式。

比如，很多活动设置朋友圈点赞数指标，但我们并不推荐把点赞数作为考核指标，这会导致朋友圈信任被透支。比如，你是否收到过“请你给我的朋友圈第一条点赞吧”这样的信息，勉强点完赞后你会对朋友产生好感吗？时间过去，你还会对点赞内容有任何印象吗？不见得。我们唯一能够确定的这是在骚扰潜在用户。

4）转化率和复购率：如果社群有商业化产品，就可以考虑转化率和复购率指标，这是健康社群最愿意看到的运营指标，转化率高意味着有回报，复购率高意味着能获得稳定的回报。

有的领导在社群还没有培养用户黏性、也没有想好该用什么产品怎么去转化时，就盲目推出产品要求导购，最终的结果只能是不尽如人意，让社群成员因为难以满足指标而丧失信心。

另外，我们要提醒社群运营者，KPI 指标是对社群运营关键质量的衡量，而不是对社群运营过程的管理。社群内每个职位的工作内容都涉及不同的方面，核心管理人员的工作任务更复杂，但 KPI 只能帮助评估社群整体战略目标实现进展，而不能评估日常工作运营的工作量和效率。

另外，和企业不同的是，社群 KPI 不是由社群团队的上级强行确定下发的。在社群内不能搞一言堂，不能搞以上压下，更不能搞普遍化的绩效考核（我们建议对运营核心团队、有利益回报的人才能进行绩效约束），社群 KPI 最好是社群团队内部经过讨论达成的努力共识。

只有内心想做到的KPI，才不用担心积极发挥能动性去完成它的事。

3.4　如何保持社群活跃度

3.4.1　如何评估一个社群的质量

一般人对社群的期待是全体群员积极参与社群活动，保持群内的热度，进而吸引更多人加入如此正能量的社群，让社群快速发展壮大，并认为做到这一点的社群就是好社群。

群规模大，就是好社群？假设把你的微信群注销，你的“社群”还在吗？假如没有微信公众号，你的“社群”还有根据地吗？如果你的答案是否定的，那么你就应该意识到，你还没有建立真正的社群。

不评估微信群活跃度，不评估微信公众号粉丝量，那应该怎样评估一个社群的质量？

大家可能都在网络上读过论述社交关系的文章，很多社交关系文章会信誓旦旦告诉你什么是强关系（比如亲朋好友、工作同事），什么是弱关系（比如通过网络接触到的原来不熟悉、不了解的人）。有的观点认为强关系会锁死你的交际圈，弱关系才是打开事业圈的王道，我们认为这些思考都不够深入。

根据我们的运营实践，结论是真正能创造巨大价值的关系一定是强关系，而不是弱关系。我们可以通过弱关系发现销售机会，发现潜在的强关系资源，但要让这些弱关系产生价值，你还得先把它们转化成强关系。

一个事实就是，传统产品型企业的大部分客户在购买行为之后，和企业并没有持续连接——购买之后就再没有连接了，这其实是一种弱关系。如果客户始终保持对企业产品的关注度，那么传统企业早就无压力转型互联网了，天然就是互联网大号。

传统产品型企业的问题在于他们和客户之间只有一次购买连接，他们通过购买过程获得了一些客户信息，但是没有和客户建立连接，以致到了互联网时代，他们找不到客户了，不得不转型互联网去构建产品型社群，重新建立与客户的直接连接。

而服务型企业在这方面的困扰就少很多，比如，银行要借助互联网建立与客户的连接，难度就小很多，因为服务业务的存在本身就是一种强关系，他们无须建立社群就可以方便接触用户，对他们而言，提升服务质量比建设让人满意的社群更重要。

那么拥有强关系的社群的本质是什么？我的结论是，必须建立社交关系的“交叉覆盖”。

什么叫“交叉覆盖”？

与你关系亲密的人，你往往拥有他的手机、QQ、微信、电子邮件……各种联系方式，甚至还可以通过他的死党挖出他躲在哪里。

但在弱关系中，人和人之间只有一种连接，我们讲六度空间，其实还应该有一个六连空间，人和人之间的连接，还应该包括职业圈连接（电子邮件、微信、QQ），生活圈连接（微信朋友圈、QQ 空间），人脉圈连接（社群），兴趣圈连接（俱乐部会员），私密圈连接（陌陌），血缘圈连接（老乡会、同学会、战友会），连接越多，关系越强。

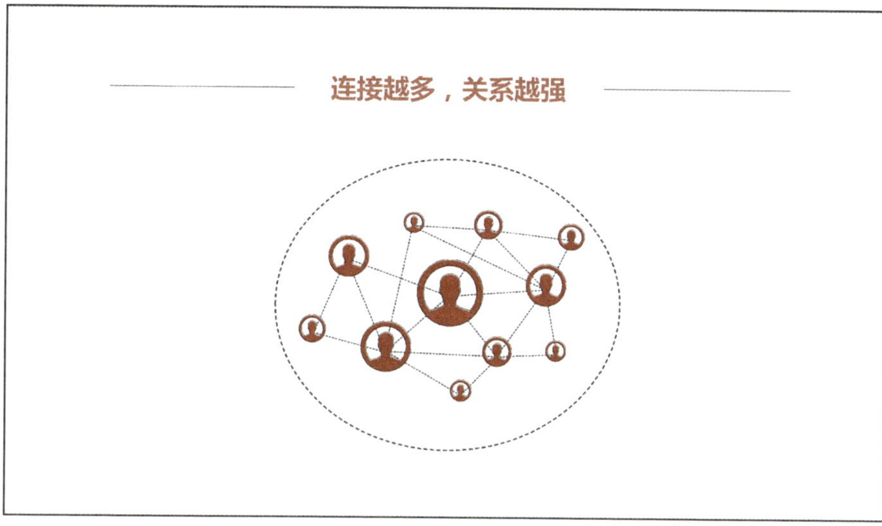

要形成一个真正的社群，群员之间至少需要两个维度的连接。所以我自己从来不认为我现在的几十万微信订阅者就是社群，因为我们大部分人只有微信一个渠道的一次连接，我也不认为我的几万名在线课程学员就是高质量的社群，他们大部分和我只建立了两到三个维度连接，一个是网易云课堂，一个是微博或者微信，再一个是 QQ 学员群。积极的学员会和秋叶老师互加个人微信，优秀学员会和秋叶老师微博互粉，连接深度也在不断加深。

秋叶 PPT 核心团队小伙伴除了都在同一个微信群外，彼此都是微信好友，微博互粉，交换电话，经常同城聚会，做到了网络圈、生活圈和职业圈交叉覆盖，这才是重度连接，可以说是一个小社群了，但核心团队人员规模不到 200 人。但正是这个规模很小的核心团队，可以创造出整个运营过程中 80% 的能量。

一个社群的成立，要符合我们在前文提出的五项指标，但一个社群的价值在于，社群可以帮助弱关系的人形成强关系连接，这种强关系让我们彼此信任了解，建立能力互补关系，从而创造出原来不存在的价值。

谈自组织，谈去中心化，貌似很美好，但这无法解决如何通过社交连接创造真实商业价值的问题。而好的社群创造了社群核心成员之间的社交关系交叉覆盖，并通过社交关系覆盖，让社群成员彼此之间足够了解和认同，可以按大家认可的价值观和工作方法做事。结果就减少了传统组织中的沟通成本，合作更愉快，可以更高效地专注于业务，创造高质量的产出。

不过社群成员社交关系形成交叉覆盖的过程，也是需要时间养成和运营磨合的。从这个角度讲，社群的形成并不依赖于移动互联网或者某个具体的平台，但是移动互联网的普及让社交关系的连接成本大大降低了。在没互联网之前，很多有可能成为群、想成为群的人根本无法组织到一起，成本高到无法做下去。

所以，优质社群的首要标志其实很简单——让认同社群目标的人创造越来越丰富的连接。

以社群覆盖人数的多少，很难区别不同社群的质量。但如果有办法统计社群成员之间的平均连接维度，用社群连接维度平均值就可以作为衡量社群质量的依据了。

淘宝用户为什么不是社群？因为用户和你只有两个连接方式，电话和旺旺，而且是低频使用。微信群为啥黏性高一些？因为高频使用。

从这个角度上讲，秋叶 PPT 社群运营一直在追求丰富群员之间的社交关系交叉覆盖。

我们鼓励微博、微信订阅者变成网易云课堂学员，然后又通过微博交作业、微信朋友圈晒作业、加老师个人微信号、加老师答疑 QQ 群、每周五做群分享，一起来玩群殴 PPT 或一页纸 PPT 大赛活动，鼓励学员之间互相加微信好友，关注我们的核心小伙伴微信号，鼓励学员追加购买我们的课程和新书等动作，让我们和学员之间不断丰富连接的维度，而且争取每周、每季、每年都有稳定的活动，建立有节奏的连接。

建立交叉连接后，我们和核心小伙伴一起做读书笔记，一起策划群殴 PPT，一起在网上搞微信接龙，一起在朋友圈里玩点赞接龙，我们发现，社群成员之间连接的维度越多，这个社群产生创意火花的可能性越大。

举一个最简单的例子，秋叶老师发起一个网络活动，一个学员在微博里看到秋叶老师的活动信息，就一起参与了。另外一个学员在微信里看到秋叶老师的活动信息，也来参与，这是非常理想的情况。

但要做到这一点，最可能的情况是这个学员在购买课程后，因为担心错过学习信息或者福利，先关注了秋叶微博，又关注了秋叶微信公众号，甚至关注了秋叶朋友圈。

这样，他在微博里看到活动消息，就知道秋叶 PPT 团队又开始做活动了，然后在微信公众号里看到这篇文章，这个时候他才可能会比较认真地了解一下这个活动，觉得这个活动蛮适合他的。

真正决心参与在什么时间段呢？是这个活动在秋叶朋友圈里又被刷了一遍，还看到有他认识的人在秋叶朋友圈留言说“大叔，我参加了这个活动”，这个时候可能对他形成非常强烈的潜在影响，他就毫不犹豫地也加入活动中来，也在秋叶朋友圈里留言“大叔，我也来约！”这就是和学员建立交叉连接的一个好处。

我们还观察到，比较好的社群已经不再满足于线上运营，都在慢慢从线上走到线下，只有在线下面对面的过程中，人和人之间交叉多维的联系才会建立起来！

在线上，我们在一个群里，彼此聊聊天，一般不会交换电话，不会认识对方的脸，也不会了解对方更多的特点。

在线上了解这些东西成本是很高的，所以，网友一定要见面，在见面过程中互相建立信任，然后再努力地建立起更多的合作可能。

如果社群内部连接度高，而且群员参与活跃度高，再考虑一个社群影响力总体覆盖人群的规模，就可以更完整地评估一个社群的质量。

社群连接度和活跃度质量又受到社群规模的限制。但是，如果企业有意识地设计某种方式，让自己的客户通过某种方式增加和企业之间的连接度，激发他们的活跃度，也许就打开运营社群的钥匙。

秋叶 PPT 学员社群规模越来越大，截至 2015 年年底已经超过 3

万人，这样大规模的社群，我们为了降低管理成本，和学员只维持 2~3 个维度的连接，这样的代价是降低社群活跃度，长远来看会牺牲社群满意度。

但是，如果提升活跃度，那么社群的维护成本会剧增，导致现有的低成本运营模式崩溃，在不能提高学员学费的情况下，或者学员数量增长不能达到一个临界点的前提下，我们还不能随便激活社群的高活跃度。

要研究新的低成本运营方法，来管理更大规模的社群，这是我们要逐步在运营过程中去解决的问题。

不过，强关系不只是用低频和高频衡量这么简单，还有一点会影响社群运营质量的因素是社群灵魂人物的号召力，这取决于社群群员之间的能量关系是势能对等的还是有比较大的势能落差。

秋叶 PPT 学员基本上是大学生或职场新人，缺少职业能量，秋叶老师在其中具有相对较高的社群势能，比较容易影响学员跟随社群行动。

作为一个社群，如果成员和核心团队势能落差太大，一种走向是核心人物成为社群的灵魂导师，保持社群强大的黏性。另一种走向是有在不同领域势能都很强大的人物加入，分别吸引本领域势能稍低但也很活跃的人参与。大家在不同的领域里面都很优秀，势能比较接近，通过社群又能互相连接，在一起通过跨界组合，创造出在自己领域难以达成的成果，这才是社群最有趣的地方。这也是目前秋叶 PPT 社群在逐步培养小伙伴个人品牌、淡化秋叶老师个人品牌、打造秋叶 PPT 品牌的动力。

社群的运营者应该努力让社群成为不同领域优秀的人交换势能的平台，在平台上完成跨界合作，这种合作的能量整合起来，又可以吸引第三方参与合作。那么，我们就可以让社群搭平台，牛人来唱戏，企业来买单，群众来参与，多方共赢。

一个最简单的例子：现在很多社群把普通人整合起来，变成多个大群，这样就有信心去邀请大咖来做免费分享，大咖的免费分享又是给普通人的福利，持续运转下去，就有企业想做借势营销。这是 BM 社群做得非常成功的地方。

3.4.2 社群一定要保持那么高的活跃度吗

其实很多人都进了一个误区，把微信群等同于社群，更有人偷换概念，把微信公众号粉丝数当作自己的社群规模。如果把微信群活跃度当作社群运营目标，自然会认为“社群”保持高活跃度很重要。

但问题是，维持微信群的高活跃度是很困难的一件事情，为什么大家都会选择这样做呢？我们不妨分析一下这件事情的来龙去脉。

2012 年 8 月 18 日，微信公众号发布以后，一直到 2013 年上半年，所有人关心的话题都是如何在微信上面找到适合自己的定位来做运营。

从 2013 年下半年一直到 2014 年，绝大部分运营者关心的也不是社群的运营，他们关心的是如何让自己的微信粉丝快速增长。

到了 2015 年，很多人突然发现一个问题：运营的微信公众号的活跃度在下滑，这就意味着自己的很多粉丝不怎么看公众号推送内容了，那么这些人到哪里去了呢？其实在 2014 年已经有人注意到这种趋势了，为了避免粉丝流失，微信公众号的运营者开始建立和粉丝的多维连接，慢慢尝试把活跃粉丝导入微信群，希望通过这种方式把自己的活跃粉丝留下来。在这一背景下，微信群运营就开始慢慢地成为新媒体运营的重点。

2015 年下半年，很多公众号的运营者发现建群的难度不大，也不需要费很多脑筋，无非就是找一些名人来分享，然后把喜欢这些名人的粉丝导入微信群，请这些嘉宾在群里跟大家做在线分享。如果分享的内容大家比较喜欢，就整理成原创微信文章扩散，形成二次传播。

微信运营者如果每次都邀请不同的嘉宾，用不同的话题把自己微信公众号里的粉丝一个一个加入到不同的微信群，就可以把原来有可能流失的微信粉丝通过微信群再次聚合起来，而且可以在微信群里进行微信公众号内容的二次扩散。

有的微信公众号搞了几百个甚至上千个群，有些甚至在每个城市都搞了分群，号称全国上万个分群，好像自己社群的能量很大一样。但是这些社群运营者很快就发现一个问题：很多群慢慢死掉了。

有的微信群运营者发现，如果每次分享都建新微信群，很多群员加入了多个群，如果在每个微信群都发同样的内容或者活动广告，会让这些粉丝反感；不发微信内容或者广告，那么维护这几百个群的意义何在呢？有的社群运营者在后期精力难以管理大量的群，不得不强制解散。

所以我们说，很多人只是建了群，并没有建立社群。很多人做社群并不是因为他有意识地在做运营、发展到一个阶段需要做一个社群，更大程度上是因为他做新媒体运营时发现活跃度下降了，他不得不转型做群运营，并没有一个长期的整体规划。

秋叶 PPT 社群在一开始运营时就深入思考了这些可能会发生的问题，因为早在 2003 年 QQ 群兴盛的时候，秋叶老师就曾经在网络上组织和参加了几百个 QQ 群，当时我们也是通过 QQ 群建立网络群，做在线分享，再后来，这些群都慢慢死掉了。在 2007 年，秋叶老师还曾写过一篇如何管理 QQ 群的博文分享，来总结这些运营经验。

所以，在微信群兴旺的时候，秋叶 PPT 团队是相对冷静的，在激发社群活跃度这件事上始终保持了克制。我们认为，通过群分享包括打赏方式来维持群的活跃度，都有一个效用衰退期。我个人觉得保持一个社群活跃度的最佳方法是建立“产品型社群”，得先有产品，然后把产品卖给潜在用户，然后给付费用户建一个群，利用群和付费用户建立多维连接，做好服务，创造二次购买的可能性。

从这个角度出发，社群应该关注的是服务满意度，而不是活跃度。活跃度越高，运营成本越高，我们觉得这种方式难以持续。如果我们能在有限的服务周期内保证社群的活跃度，从而实现社群的服务满意度，也许能更合理地做好社群运营。

大概在 2014 年年底，秋叶老师利用另外运营的一个微信公众号

“秋夜青语”建立了以大学生为主的三个QQ群，每个群都装了500个人。

这三个500人QQ群一开始安排秋叶老师分享，慢慢地过渡到从群里面发展小伙伴来分享，然后再让他们自己组织分享，看看能否形成自组织去中心化的模式。

从秋叶老师组织分享，到秋叶老师小助手组织分享，到群内成员自己找人做分享，这个尝试经过两个月的坚持就夭折了。一开始每个人都很积极、都很活跃、都觉得群这个形式很好，交到了五湖四海跟自己性格不一样的网友，经常听到老师的干货分享，还可以听一下小伙伴的分享，整体感觉好极了。但是一次、两次、三次这种分享以后，很多人就发现一个问题：听了一百场分享，自己还是老样子，如果一个人经常参与这种分享，却发现没有实质性改变，他很快就会对这种分享失去长期坚持的动力，最后群就慢慢变成一个死群。

这也是现在很多微信群运营过程中遇到的最大挑战：想把微信运营起来，在运营过程中也努力把人加起来了，也通过各种活动和其他形式让这些人得到了一些干货的分享，甚至手上已经建了几百个群，感觉自己的商业力量已经很大了，但实际上对于如何找到商业变现模式依然不得其门而入。

如果要保持社群的高活跃度，就必须适当控制社群规模，但群规模太小又很难获得足够的商业回报。这是一对矛盾关系。

目前只有极少数人能够通过高收费、高活跃度、小群模式解决这个冲突，但这显然又不是一个可以批量复制的大生意。

3.4.3 如何做一场高质量的在线群分享

大部分社群保持运营高活跃度的方法其实并不多，最火爆的无非是定期嘉宾主题分享或者做群内主题讨论。

我们认为群聊分享是个好形式，但是真正能运营好群分享的社群很少，会有一个优胜劣汰的过程。

本节我们重点介绍一下群内分享的方法，群内分享主要有干货分享和话题交流两种。

对比项	干货分享	话题交流
分享人员	一个分享者为主，大家可以在允许发言时补充自己的看法	需要一个话题引导者，大家都可以是分享者
分享内容	分享者有自己的研究领域	大家都能找到兴趣的话题
分享流程	分享者发言时大家不能随便插话，需要分享者同意	话题公布后，大家可以轮流有序发言
分享内容	分享者可以提前准备、临场发挥	大家分享过程中随机性比较大，随时可能会跑题
参与程度	分享者如果分享质量不高，参与度会下降	话题如果引发兴趣，参与度很高，但很容易引起刷屏

群分享是提高群活跃度最有效的方式。不管是哪种分享，要组织成功，都不容易。

我们的经验是，要做一次成功的分享，需要考虑如下九大环节。

1. 提前准备

干货分享模式要邀约分享者，并请分享者就话题准备素材（特别是对于没有经验的分享者，检查他分享的内容质量是必要的），特别要强调分享者应该分享对大家有启发的内容，而不是借着分享只想做自己的广告。

话题分享模式要准备话题，并就话题是否会引发大家讨论进行小范围评估，也可以大家提交不同的话题，由话题主持人选择。

2. 反复通知

如果我们确定是周三晚上 9 点分享，就应该从周一开始提前在群里多发布几次消息，提醒群员按时参加，否则很多人会因为工作选择了屏蔽消息，错过活动通知。

如果是话题交流，也得提前发布几遍话题，让大家有足够时间思考。

QQ 群支持群主群发消息，是非常便利的工具。

3. 强调规则

每次在群分享前都会有新朋友入群，他们往往不清楚分享规则，在不合适时机插话，影响嘉宾分享，所以在每次分享开场前都需要提示规则。

如果是 QQ 群，可以在分享规则时临时禁言，避免规则提示被很快刷掉。

4. 提前暖场

在正式分享前，应该提前打开群禁言，或者主动在微信群说一些轻松话题，引导大家上线，进入交流氛围，一般一个群上线的人越多，消息滚动越快，会吸引更多人顺便看看。

5. 介绍嘉宾

如果是干货分享模式，在分享者出场前需要有一个主持人引导一下，介绍一下他的专长或者资历，让大家进入正式倾听状态。

6. 诱导互动

不管是哪种分享模式，都有可能出现冷场的情况，所以分享者或者话题主持人要提前设置互动诱导点，而且要适当留点耐心等别人敲字，很多人是手机在线，打字不会太快。

如果发现缺乏互动，需要提前安排的几个人赶紧热场，很多时候需要有人开场带一下，带动一下就容易进入气氛了。

7. 随时控场

有时候，在分享过程中有人乱发自己的问题，或者提出和主题无关的内容，这个时候得有主持人私聊，引导这些人服从分享秩序。

如果是 QQ 群，直接小窗沟通就很方便，但如果是微信群，必须先加好友才能沟通，要麻烦很多。如果直接在聊天群里提醒又会干扰嘉宾发言，所以我们选择 QQ 群交流也许更合适。

8. 收尾总结

分享结束后，要引导大家就分享做一个总结，甚至鼓励他们去微博、微信朋友圈分享自己的心得体会，这种分享是互联网社群运营的关键，也是口碑扩散的关键。

9. 提供福利

在分享结束后，对总结出彩的朋友，对用心参与的朋友，如果有各种小福利赠送，就会更加吸引大家下一次来参与分享。

群分享的形式是用语音还是图文呢？

微信流行语音，结果很多人也采取语音分享的模式，那么，到底是语音分享好还是图文分享好，在分享过程中两种分享模式有何利弊？

对比项	语音分享	图文分享
分享模式	分享者一段段发语音，如果分享者有名或者有料，一段段听语音也是很好的体验	分享者一段段贴图文，对于从来没有接触过这种模式的人，会惯性认为这不是分享
分享内容	临场发挥比较多	可以提前系统准备
听众习惯	一部分人会选择听，一部分人会选择转成文字看	一部分人会跟着交流，一部分人会有空时把交流内容快速刷一遍
参与模式	语音会诱导别人也发语音信息，形成干扰，所以有的分享过程会不断强调除了分享者，其他人不能发语音	大家都是文字分享，类似过去的聊天，很方便 把想法变成文字的过程有利于思想的组织，质量更高
分享规模	如果要做大群分享，建议采取 YY 这样的语音分享平台 无法同步多群分享	QQ 的 2 000 人群分享没有压力 支持多群同步分享，建议不要超过四个群同步，会响应不及时
分享输出	分享内容后续共享输出整理工作量很大	分享内容可以提前准备，在分享过程中随手复制一些精彩观点加入，分享结束后很短时间就可以提供干货文档进行二次扩散

可以得出结论：

如果你要做多群分享，考虑到内容的整理传播和组织成本，用图文分享模式可能是更好的选择。

小群高质量的语音分享也被一部分人接受，他们习惯戴着耳机把群内发言在一个相对完整的时间听一遍，加上现在语音转录技术发达，把语音变成文字的整理工作量已经大大减少。

另外，完全可以把图片、文字、语音分享形式结合起来，有的环节适合语音讲就发语音，有的环节需要上图就上图，有的环节需要文字提炼突出一下观点就发文字，没有必要制造对立。

另外，要不要进行群视频的模式分享？

—— 目前我们建议尽可能地少使用。一是因为暂时受网络带宽的限制，人多的时候整体体验并不佳，很容易网速不好的被卡断或无法正常听，但可以开场用视频打个招呼。不过随着带宽问题解决，有表演力、有颜值的嘉宾采取视频直播的模式会是一个大趋势，而且我们判断是这个趋势会很快到来。

如何组织一场有效的 QQ 群分享

如果让你做一期主持人，组织群分享，你会怎么进行准备？对于整个过程的控场能否把握得很好？对于群分享中出现的一些意外情况，又该怎么做？

1. 分享准备时

一旦 QQ 群超过两个，就需要建立内部管理组，并在 QQ 群中挖掘新人加入管理组，逐步培养。

Who

（1）组织者：如果有人提出一个好的话题，并且有自己的想法，一般来说就由这个人担任本期的分享组织者。想锻炼自己？那就积极点。如果一直做围观者，那就不要怪别人总是不给你机会。

（2）配合人：一个管理组走向成熟的标志，就是能够让新人尝试主持，并形成自己的风格。但考虑到新人第一次主持，大多没经验，因此在新人进行主持的过程中，需要一个较为有经验的人全程配合，一旦出现意外情况可以及时帮忙。

What

（1）话题：为什么把话题放在第一个？因为每一场讨论的流程可以固定，但最难的往往是话题的确定。巧妇难为无米之炊，一个好话题，基本决定了这场讨论能否活跃。所以，在确定话题的过程中，需要遵守几个原则：

1）话题不能太大、太沉重，要简单易讨论，可以随时参与。推荐好诗、好歌、好文章，都是好办法。

2）有种经验叫：让大家分享好事积极，分享坏事不积极。所以设计话题的时候可以多考虑让大家分享经验，至于说自己做过的不好的事情，要尽量避免，否则参与度很难提高。

3）话题设计有情景感、参与感，如果是学员经历过的事情，大家就会比较积极参与讨论。有一期的话题是期末备考的方法，学员的参与就非常积极。

4）话题结合热点话题，有一期话题是结合微信朋友圈投放广告的，这一期就特别活跃。

5）能调动大家的能动性，可以考虑下“你的故事大家听，你的烦恼大家帮，你的作品大家顶”之类。

6）对于大家没有背景沟通的问题，尽量用封闭式提问；对于大家耳熟能详的话题，则可以采用开放式提问。不同类型的话题区分提问方式，也可以让学员迅速找到回答的方向。

7）只围绕一个细节深入讨论，具体的话题更容易展开回答。

8）考虑话题的分享时段。有的好话题，讨论的时间不对，也会导致反应平淡。比如之前的整理话题分享，在放假时间就不太合适，如果是在开学的时候，或者临近考试的时候，大家就会意识到整理的重要性。

（2）预告：确定好话题之后，接下来就是写预告，通知 QQ 群我们要进行一场分享啦！那么，预告又需要包括什么东西呢？下面几个通知样例，简单修改一下就可以应用。

大家好！我是 ××，首批朋友圈广告的到来引发了热烈讨论和刷屏效应，所以这期我们将讨论微信广告！

这一期的主题分享预告：# 谈谈微信广告 #

1）你收到了什么微信广告？

2）你身边的人收到了什么广告？

3）你从这次微信广告里学到了什么？

群开放时间为：周三 9:30—11:00。

期待大家来交流哦～另外，欢迎大家对明晚的交流过程进行记录、总结、分享；也欢迎大家思考和学习青语群的主题交流过程中的引导、管理和历程安排。

> 第八期线上分享来了！记得节后来上课
> 这次我们邀请的是本土最大管理咨询公司——和君集团合伙人——赵大伟老师。赵老师是传统企业互联网转型实战专家，产业互联网研究中心负责人，著有《互联网思维“独孤九剑”》一书；曾为消费品、教育、旅游、金融等多个行业企业提供基于互联网的战略规划、营销提升和组织变革咨询服务。
>
> 总理都开始讲“互联网+”了，你怎能不了解呢！
> 5月5日晚7:30，群视频见
> 详情：http://qgc.qq.com/264084838/t/16

> LS002@小巴_1990(584217150) 18:48:21
> 2015年年后第一次群内分享今晚20：00进行咯！！
> 本期嘉宾，秋叶PPT团队@Louis-云轩 ，他的精彩作品“一张信息图表让你三分钟了解柴静视频《穹顶之下》！”转发达4400次，
> http://weibo.com/1718929382/C6F0Pdd6T?from=page_1005051718929382_profile&wvr=6&mod=weibotime&type=comment#_rnd1425620924104
> 想知道PPT达人是如何炼成的？他的学习心得是什么？这样的信息图表我们能否做出来？
> 今晚群内20：00 图文分享，不见不散！

（3）互动稿：考虑到新人在之前可能没有太多群分享的经验，所以需要提前设想在分享的不同过程中应该说什么话，并写下来，发到管理组让大家帮忙看看提意见，在这个过程也可以让自己心里更有底。而互动稿一般需要包括：

1）开场白：一般就是预告，在开场之前再重新发一次。

2）过渡阶段（几个讨论问题之间的过渡阶段）：需要想想怎么说才可以让大家及时结束对上一个问题的讨论，进入下一个问题的分享。并且在提醒开始讨论下一个问题时，也要稍微总结一下上一个问题，这样的过渡会更自然一些。此处还需要附上你对几个讨论问题的看法。

组织者的发言也可以提高学员积极性。

3）有人在进行和主题无关的刷屏时：允许适当的刷屏，但一旦开始有变多的趋势，需要想想如何委婉地提醒。

4）有人观点和楼上重复时：需要提前想好如何提醒学员，注意语言不要太过生硬，尽量委婉。

5）诱导互动：不管是哪种分享模式，都有可能出现冷场的情况，所以话题主持人要提前设置互动诱导点，而且要适当留点耐心等别人敲字，很多人是手机在线，打字不会太快。

6）结尾：对本次讨论做一个总结，并顺势引导学员进行记录、分享。下面是模板：

今天的分享就要接近尾声了，大家都很积极地思考了呢，分分钟都在涨知识的节奏啊！我相信就算是来不及冒泡的同学，看见大家的思考也一定会收获颇丰的。如果你觉得还意犹未尽的话，你可以根据我们之前的讨论找同学小窗哦~另外，欢迎大家对讨论过程中出现的好的故事、疑问、观点等进行记录、总结、分享哦。

When

（1）预告时间。确定好了讨论的主题并写好预告之后，接下来就是发布预告，告诉学员什么时间点来参加讨论。

一般需要进行三次预告。前一天晚上的9:0—11:00、第二天中午的12:00—13:00、讨论开始前的一个小时，经过摸索，这三个时间段是比较合适的通知时间。

（2）互动的时间段。假如确定好讨论的时间，组织者就需要提前排出时间，避免因事没法组织互动问答。

（3）不同问题的讨论时间。一般来说每个问题的讨论时间为半个小时，不过如果讨论很热烈，就可以适当延长每个问题的讨论时间。

如果对上个问题反应较为冷淡，则可以缩短时间，提早进入下一个问题的讨论。

2. 分享进行时

（1）基本过程（开头、结尾、问题讨论）：已经做了充足的准备，基本接下来的整场讨论就可以按照互动稿上面的内容进行，不过也需要注意看情况进行适当变动。一个问题的大约讨论时间是30~40分钟，可以看情况进行适当的延长或者缩短。

（2）诱导互动：

1）如果发现缺乏互动，需要赶紧安排几个人热场，很多时候需要有人开场带一下，带动一下就容易进入气氛了。

2）可以将较好的发言分享到其他群，让其他人学习。

分享的格式为：

这个是青语1群@×××，他的发言不错，大家看看。

×××（学员发言内容）

×××（可以是对观点的简要评价、思路的扩散或者鼓励大家发言的话）

由于是3个群的讨论同时进行，会有大量的发言出现，这时候需要提前锻炼自己快速阅读的能力，能够从一堆的发言中快速分辨出好的发言，并分享到其他群。

3）禁言。在结束上一个问题、进入下一个问题时，或者有重要的事情要通知时，需要及时开启禁言，避免因为过度刷屏而导致你的发言被淹没。

3. 分享结束时

（1）对本次分享学员的发言进行汇总。基本格式如下：

标题（第×期分享•讨论主题）

分享组织者：×××

分享时间：×年×月×日××：00—××：00

分享内容：

汇总完内容之后，可以修改一下汇总文档的标题，至于标题命名的格式、是第几次分享可以看群共享已经上传的文件，做到和前面的分享同步进行。确认无误，就上传到群共享，同时在群里发布通知，告诉大家分享的内容已经整理上传，来不及赶上讨论的人可以下载看看。

（2）对本次组织进行总结。如果整场分享很成功，是为什么？如果气氛冷清了，又是为什么？应该怎么去改进？总结完之后，发到管理组和大家一起分享，一方面让大家提意见，另一方面在这个总结的过程也可以看到自己的优势或者不足，为下一次的主持积累经验。

3.4.4 产品化：围绕产品建设活跃社群更容易成功

目前的社群运营有两种思路，第一个是把规模做大，50 个群、500 个群、1 000 个群。有的社群号称在全国有 300 个城市都建立了分舵，感觉力量好强大。

第二个是先做产品，通过产品慢慢找到喜欢产品的人，然后把他们拢在一起，慢慢地形成氛围，圈子再扩大，不断地去占领更大的市场份额。我们认为两条路都有可能成功，本书作者倾向于先做产品再圈地的思路。

很多人运营的社群没有产品，只是一个网友的单点联系平台，即便给这些社群加一个群的编号，搞一些群规，把它做成社群也是很困难的。

但有了产品之后，就可以以产品为纽带，找到对产品感兴趣的用户，我们在一起建设一个社群。记住，我并没有说所有用户都是社群的一分子，以热心用户为核心，慢慢地扩展社群里的核心成员，希望他们成为社群的核心建设者。

一旦发现了社群的第一批成员，也就是所谓的“1 000 个种子用户”，我们要尽快和这些种子用户产生交叉连接关系。

再说说第一条路，最大的风险在哪里？

一个社群的管理规模是有限的，它不可能无限大，即使是罗辑思维，做了三次会员招聘以后也不继续扩大会员了，为什么？因为它已经意识到一个问题了，10 万个人怎么在网上进行管理？这是需要巨大成本的，这个成本之大可能超出一般人的想象。

社群的生命周期通常是三个月，三个月之内，如果你能把吸引到的人变成客户，为他们提供更好的服务，就有可能让他们参与社群的生命周期。

如果你没有产品来吸引订阅者，等三个月后他们就已经不怎么看你的微信号或微信群消息了。你再努力去做产品推广已经事倍功半了。

所以我们说，网上营销是一见钟情式的，不是日久生情式的。很多人不明白这个道理，错过了最佳消费刺激点。

与其维护这么大的所谓会员社群，还不如一开始就思考如何把他们直接变成一个产品的消费者。做电商，只要东西好，相对容易发展用户重复购买。

有一个定位大学生职场能力的微信号，在 2014 年用三个月的时间，就运营到每篇文章的阅读量达到 2 万 ~3 万，风头很劲。但这个微信号到了 2015 年，数据就开始下滑，而且下滑速度很快，这个时候运营者赶紧推出了 APP、在线课程等服务，效果已经很不好了，到 2016 年，这个微信号已停止更新很久了。

如果产品价格不贵，网上消费的游戏规则就是冲动消费。如果订阅者因为你的文章产生的前三次冲动你都没有给他机会为你花钱，那么后面的运营过程中再转化的难度就大大增加了。

秋叶 PPT 微信一开始运营就是有产品的。秋叶老师在 2013 年 8 月 18 号微信公众号第一天发布就知道这个消息，但是整整等了半年才开通了两个微信公众号。因为秋叶老师一直在纠结开微信公众号的目的是什么。

为学员答疑？太累。分享干货？已经有微博了，微博力量当时也不弱，而且那个时候秋叶老师也不能断言微信公众号会火起来。

所以秋叶老师当时一直在想，微信公众号跟微博肯定不是一样的平台，应该在上面提供什么样的产品来转化？最后，秋叶老师决定先尝试为自己的图书导流，后来就在运营过程中慢慢找到从卖书扩展到卖在线课程的模式，但归根结底，一直是先有产品才有运营的模式。

3.4.5 亚文化：打造群内专用表情包

社群基于网络连接，大家素昧平生，怎么证明你是某个社群的人？你和社群内部的人有没有对得上的暗号？

我们把这种信息称为社群里的亚文化，我们认为，形成大家高度共鸣的亚文化的社群会更有生命力。

现在有一样东西在网络上传达亚文化非常有效，叫“表情包”，你们有没有观察到很多的社群都玩做表情包？我们认为这是一个趋势。

所有的圈子，一旦形成亚文化，就应该考虑主动做自己小圈子的表情包。秋叶 PPT 社群也有内部的表情包。

下图是用秋叶大叔表情打造的表情包。

而且我们不仅仅是给秋叶大叔做表情包，这个社群里面有很多小伙伴开始有能量了，我们帮有能量的小伙伴全部出“表情包”。

一旦有了表情包，大家想发微信表情时，会优先使用自己的表情。

如果有一天大家聊天时都在用我们自己的表情，我们不但传递了社群的某些亚文化，而且自然而然地完成了社群的品牌广告推广。

其实制作表情包的成本极低，技巧也不难掌握，普通人都可以轻易学得会，只要愿意花一点时间。我们小伙伴还专门在网易云课堂上开了一门课“简单快速打造个性表情包”，非常受欢迎。

我认为，未来表情包设计师将是做新媒体营销非常重要的岗位。一旦这个社群里面培养出牛人，就给他做表情包，然后借助表情包系列，把社群的文化和品牌传递出去。

3.4.6 线下化：创造面对面的接触

一旦你的社群形成交叉连接了，网友之间经常交叉连接，那么他们的下一步是干什么？见面。

人跟人之间建立信任最有效的方式，不是网上聊天，是见面。在大部分人的观念里，线下的见面聊天总是要比线上来得实在，与其 QQ 上聊十次，不如见面聊一次。

秋叶 PPT 的小伙伴，每年至少全国性见两次面，所有吃喝玩住费用，秋叶 PPT 团队全部负责。虽然这个运营成本很高，但这些人见面以后，就会形成情感连接，这个情感连接会变得非常长效，长效情感连接会使社群的力量变得更大。

P圈小伙伴，武汉有(wu)真(jie)爱(cao)大聚会，有图有真相！

2014-08-16 @秋叶 幻方秋叶PPT

这个周末，秋叶大叔把全国PPT界的90后小伙伴能请过来的都请来了，大家玩得很开心，不废话，直接上图！

先来一张很正经的大合影。

当网上开始建立社群群员的交叉连接，运营者就要想办法让大家一起参与线上活动，一旦活动有了影响力，就要让这些人见面。

我们“群殴PPT”在广州有个分舵，我们会邀请参加活动的人见面、吃饭。吃过一次饭，感情的黏性会大大增强。我们要学的根本不是网络营销，而是尊重人跟人之间社交方面真正的情感联系。要研究的不是网络，而是人性。

对社群而言，让社群群员之间进行面对面连接，是激发和保持社群活跃度的有效方法。

另外，在线下创造面对面接触，还有一个很重要的原因，就是从网络上获取精准用户的成本已经到了一个临界点。秋叶PPT团队为什么愿意在高校免费做讲座？因为网上获取流量的成本已经高到超过线下了。

线下的聚会一般分为如下四种。

1. 核心群大型聚会

比如秋叶PPT69群每年在国内某地集中聚会一次，见一次非常不容易，组织线下聚会是件很麻烦的事，要先确定人数，然后协调时间。所以，这样的线下聚会，每年两次就不错了。

2. 核心团队小范围聚会

基于小区域几个人小聚，能聊的东西比较多，也不会见外，一起吃吃饭，随便聊随便玩，很适合小分舵。比如秋叶 PPT 的深圳、上海的小伙伴就经常自发地组织一些线下的聚餐、游玩等。

3. 核心 + 外围社群成员聚会

具体要看社群的组织模式，如秋叶 PPT 的分享会几乎每周在全国各地都有安排，吴晓波各地的读书会可能每月或每周都有活动，规模越大，越复杂。

好的社群已经开始在线下建俱乐部。有了线上到线下的连接，这背后的商业转换就更有可能了。

有些好的社群，通过线上运营为线下千人大课导流，一个人收几千块，大家也蛮乐意聚在一起，觉得这个形式、这个场很好，参加培训不仅仅是来开会，也是来见见在网络上早已熟悉的老朋友。

3.4.7 品牌化：要让社群的活动持续运营形成品牌

秋叶 PPT 团队在网上经常做活动或者发布干货，比如群殴 PPT、拆书、三分钟教程、一页纸 PPT、拍砖 PPT……我们都会把它们做一个话题，坚持围绕这个话题做长期运营，希望这个活动不会变成昙花一现式的活动。

我们过去观察很多企业做新媒体营销，最容易犯的错误是跟风，每次都出一个好点子，每次都做了一次内容爆款，但没有形成话题积淀。每次都得去想新创意、新模式，很累。

如果一个品牌没有持续化的积淀、形成长效追随效应，就不能吸引一批忠实的用户。

比如秋叶 PPT 团队发起的“群殴 PPT”活动，这个活动说起来规模不算大，但是合作的企业包括 360、腾讯、京东、苏宁、华硕、微软等知名企业。活动合作方式很简单，企业把他们的 PPT 发给秋叶 PPT 团队，让秋叶发动全国的小伙伴改，然后小伙伴把修改后 PPT 发到微博给老师点评，秋叶团队转发优质作业给大家学习，这个过程自然构成了社交化营销模式。

为什么这些品牌会选择与秋叶 PPT 合作，除了看重秋叶 PPT 整个团队的覆盖人群和企业产品线吻合之外，很重要一点就是秋叶 PPT 坚持运营“群殴 PPT”活动，慢慢做推广，活动形成固定的节拍，吸引一批人固定参与，就会累积能量，就会逐步引起企业的注意。

“群殴 PPT”一开始推出时，根本没有任何人意识到其价值，只是以为秋叶 PPT 推出了一个微信文章，但是连续坚持做了十多期后，事情就起了变化，就出现了主动洽谈合作的企业。

和这些品牌合作，秋叶 PPT 一开始根本就不计较费用。秋叶 PPT 的逻辑是多跟品牌合作，能够抬你的活动身价，哪怕一开始收钱少，慢慢就会形成稳定的市场。

有了稳定的合作模式，秋叶 PPT 团队顺势推出“群殴 PPT”在线网站：http://www.qunoppt.com/ ，可以让企业一目了然看到活动的成果，把分享的活动成果可视化。

很多社群做在线分享，但是没有打造分享的品牌，这些活动就没形成势能，也没有考虑把品牌活动的势能聚合到可以分享的平台上，就造成了口碑的流失，导致社群品牌积累的流失。

我们认为，社群运营者要综合考虑产品化、亚文化、线下化、品牌化四种手段交叉，才能有效延长社群生命周期。

3.5 打造落地核心团队

3.5.1 为什么要发展线下

线上的社群运营到一定程度，新鲜期一过，活跃度就会下降。如果没有新的运营手段来刺激社群，社群群员之间的连接关系就会下降，慢慢社群就会变成一个死群。

对大部分社群运营者而言，“社群必死”一直是个难以破解的难题。我们前面提出，一个社群想要延长生命周期，打通线上和线下必不可少。

因为社群的线下发展不但能够扩散社群知名度、提升社群影响力，还能通过验证社群核心理念打造特色品牌、深度拓展用户、增强用户黏性。社群成员从线上到线下的互动连接可以完成二次扩散，辐射到更多的人群、资源转化到线上，持续将社群的辐射范围从网络扩展到现实生活，形成良好的闭环。

不少社群如罗辑思维、吴晓波书友会、趁早等除了用心运营线上社群外，同时也着力组织线下活动，并取得了不错的效果。

当然，社群在打通线上线下之前，必须清楚社群发展线下是基于什么样的目的和预期。只有通过有目标的组织和策划，才能对线下活动的质量有一个可量化运营目标。

另外，当自己能量不够的时候，若发现有好的社群或者线下机构有活动，他们也会需要更多的资源和更多组织参与变大势能，这个时候可以用协助的方式进行合作，慢慢打开自己运营的眼界。

比如，行动派社群举办全球最有名的整理大师近藤麻理惠的大弟子的首次国内面授课，BM 社群作为协作方，一起做这个活动。一方面为 BM 社群增加人气和知名度，一方面为城市营增加了变现渠道，补充运营资金。

3.5.2 初期如何找到合适的线下负责人

把社群成员组织到一起做线下活动，需要得力的负责人。线下负责人就像是方向盘，他们的用心程度很大程度上能够影响线下团队是否能往更好的方向快速发展。

最开始可以从线上团队核心成员中选出活动试点城市的负责人，因为他们对社群更熟悉、有归属感，开展线下活动会更加尽心尽力。另一方面，通过在线上的磨合，对他们的能力和基本情况也清楚，会更容易判断其适不适合作为试点城市活动线下负责人。

判断一个人是否适合负责线下活动，可以从社群忠诚度、热心度、靠谱度、连接能力、团队协作能力、个人性格等方面综合衡量。从 0 到 1 的过程中，0 的阶段特别需要有开拓精神的先锋，他们不畏手畏脚，愿意在尝试和实践中摸索前进。

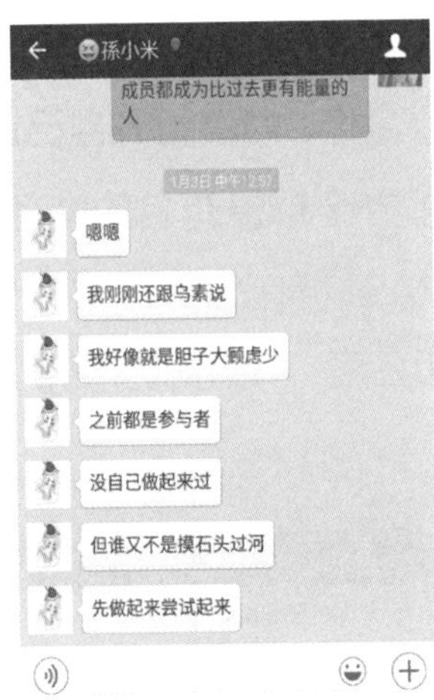

这是 BM 社群第一个线下城市开拓者——城市营营长孙小米，过去她也参加过其他社群的线下活动，但自己一直是个参与者，从来没有主导过活动，也没有举办活动的经验，一切都要靠实操中摸索。她与本地各个社群互动多，性格开朗热情，做事靠谱有担当，团队成员都很信任她。

最后，小米用行动落实了团队对她的信任，第一场活动，在线上团队没有任何资金和物料支持的情况下，他们做完活动后，还有 63 元的盈余。并且在短短一个月的时间里，上海营做了三场活动，因为活动质量高，场场名额都是秒杀爆满。她也因为自己被激发的潜能，吸引到好几家企业的青睐、对她频频抛出橄榄枝。

BM上海营开销					
支出	场地费	1200	收入	1500	备注
	旗帜费	75			场地费50元/人
	KV版费	42			旗帜单价25*3
	梦想单费	25			梦想清单哑粉纸
	臂贴	15			壁纸60张
	资料笔	0			打印资料彩笔自备
	嘉宾茶位费	80			
总金额		1437		1500	63

上海营的成功开营，为 BM 社群在上海之后陆续成功开办的各个城市营打下了重要的基础。其他线下团队以上海为模板进行复制和优化，做出了自己的城市特色。

3.5.3　如何组建落地核心团队

可以说，线下团队的质量很大程度上决定落地活动的成败。线下负责人选好后，就要开始组建落地核心团队。

1．初期：搭建落地核心团队

初期核心团队以内部招募为主，选定负责人，由负责人带头组成几人的初期核心团队。然后再发展团队成员。

初期核心团队根据线下需要，内部招募或者请求运营总部支持招募，筛选有各自优势的成员组成初始团队。

BM 社群广州营根据自身需求组建了线下团队。他们的第一次活动是袜子派对，鼓励参与活动的人走出自己固有的狭小的生活圈。活动结束后参与活动的人纷纷在朋友圈抒发自己的心得感触，好评如潮。

（二维码为广州营袜子派对整个详情和好评截图）

2．中期：补充招募与成员考核

活动启动报名后，如果核心团队还有职位空缺，可以从报名者中招募一批志愿者，从他们中间选拔一些人进入线下团队协助帮忙，如果表现优秀，可以吸取为线下核心团队成员。

在活动陆续开展过程中，给团队成员匹配适合的岗位，根据团队成员工作表现进行考核，留下最合适的人才。

3．后期：复盘总结，凝聚团队

每一次通过全体团队成员齐心协力成功举办的线下活动，能够让团队凝聚力迅速增强，就像攻下一个个的山头，能让团队成员收获彼此扶持登上山顶的喜悦感、归属感和成就感。

但是，每个人负责的工作不同，有可能看不到整场活动的方方面面，所以需要对每一场活动进行复盘总结和好评收集。让团队成员从全局上看到自己的付出有着怎样的存在感和价值感。

4．标准化：建设项目人制度

当累积了一定活动经验后，可以采用项目人制度，把每一次活动作为一个独立的项目，让团队里的人都有体验主导整场活动的机会，也能更好地为团队储备核心力量，深度发掘人才，消除团队里单个成员的不可替代性。

5．轮换：让人人都有机会参与

线下活动长时间开展后，线下团队对于开展活动的新鲜感和热忱度有一个衰减的过程。

一方面，城市的线下活动开展得好，一定会吸引更多优秀的人加入，团队也需要输入新鲜有活力的血液打破固有团队的旧模式。

这时我们就可以考虑在基础工作比较好的线下城市开展轮换制度，让人人都有机会参与社群线下活动运营。

案例：BM 社群线下团队换届选举制度

参加竞选大会投票人员：BM 城市营工作组及 BM 线下参加活动的会员

选举周期：每季度进行一次公开投票

选举地点：BM 城市营线上

组织设置：营长一名、副营长一名 、外联组、活动执行组等（根据需求设立岗位）

竞选程序：

1）换任选举由上一任营长主持。首先总结城市营开展的过往活动、工作情况。

2）由营长介绍各个职位的职责。

3）有意向竞选的候选人上线，写下自己竞选的职位，介绍自己的工作思路和计划。

4）由老一届工作组班底推荐平时工作积极、愿意为大家服务的成员，并讲明理由。

5）投票过程：投票在候选人竞选讲演结束后马上开始，采用现场无记名投票，参加过活动的 BM 会员跟工作组成员一起投票选举候选人。

6）根据票数产生下一届临时城市营工作组成员，试用期一个月，如在试用期间表现不好，上一任营长有权力换人。

选举原则：

1）换届选举遵循公正、公平、公开的原则，接受他人监督。

2）候选人确定过程中，在营内活动的参与度占 70% 权重，能力占 30% 权重。

3）本次选举评分：BM 参加过活动的会员投票占 40% 权重，城市营工作组意见占 60% 权重。

3.5.4　如何为线下团队提供支持

当组建线下核心团队后，没有线下活动组织经验者常会存在这些疑问：

- 号召力不够，线下刚成立，如何聚集人气？
- 不是大咖，没有嘉宾资源，该怎么找嘉宾？
- 没找过场地，如何才能找到合适的场地？
- 没有参加过线下活动，该如何筹备整个活动？

如果社群运营者能帮助线下运营者有节奏有计划地安排线下部署，再加上线上资源支持，发挥社群能量，线上线下配合来共同开展活动，这些问题就能迎刃而解。

1. 明确活动目的

线下活动开展前，明确活动目的。比如该定什么活动主题？谁会来参加活动？多少人？他们参加活动能有什么收获？找到相应的答案后，开展活动就更能有针对性，质量也会更高，吸引的人也就会更多。

2. 活动内容为王

每一次活动都需要用心对待，积累口碑，自然会吸引到越来越多的人加入。尤其是第一次活动，对于打造口碑非常重要。

活动主题可以根据扩大社群知名度、增加社群成员熟悉度、增加社群成员连接度、从兴趣到产生商业机会等不同维度的目的来选择。

常见的线下主题活动：

类型	内容
沙龙讲座	理财、演讲、思维导图、拆书、语言、电影赏析、培训、读书会等
运动	跑团、徒步、登山、旅行、瑜伽、舞蹈、骑射、健身等
兴趣	绘画、桌游、书法、手工、摄影、茶艺、烘焙、美妆、陶艺、户外烧烤等
公益	义工、环保、社区服务、慈善、助学等

线下活动，不论是免费还是收费的，注重内容，做出品质，参与人员才会有下一次的期待。

我们建议在第一次活动的时候，以内容为主，见面交流为辅。不然，后面的活动很容易变成熟悉群员的私下见面活动，总是大家见面聊天，就会失去线下活动的魅力。

类似于沙龙的线下活动，请一些有料的嘉宾达人坐镇就是个好方法，他们能以自己之前的积累和专长来提高线下活动的内容丰满度，让活动值回票价、值回大家参加活动的车费和投入的时间和精力。

活动如果没有嘉宾，则需要考虑如何把常见内容做到极致，保持活动质量使来参加的人不虚此行。

BM 上海营从第一场活动开始，就注重每一次活动的质量，以内容为王，后来每次的活动名额都要靠秒杀才能抢到。持续的高质量活动，吸引了一批上海的嘉宾主动联系上海营负责人，希望一起合作线下活动。

上海营积累了几期，打出口碑之后，完成了从自己连接嘉宾到吸引嘉宾主动来连接的转变。

上海营的队伍也越来越壮大，人气也越来越旺，形成了线下运营的良性循环。

3. 用心筹备细节

细节决定成败，你的用心别人感受得到。每一场活动都应该用心地筹备，把流程熟记在心，把细节做到极致，让参与者有好的体验，这样口口相传而积累的口碑，是初建线下团队珍贵的人气聚集法宝。

这是 BM 广州营营长美人写的一篇“为了你们，我们连鞋子怎么摆放都想好了”的微信推送，讲述了她从零基础开始筹备线下活动的历程，用心的她把这次活动办得十分出色，引发了参与活动人员的朋友圈刷屏。

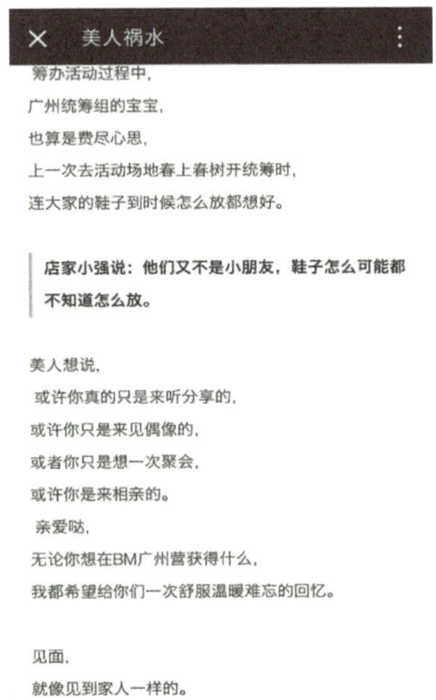
美人祸水

筹办活动过程中，
广州统筹组的宝宝，
也算是费尽心思，
上一次去活动场地春上春树开统筹时，
连大家的鞋子到时候怎么放都想好。

> **店家小强说：他们又不是小朋友，鞋子怎么可能都不知道怎么放。**

美人想说，
或许你真的只是来听分享的，
或许你只是来见偶像的，
或者你只是想一次聚会，
或许你是来相亲的。
亲爱哒，
无论你想在BM广州营获得什么，
我都希望给你们一次舒服温暖难忘的回忆。

见面，
就像见到家人一样的。

3.5.5　如何邀请大咖嘉宾来社群分享

社群想要做大做强，过程中一定要跟各种大咖合作。社群可以与这些达人进行签约或者不签约的合作，他们为社群带来更多的有活力、有质量的分享，社群为他们打造个人品牌和影响力。

1. 通过新媒体和大咖建立连接

在互联网时代，连接到大咖、达人相对来说比从前更容易了。如果大咖在微博上比较活跃，积极通过微博互动留下印象，然后再通过微博私信邀请，是一个不错的方式。或者到微信公众号后台留言或者发评论也是好方法。

连接合作需要主动出击，找到与社群基调相符的合作方。如果社群本身能量足够大，可以直接发出合作邀请，如果社群能量不够，可以先连接上资源，后培养感情、加深了解，再发出合作意愿的方式，成功率会更大。

比如 BM 社群，在展开线下城市营后，北上广深的达人资源就特别多。他们大多已经有“在行”行家的身份，我们就可以通过“在行”这样的网站认识行家，评估他们和社群的匹配度，找到适合 BM 社群需要的达人。

我们可以先一对一和大咖、达人从接触到了解，再到深度沟通交流，从弱关系转化为强关系，再邀请做线上分享，线上合作的嘉宾可以继续合作在嘉宾所在城市担任线下嘉宾。比如 BM 线上读书笔记 PPT 营的导师曹将被广州营营长盛情邀请为线下嘉宾。

如果有可能，大咖可以成为签约线下讲师，在线上进行统一的包装和推广，线下进行讲师面授。高质量的讲师资源与社群捆绑后，社群成员与社群产生的互动连接也会越多，质量也会相对更好。

如何通过新媒体留言连接大咖的成功概率更大呢？

可以考虑先给出有价值的东西给对方。

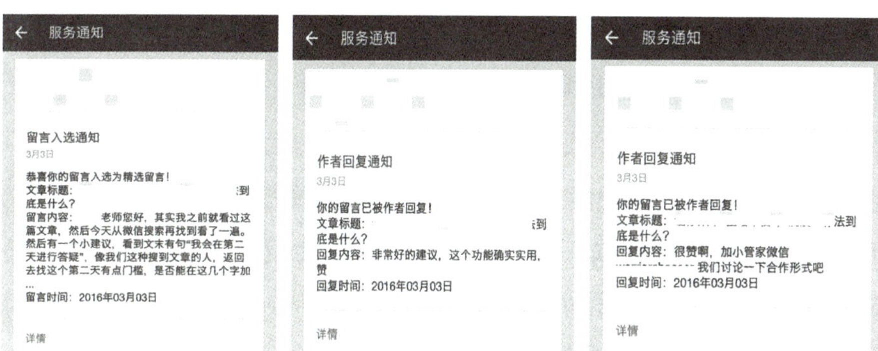

这是 BM 社群团队在跟不认识的大咖们连接的时候所用的方法。通常情况下，针对他们发布的内容在评论区可以写写自己的看法或者建议，如果质量足够高，会被大咖们看到。再进一步做自我介绍和真诚地表达希望合作的诉求，一般都能收到对方的回应。

2. 为大咖出钱或者出力

你也可以考虑出钱购买大咖的产品或出力参与大咖发起的活动赢得好感，从一个切入点开始逐步建立信任。

当你出钱先成为这个嘉宾的客户，带来的好处是什么呢？

一是给予了嘉宾认同感，你付费说明你愿意为嘉宾的付出买单，也认同嘉宾的某些观点。

二是让嘉宾有安全感，起码你不会是占便宜的人，不是伸手党，他对你的安全感、信任感加强了，如果有合作，起码会有一个好的开始。

比如 BM 上海营第一期的嘉宾，是营长小米曾经的私人教练，给了她很多工作方面的指导规划及解决瓶颈的引导，平时交流得多，沟通也多，到了小米需要请他为更多朋友分享的时候，嘉宾是很乐意的，也很感谢小米对他的专业认可、愿意把他介绍给更多朋友知道。

出力的话，还得分为出精力、出劳力、出巧力。

出精力：弱关系如果想转化为强关系，途径就是主动加入大咖发起的活动，多互动，创造和大咖交流的机会，渐渐稳定和大咖的沟通关系。

出劳力：帮大咖解决一些小问题，如大咖需要帮忙，快速帮其解决一些琐碎的事情，让大咖对我们产生好感，提升信任度。

BM 上海营第二期的嘉宾是其他社群的导师，营长小米也会经常参加他们举办的活动，活动中她会尽量多与导师互动，让导师对她有印象，然后活动后互加微信，朋友圈动态点赞或是留言，增加互动频率，渐渐将弱关系升华到强关系；平时活动前也会帮忙做些准备工作，去影印些资料、帮来人签到，一来一往就建立了强关系，有事情请他们帮忙的时候，他们也很乐意帮小米过来做嘉宾。

出巧力：通过熟人关系的引荐等。BM 上海营第三期的嘉宾是小米做项目管理的企业朋友引荐来的，由于是熟人引荐，专业度就更有保障，活动效果也好。

再加上 BM 上海营的平台优质，老师也愿意来分享，进一步扩大影响力，彼此可以互相借力。

3. 投资自己

最好的方法就是要不断投资自己。掌握了前面的方法，或许在短期内可以连接一到两次的嘉宾，但从更长远的规划来看，社群运营者需要踏踏实实通过努力，学习更多的东西，让自己变得更有价值、有同等的对话权、能够给予大咖同等的回报和反馈做资源互换。那是一种更大的力量，让自己的路也越走越宽广。

3.5.6 如何让大咖愿意多次合作

口碑吸引合作，是社群最应该下功夫和花精力的部分。只有做好自身内容和平台，自身足够优秀，才能吸引到更多优质的合作方。当社群规模还比较小的时候，把每一次的合作都用心对待，进行打磨，提升专业度。

比如 BM 社群，在完全没有任何影响力的时候，通过秋叶大叔的引荐，与某知名出版社进行读书笔记 PPT 的活动合作，认真做活动后，带来了口碑效应，后来被其他出版社看到，主动咨询与 BM 社群进行合作。

而在圈子的顶层，资源和人群规模其实都是很小的，在同一个圈子中做得比较好的时候，其实是很容易被别人看到的，不断积累升级，口口相传的口碑就会带来更多的合作。

比如秋叶 PPT 这个品牌，经过多年的打磨，在 PPT 圈子里已经几乎被所有人所熟知。只要是跟 PPT 相关的合作，很容易就会想到与秋叶 PPT 来合作。

如何与合作方合作对接？

1. 发掘对方的真正需求

一次合作开始前，发掘对方的真正需求是最重要的事情之一，否则后面的工作就算做得太多，也不是对方真正想要的，而是对人力物力的浪费。

比如出版社和 BM 社群合作，推出读书笔记 PPT 的活动。出版社的真正需求并不是读书笔记 PPT 做得多么完美，而是通过 PPT 这个载体，让更多的人知道这本新书，对新书多一些好的曝光，是他们的真正需求。

找到对方的真正需求后，BM 社群在每一次的推广宣传中对新书的封面多做一些曝光，测算每次活动在过程中和最后的曝光率大概是多少，以具体数字来反馈。再加上我们做的读书笔记 PPT 的确非常有料，设计感强，直接刺激看到的人去了解这本书，这就给出版社带来意外的惊喜。

2. 先了解合作方的对接人是什么风格

人与人性格不同，决定了我们的行事方法也需要有变化。合作方的对接人，作为合作方的代表，跟社群会有最多的接触和直观的感受，他的意见大多情况下能够主导合作方的大部分意见。

比如，有的人性格比较随和，跟他相处的时候可能会轻松一些，双方也会更自在。有的人性格比较严肃，如果嘻嘻哈哈的话，人家就会觉得你有点不靠谱。根据对方的性格，采用合适的沟通方法，让冷冰冰的合作加入一点人情味，接下来的合作就能更好地开展。

3. 把合作方当作处女座

在大众眼里，处女座以对细节要求比较严格而著称。如果合作开始前就把细节做得比较精致，用真诚用心的态度跟合作方打交道、提交方案，对方也会更加重视社群的每一次付出。当在合作过程中出现不可控的事情时，对方也能更加包容，理解你并不是不上心，转而从事情本身找原因。

4. 对想要合作的对象，多说“我们”

从合作一开始，就要多用“我们”而不是用“你”“我”。多用我们，合作方会从一开始就在观念上认定合作双方是一体的，而不是分成甲方、乙方。多用“我们”，让双方潜意识里面认为我们是一个整体，在很多事情上就会带着一种包容的态度，以责人之心责己。

5. 从合作方的角度写方案

从合作方的角度写方案，能让合作方有一种代入感，让合作方觉得这个方案跟我息息相关，同时仔细考虑里面的方方面面。如果一开始就完全按自己的想法去写，让对方花了时间看到一大堆无关痛痒的文字堆砌，找不到他要的点，那么合作方就会对社群做事的专业度产生怀疑。

一个项目往往不止和一个单位组织合作，也许是多方合作。所以，文案也需要根据不同合作方的不同需求去写，要有差异化。

为什么合作的时候要把方案写出来，再去对接和开展活动？一方面可以提前省去沟通中产生的大量时间成本，一方面是因为文档能消除沟通过程中产生的不确定性，如果仅是口述或者用语音的方式，有时候双方的理解和表达会存在误差甚至误会，将来如果出现的问题，双方有可能产生互相推脱的情况。

6. 丑话说在前头，降低期望值

合作过程中，降低期望值非常重要。把丑话说在前头，合作方就会把期望值降到合理的位置，合作后，所有做得好的部分，都将会变成意外的惊喜加印象分。

如果一开始就说得天花乱坠，把期望值拔到特别高，合作方看到成果后，就算做得比较好，也不过是他期望中的样子，但如果做得没有那么好，就会让人感觉很差，同时也切断了今后再次合作的可能。

7. 同步播报进度，让对方心里有谱

因为合作双方信息不对称，社群内部做了什么努力有什么成绩，合作方是看不到的。通过同步播报进度能够让合作方心里更有底，如果涉及资金投入，那么能让对方看到自己的资金投入没有打水漂、不是拿了钱不办事，心里也会更有谱。

同步播报需要社群完善流程、跟进进度。让合作双方在对接的时候避免出现流程上的错误或者沟通上的不顺畅，保持播报进度的节奏。

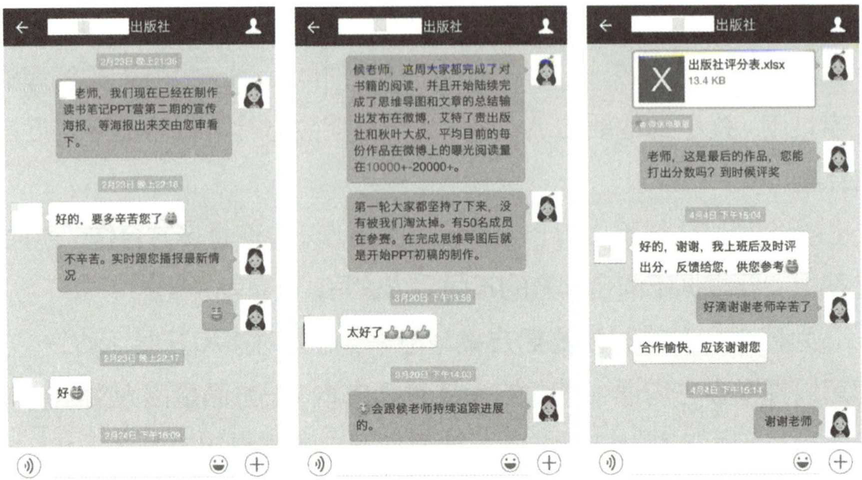

8. 合作结束要有复盘总结

没有记录就好像没有发生。人的记忆是短暂的，不论之前做了多少的努力，如果没有复盘总结，长时间的各种事情对大脑的占据，就会冲淡之前的记忆，合作方就可能会忘记前面做了些什么事情、做了怎样的努力。通过复盘总结，双方也可以更好地了解这次合作中间出现了什么问题、下次还能够怎么样优化，也能让合作方感受到与你合作靠谱、有始有终，复盘总结还能够让对方有意外的惊喜和收获。

做好第一次才有下一次，第一次口碑没有打好，让对方第一次跟你合作就觉得特别麻烦、不靠谱，那么这一次就是最后一次合作。认真挑选合作伙伴，珍惜每一次合作机会，用心打磨合作事务中的方方面面，也许会是愉快合作的最佳路径。

3.5.7　寻找线下场地的四种攻略

场地费用常常是开展线下活动中支出相对较大的一部分，除了建立自己的场地资料库，找场地的思路也很重要。

1．寻求身边场地资源

城市线下团队在初期可以寻找身边有丰富活动经验的人员咨询，通过他们的经验和资源可以更加快速有效地获得优秀的场地。

我们还可以积极参加其他的社群活动，投资自己的同时获取知识和嘉宾资源，也可以学习其他社群活动的优点、规避缺点，还可以考察活动场地是否对外开放，是否适用于今后的城市线下活动，当场可以联系负责人进行初步洽谈并留存联系方式，明确费用与场地使用事项。

2. 寻找免费场地

通过本地专门发布活动的网站寻找公益活动发布情况，通过查看公益活动的举办场地，去搜索该场地是否有公众号，查看场地的交通、环境以及举办过活动，然后再去找场地主办方进行洽谈。

以 BM 社群深圳城市营为例，线下团队通过在工作中经常负责活动举办的小伙伴，快速有效地获得这种免费的场地信息。

如上图，找到本地专门发布活动的网站如深圳活动网，该活动网站对活动进行了分类。每个活动帖子中都详细标注有活动地址。很多活动场地都有公众号，再通过公众号可以看到有场地，举办公益活动可以免费提供，且有规范的申请流程。

当然，场地主办方免费提供场地必然对活动有其他回报要求，那么就要明确场地方的运营理念与宗旨是否与社群相契合，然后再看他们的要求是否能够与社群的活动进行融合。

比如，深圳营开营活动场地，就要求 BM 深圳营开放名额给场地主办方的用户，因为场地方主办的活动是针对公益和创业青年项目，涵盖交友、分享等内容，这点跟 BM 社群的理念是契合的，那么他们的用户来参加 BM 的活动，既可以让更多的人认识 BM，同时也可以让 BM 的小伙伴扩大交流圈，实现双赢。最后 BM 社群还因此次活动有记者参与而被《深圳晚报》报道。

还可以考虑资源互换的模式，获得免费场地。

商业活动场地作为线下活动场地一般都会是收费的，有的就算不要场地费，也会需要有最低消费。需要与场地方达到双赢，才有可能真正拿到免费场地。

以 BM 上海营为例，某公司在上海开了一家咖啡馆，场地非常适合做线下活动，但是需要每人缴纳年费近千元。BM 上海营通过长时间的线上接触，最终与对方达成合作：对方提供免费活动场地，BM 上海营提供活动内容给对方，对方的付费会员可以免费参与 BM 上海营的线下活动；并为对方的场地带来流量和曝光，达到双赢。

3. 选择平价收费场地

现在很多城市都会有青年创业咖啡馆，既是商业经营，同时也体现了他们的情怀与梦想。

在考察了场地的交通、大小和设备情况后，可以选择客流量较小的时间段来举办活动，这样既可以让参加活动的用户感受场地独特个性的氛围，同时也能够为咖啡馆带来一定的消费。另外，还可以与咖啡馆洽谈定点举办活动是否能够享受折扣。

4. 寻找公益组织活动场地

公益组织活动场地一般由政府或企业提供，而且国家现在提倡“大众创业，万众创新”，所以这类场地也会越来越多，可以寻找当地政府或企业支持项目场地进行申请。比如深圳图书馆就会提供场地举行读书分享、公益讲座类的活动，但这类场地的申请程序较为复杂，大家可以通过政府机构或企业了解申请程序。

考察场地常见注意要点如下。

位置环境	考虑位置是否便捷、场地环境是否与主题相符
场地设备	是否有播放设备、是否有麦克风
场地费用	是否需要场地费？如果需要，大致是多少？价格是否可以接受？是否可以申请到免费场地资源
场地信息	确定场地后，拍摄现场照片，提供附近路况，提供交通信息（最近的公交站、地铁站）

3.5.8 如何举办一场线下沙龙活动

有些社群是公司化运营的，线下活动资源资金充足，由有经验的专业团队运作，线下活动成功率高。

但有的社群没有公司化运营，他们的线下团队由社群用户组成，而社群用户大多没有过举办线下活动的经验，对流程也不清楚，导致活动可能开展不顺利而打不开口碑。这种情况下的社群如何从0到1举办第一场线下活动呢？

1. 筹备期

筹备期主要是搭建初始线下团队、核心团队成员首次碰面、根据线上总部发布的模板撰写城市线下建设规划方案。

对城市线下活动有一个远期的规划，能够帮助团队从更长远的眼光看待城市线下的发展。不急功近利，不计较眼前的得失，专注做好内容。

2. 策划期

启动期主要是做这几方面准备：确定嘉宾并与嘉宾进行对接，确认嘉宾演讲的框架，初定活动时间，讨论首次活动的策划案和活动流程，确认物料方案，建立城市线下的活动群和志愿者群。

开启第一次线下活动前，写一份完整清晰的活动策划案能够更加全面地把控整场活动，做到心中有数。有节奏、有计划地开展活动能够给团队打一剂强心剂，执行的时候也会更有信心。

线下活动策划书应该包括几个重要的部分：

- 活动策划团队名单。
- 工作权责与任务分配。
- 活动内容：活动名称、活动基调、活动主题、活动目的、活动日期、活动地点、参与人员、参与人数、分享嘉宾（如果活动有嘉宾）、活动环节等。
- 重要时间节点安排。
- 物料、场地、嘉宾安排。

- 宣传方式与报名方式。
- 费用说明（如果是收费制）。
- 奖品设置（如果有奖品环节）。
- 合影及后续推广安排。

对线下活动时间、成本和质量的把控，体现了团队的效率和专业性。

建议一场小型的线下活动至少要提前三个星期开始准备，做到心中有数、不慌不忙。大型的线下活动则需要更长的策划准备周期。

这是 BM 武汉营 4 月 3 日第一次开营前做的重要事件清单和追踪表，用以提前做好安排。

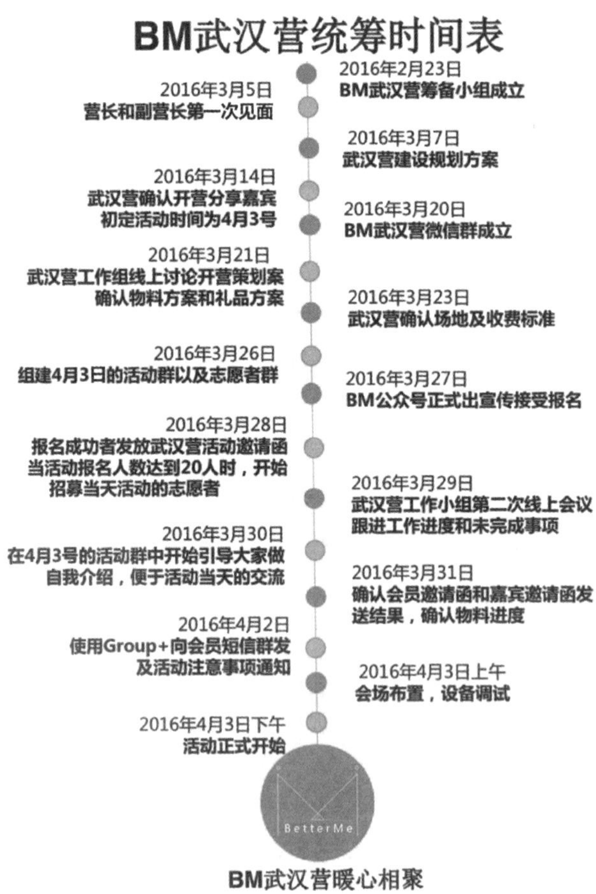

BetterMe 武汉营

致：BM城市组

抄送：BM武汉城市营

时间：2016年2月-4月

制表：付月

筹备　修改　定稿

2月：23 24 25 26 27 28 29

3月：1 2 3 4 5 6 7 8 9 10 11 12 # 14 # 16 17 # # 20 21 22 23 24 # 26 27 # 29 30 #

4月：1 2 3am. 3pm. 4 5 6 7 8

	类别	工作内容	备注
1	筹备期	BM武汉营筹备小组成立	
		营长和副营长第一次见面	
		提交武汉营建设规划方案	
2	启动期	确认开营分享嘉宾，初定活动时间	
		成立嘉宾群，确认活动大致框架	
		BM武汉营微信群成立	
		武汉营工作组线上讨论开营策划案	
		确认物料方案和礼品方案	
		武汉营确认场地及收费标准	
		组建4月3号的活动群以及志愿者群	
4	宣传期	向总部提交海报内容和城市营开营文案	提前一周
		BM公众号正式出宣传接受报名	
		报名截止	修改后台关键字
		微博推送	
		豆瓣话题	
		邀请媒体参加活动，增加后续报道	电视台摄影
5	进行期	报名成功者发放武汉营活动邀请函，当活动报名人数达到20人时，开始招募当天活动的志愿者	
		与主持人对接活动流程	
		武汉营工作小组第二次线上会议，跟进工作进度和未完成事项	确认物料进度
		在4月3号的活动群中开始引导大家做自我介绍，便于活动当天的交流	
		确认会员邀请函和嘉宾邀请函发送结果	
		使用Group+向会员短信群发及活动注意事项通知	天气，路线，文具
		会场布置，设备调试	PPT演示
		活动正式开始	
6	复盘期	收集参与人员活动反馈	
		寄送奖品	
		武汉营团队内部复盘会议	
		总结复盘提交总部资料归档	

活动成本主要是活动场地和物料构成，要提前确定好物料清单，除了总部分发的带有社群品牌的标准物料，是否还需要根据自己城市的活动需要添加其他物料。

下图为 BM 社群 50 人场规模的分享型线下活动所需要的物料清单。

物料准备跟进						
项目类别	项目名称	数量	单价	费用预算	明细	负责人
场租设备	场租	1				
	投影仪	1				
	麦克风	2				
	PPT播放激光笔	1				
	录音笔（手机录音）	1				
	电脑	2				
宣传物料	BM旗子	1		统一发放，线上申请所需数量		
	BM胸章	80				
	KT板	10				
	BM贴纸	80				
	摄影机	1				
	照相机	1				
	签到表	2				
文具类	分组工具（扑克牌/号码牌/公仔）	1				
	签字笔	4				
	马克笔	4				
	A4白纸	80				
礼品	书	10				
	明信片	54				
合计						

场地：制作好场地信息表，让参与活动的人能够迅速找到地址。提前看场做引导牌，引导参与活动的人提前查看场地信息。

嘉宾：如果活动有嘉宾，需要考虑合作方式、是否要为嘉宾提供吃住、嘉宾邀约对接流程、嘉宾需要的材料、嘉宾是否有粉丝突然参加等问题。

等这些都准备好之后，开始建立线下参与成员的线上交流平台（比如微信群、QQ 群、豆瓣同城等）并安排工作人员对这些交流平台进行日常维护，为交流互动、活动传播和活动反馈提供渠道。

3. 宣传期

宣传期主要任务包括设计活动海报、接受报名，同时各个平台包括微信、微博、豆瓣同城等发布活动信息、邀请媒体参加活动，增加后续报道。

在初期，线下的规模还小的时候，相关的功能团队（比如设计、平台运营、推广等）可以直接由总部安排调度。

当线下发展得好，规模变大，可以由总部授权，自己单独建立功能团队和宣传平台。比如女性励志社群“趁早”，在线上，北京总部有专业的运营团队，有官方微博、微信公众号。在线下，一些城市有粉丝自发形成的运营团队和他们自行注册的所在城市的微博微信公众号。线下团队会根据总部的活动做积极的反馈和参与，总部也会选择性地推送线下城市相关内容，跟线下城市紧密联系互动。

宣传阶段要设计线下报名渠道和报名方式。如果有收费项目，还要确定收费渠道、支付方式。现在有许多报名工具，比如麦客表单、支付宝群、微信收费、Group+ 等，都能很好地运用起来。

比如 Group+，在第一次填写了相关信息后，会自动储存相关信息，下一次用户就不用重复输入信息。

4. 进行期

进行期主要包括招募活动当天志愿者、与活动主持人对接活动流程、线上会议跟进工作进度和未完成事项、整理活动物料，确保物料准备齐全等任务。须确认通知方式、会员和嘉宾活动注意事项通知、邀请函发送结果、会场布置和设备调试。等这些都准备妥当后，就可以从容地开展第一次线下活动了。

策划方案做好后，需要把活动当天的整个流程梳理成跟踪表，查漏补缺，明确当天活动时间节点，并列出时间清单。比如活动正式开始时间、工作人员到场时间、物料到位时间、嘉宾到场时间、参与人员签到时间、活动结束时间等相关时间节点。

本次线下活动有哪几个环节？每个环节是否已经责任到人？是否有团队人员联系方式汇总？可以把整个活动当作一个项目，列出项目清单，便于查漏补缺，也便于之后进行复盘。

这是 BM 武汉营 4 月 3 日第一次开营前做的流程表，表单越仔细，心中越有谱。

BM 武汉营线下活动具体流程（2016 年 4 月 3 日下午 2 点到 6 点）						
序号	时间	环节	活动内容	预计耗时	负责人	跟进内容
1	1:30—2:00	签到	微信签到 + 照片墙显示	30 分钟	Limy	1. 活动志愿者下午 1 点到达会场，提前进行分工安排 2. 准备好纸质签到表，签到领取徽章和明信片，要求领取人签字 3. 报名者提前进行分组，活动现场一共分成 9 个组。现场按照组别进行签到。会场布置也按照小组人数摆放桌椅 4. 提醒大家提前填写明信片（明信片活动：现场填写带有 BM 的 Logo 的明信片，写下对同伴的祝福。在活动环节赠送给同组的小伙伴） 5. 到场人员可以去会旗上面签名 6. 提前安排摄影、拍照人员。现场负责人：田小田 7. 1:30 开始播放暖场音乐，负责人：Limy
2	2:00—2:03	暖场游戏	抓手指	3 分钟	博文	主持人负责开场，同时通过暖场游戏调动现场气氛
2	2:03—2:10	活动介绍	介绍本次活动主题及嘉宾介绍 + 介绍 BM 和武汉营未来的规划 + 介绍明信片的作用	7 分钟	博文、付月	1. 活动开始前，在会场四周布置 BM 的优秀作品展，负责人：柒柒 2. 本环节 PPT，田小田做 3. BM 大本营 + 武汉营 + 明信片用法介绍人；武汉营营长付月 4. 到场嘉宾介绍：博文 + 付月
3	2:10—2:40	自我介绍	一分钟自我介绍	30 分钟	付月	1. 介绍 PPT 田小田做 2. 签到组事先收集参与者信息，用报名者照片制作邀请函及自我介绍 PPT 3. 现场按照小组，口头进行一分钟自我介绍 4. 主持人引导大家自我介绍的时候不要拖堂
4	2:40—2:45	挑选组长	每组自荐或者推选出小组长	5 分钟	博文	1. 用 3 分钟每组自荐或者推选出小组长，给组长发放贴纸，由签到组记录 2. 用 2 分钟公布挑选组长的结果 3. 主持人介绍第一位分享嘉宾
5	2:45—3:45	嘉宾分享	“如何打造个人品牌”——秋叶大叔	1 小时	嘉宾把控时间	1. 大叔分享，时间计划 1 小时 2. 三水负责提前及现场提醒嘉宾分享时间

（续）

序号	时间	环节	活动内容	预计耗时	负责人	跟进内容
6	3:40—4:00	嘉宾问答	嘉宾问答或小组讨论	15 分钟	博文	1. 此环节根据活动现场时间和观众热情准备预案；现场时间允许及观众热情，就做小组讨论。讨论话题：如何打造个人品牌，如无上述条件，就做嘉宾问答 2. 小组讨论：讨论结束之后，每组派代表发言，最多挑选 3 个组发言 3. 嘉宾问答：嘉宾分享结束之后，观众可以向嘉宾提问，最多 3 个问题，此环节为避免冷场，提前安排人在场下准备好问题
7	4:00—4:15	COFFE TIME	休息时间	15 分钟	主持人要给大温馨提示	1. 柒柒提前提醒咖啡厅工作人员准备好饮品和茶点。按小组领取饮品和茶点。现场不接受单点 2. 主持人提醒大家填写明信片 3. 提前安排好区域，方便大家找嘉宾要签名 4. 拍照人员可多拍摄活动素材
8	4:15—4:30	热场游戏	“吃鸡”	15 分钟	博文	1. 活动形式可以简单，但是需要足够能调动现场气氛 2. 游戏失败，小伙伴当场表演节目，受惩罚的小伙伴如果当场不能表演节目，则等攒够 3 个人之后，由主持人带领，做性感的动作（比如扭屁股） 3. 游戏结束之后，主持人介绍下一位分享嘉宾
9	4:30—5:30	嘉宾分享	“如何高效自学一门知识”——老秦	1 小时	嘉宾把控制时间	嘉宾大纲由三水负责
10	5:30—5:45	小组讨论	嘉宾问答	10 分钟	博文	嘉宾问答：嘉宾分享结束之后、观众可以向嘉宾提问，最多 3 个问题，此环节为避免冷场、提前安排人在场下准备好问题
11	5:45—6:00	总结发言	活动总结	15 分钟	嘉宾、小伙伴	小伙伴、工作人员发言
12	6:00—6:10	合影留念、跟拍	一起进行大合影，小伙伴相互合影。工作人员及志愿者留步给北京营录制视频			1. 超级大合影要注意会旗、KT 板、徽章等标志性 logo 的展示 2. 录制北京营视频可以由工作人员和志愿者来完成 3. 邀请嘉宾录制 BM 宣传口号

5．复盘期

复盘期主要包括活动完成后收集参与人员活动反馈与后期宣传。

线下活动结束后，通过对参与活动人员的反馈，或者通过文字或者音频视频输出，进行活动回顾和现场还原，让更多没有参加的人对活动本身和社群有所了解，对下一次活动能起到宣传推广的作用。

没有记录就好像没有发生。一场线下活动如果做完没有进行复盘总结，很多当时存在的问题就容易被忽略和遗忘，然后反复在同一个地方做错。

活动复盘需要活动各项负责人提前提交在活动中遇到的问题以及解决的方法，然后由复盘负责人收集整理后按照复盘框架组织讨论。然后由复盘负责人整理讨论内容，形成复盘报告初稿。活动各项负责人对复盘报告初稿提出修改意见，复盘负责人针对修改意见形成复盘报告终稿，最后进行存档，复盘活动资料归档提交总部。

<table>
<tr><th colspan="7">线下活动复盘</th></tr>
<tr><td rowspan="4">基本信息</td><td colspan="2">复盘主题</td><td colspan="4"></td></tr>
<tr><td colspan="2">复盘时间</td><td colspan="4"></td></tr>
<tr><td colspan="2">参加人员</td><td colspan="4"></td></tr>
<tr><td colspan="2">用时</td><td colspan="4"></td></tr>
<tr><td rowspan="9">复盘</td><td colspan="2" rowspan="2">回顾目的和目标</td><td>目的</td><td colspan="3"></td></tr>
<tr><td>目标</td><td colspan="3"></td></tr>
<tr><td colspan="4">评估结果</td><td>分析原因</td><td>总结经验</td></tr>
<tr><td rowspan="3">亮点</td><td colspan="3"></td><td></td><td></td></tr>
<tr><td colspan="3"></td><td></td><td></td></tr>
<tr><td colspan="3"></td><td></td><td></td></tr>
<tr><td rowspan="3">不足</td><td colspan="3"></td><td></td><td></td></tr>
<tr><td colspan="3"></td><td></td><td></td></tr>
<tr><td colspan="3"></td><td></td><td></td></tr>
</table>

活动目的和活动目标的区别在于：目的比较抽象，目标则比较具体，可能表现为某项指标，如活动结束后用户数量增长多少、转化率是多少等。

通过梳理和优化流程，细化和明确每个环节，整理出工作指导手册，能够提高效率，让下一次活动的开展更加顺畅。

3.5.9 线下沙龙活动团队常见分工配置

社群类型不同，线下的活动内容也会不同，相对应的团队分工也会有区别。沙龙形式的线下活动是各个社群比较普遍的一种线下活动方式，对其他类型的线下活动形式的分工也有参考价值。

此处分享一个常见的沙龙形式线下分工配置供大家参考，可以根据活动的需求安排人手，根据具体情况来增加或者减少相应职责，一人可身兼多职。

外联组	场地管理	1. 筛选符合活动要求的场地（如咖啡厅、创客空间、培训室；以能寻求资源合作免费使用为佳，并制作通讯录） 2. 场地洽谈预约，建立场地资料库搭建 3. 场地设备确认及现场资料管理（设备：如投影仪、话筒等）
	邀约嘉宾	1. 嘉宾邀约，向嘉宾介绍社群（统一对外文案） 2. 嘉宾预约（确定分享主题与时间） 3. 在各环节与嘉宾及时沟通 4. 确定嘉宾分享文稿与 PPT
活动支持组	引导签到	1. 现场签到，个人信息采集 2. 引导人员入场 3. 发放入场前的物料
	PPT 播放	1. 负责现场设备 2. 与主持和嘉宾沟通播放要求
	摄影师	1. 拍摄活动过程中有代表性的环节 2. 过程录像（提前设置好机位） 3. 活动结束后的合影
	主持人	1. 介绍活动主办方、活动主题、嘉宾 2. 掌控活动流程 3. 活跃现场氛围
线上工作组	统筹	1. 负责线下活动的宏观方向 2. 开拓资源 3. 活动方案制定与把控 4. 统筹安排活动
	群管理	1. 接待活动参与人员（答疑、告知时间、地点等） 2. 收集群成员意见并反馈给统筹人员（如期待分享主题、活动建议等）

（续）

线上工作组	推广	1. 线上团队在群、微信公众号、微博、豆瓣、知乎、论坛或者在自有网站上进行宣传 2. 团队名称关键字搜索排名优化 3. 嘉宾线上资源推广，如微博宣传、公众号宣传、朋友圈宣传 4. 活动结束后的二次微博微信等新媒体传播分享
	复盘总结	1. 整理参与成员、嘉宾的反馈和总结 2. 组织团队成员对整场活动进行复盘，完善最初的方案 3. 输出复盘报告

3.5.10 如何打造社群人才储备梯队

社群日常运营中，人才储备非常重要。如果社群没有人才储备机制，一旦有工作人员突然离开，其他人因为不懂工作内容或工作节拍跟不上运营流程，就会打乱社群的正常运营节奏。

如何做才能给社群建造一个人才储水池呢？其实答案很简单，有三个关键点。

关键点 1：设置观察员角色

很多社群活动并不需要太多人参与，几个人就足够撑起一台戏。

为了让社群能持续运营，我们建议在团队每次活动中设置几个观察员。

观察员一开始就要了解整个活动流程，但并不需要马上具体工作，但是一旦一个人有了要了解和观察的意识，他就会从活动的参与者变成活动的观察者，对活动过程的细节更加留意，就能学到更多的东西。

在网络上，你很难对小伙伴进行强化培训，但是通过让小伙伴在群里耳濡目染的方式，也能让他们了解社群的运营模式。另外，网络小伙伴因为种种原因随时可能出状况，这个时候观察员也可以随时扶正救急。

关键点 2：提前储备可用人才

以 BM 社群为例，人才储备分三个阶段进行。

第一步：发起内部推荐，由核心群员推荐优秀的成员。

第二步：填写推荐理由：推荐群员关键是要交代成员背景，说明推荐理由。他 / 她是什么时候加入本组的？他 / 她做了哪些事情让你觉得他 / 她可以胜任更重要的角色（客观事实，具体数据）？你对他 / 她的评价（主观看法）？

第三步：纳入观察员考核体系，提供社群小任务检验群员的能力和意愿。

关键点 3：完善社群岗位工作移交说明书

一旦观察员表现合格，就可以正式纳入社群运营核心骨干，这个时候，社群内部应该逐步整理出关于社群运营岗位的工作移交说明书。

虽然社群是非正式组织，但是和职场一样，也需要岗位职责说明和工作流程配合及各种接口说明书，特别是在网络环境下，人员变动频繁，没有辅助文件体系帮助，沟通会比职场面对面沟通的效率低很多。

有人说，我们社群还好啊，这往往是因为社群规模不大，大家互相熟悉，产生了默契反应，沟通成本很低，彼此之间都有默契，不需要说明书就能把工作完成得很好。

但是，社群一旦想做大，要吸引储备人才，面对全国各地社群人员变动，就必须像企业一样做岗位职责说明书，甚至在网络环境下，因为人员变动可能性更大，岗位职责说明书的存在必要性更大，我们特别强调的最重要的是岗位职责移交说明书。

比方说，在 BM 社群，内部工作移交时已经建立了规范的移交文档系统。文档内容主要包括：

1）对 BetterMe 现状的简介（各组主要工作内容及人员分工安排详细说明）

2）工作内容，说明该岗位的工作职责。

3）正在推进中的工作事项、推进中存在的问题及后续注意事项。

4）后续工作推进计划。

5）提交汇总的文献资料和资料清单。

6）向工作团队介绍接管人。

7）敏感的信息，单独告知接管人留存，如微信公众号、微博、公共邮箱的账号密码等。

岗位职责说明书可保证在社群人员变动时，可以快速移交现任负责人所做的工作，让后续接手工作的人可以快速上手。

如果有可能，我们建议最好让移交人、接管人花一段时间共同推进工作，这会让工作衔接更让人放心。

3.5.11 复制活动经验到更多城市

活动举办成功后，在复盘总结基础上，社群可以依据自己的发展情况确定是否需要快速从试点城市复制到更多城市，使社群发展获得更大的空间。

社群试点城市可以优先选择经济发达的一线城市，比如北上广深。因为一线城市资源更加丰富，也因为一线城市竞争大、学习动力足、自我提升氛围好、参加的人多，需要在异地结交志同道合的朋友的需求更高，生活节奏快，快节奏产生高效率，容易召集。

当然，跟社群自身关联比较大或者资源比较丰富的地区也可以作为试点城市。

选择复制线下活动到其他城市就要因地制宜、灵活变通。要根据城市经济基础和文化氛围选择活跃的城市开展线下活动。一方面，各方面资源相对更多，另一方面，所在城市社群成员比较集中，能发动周边地区的人也参加，扩大社群影响力和号召力。

试点城市线下活动成功举办后，就可以进行流程化梳理，复制到其他城市。这个时候，社群需要设置一个部门来统筹全国各个城市的线下团队，帮助社群建立全国线下网络，合理规划全国城市线下的建设，确保各个城市线下组织良好运营。配合线上其他部门做好线下活动宣传，提高社群在各个城市的影响力。帮助社群用户线下互动，增强黏性和参与体验。

比如，BM 社群在上海站成功举办活动后，快速形成标准化工作流程，开始启动全国复制工作。

BM 城市负责人可以在城市总负责部门下面设置分组来将流程系统化，社群可以根据自己的具体情况增加或减少功能小组。

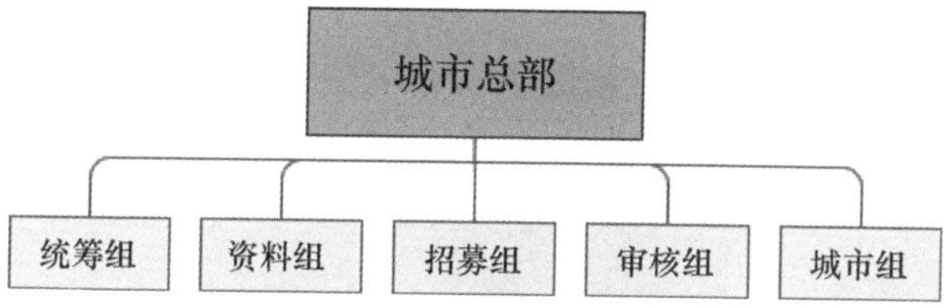

BM 社群在试点成功的城市发现，城市负责人最重要的并不是能力，能力可以通过后期培养提升，最重要的还是个人性格和团队协作能力，这是无法用表单来体现的，需要沟通相处才能知道。

在招募城市负责人时，BM 社群的文案更侧重吸引可以培养的城市负责人，所以在他们的招募文案里突出了如下内容：

- 列出他们 0 经验也能做到的原因（因为有总部各方面的支持，包括提供方案资料库、高质量设计海报、各个平台的宣传推广等）。
- 成为城市负责人后他们能收获什么（遇到更多同频率的人、跳出自己的狭小圈子，看到更大的世界、得到全局意识和领导力的锻炼等）。
- 提出温和的要求（认同社群理念、有亲和力等）。

将对负责城市线下团队感兴趣、申请报名的人加在同一个群里后，他们彼此都是不认识的，对工作也不熟悉，所以要通过培训建立信任感和熟悉感。

在群里培训时，可以先请现任城市负责人分享成功经验，现任城市负责人先做自我介绍，拉近彼此间的距离，再把自己亲身体验得来的经验分享出来，自己在过程中的收获和体会是最有说服力的内容。

分享后再做集中的答疑，让报名人员心中的疑问都能得到反馈，降低因为未知带来的恐惧。

这是 BM 社群对第一批新报名的城市营营长进行的第一轮培训，现任营长们分享自己从 0 到 1 建立城市营的经验，消除大家想要参加却又怕自己做不好的担心。

如果社群城市负责人已经对城市线下活动有了大致的了解，那么就可以通过分发城市营规划方案模板，让有强烈意愿的报名者提交所在城市的城市营规划方案来筛选合适的人。

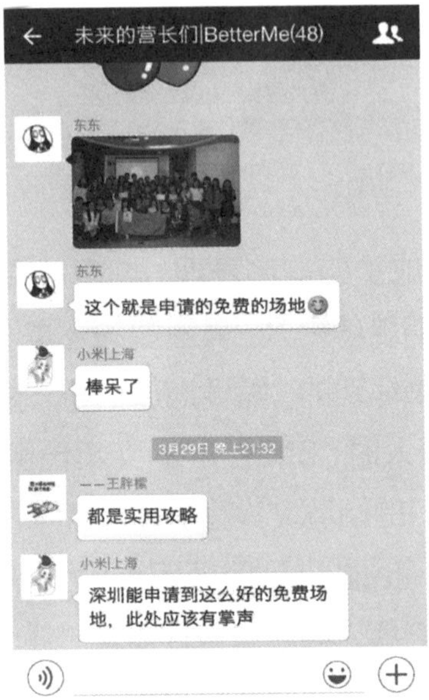

以 BM 社群武汉营为例，他们根据总部的城市营规划模板和武汉具体情况，写出了符合武汉发展的规划方案。当总部审核觉得规划方案可行、给予通过后，城市负责人就可以着手开始第一次线下活动的策划。城市负责人向总部提交首次线下活动方案，总部可以根据过往的成功案例对方案进行可行性评估，方案中如果有需要总部支持资源的，总部安排资源和人员进行支持辅助。

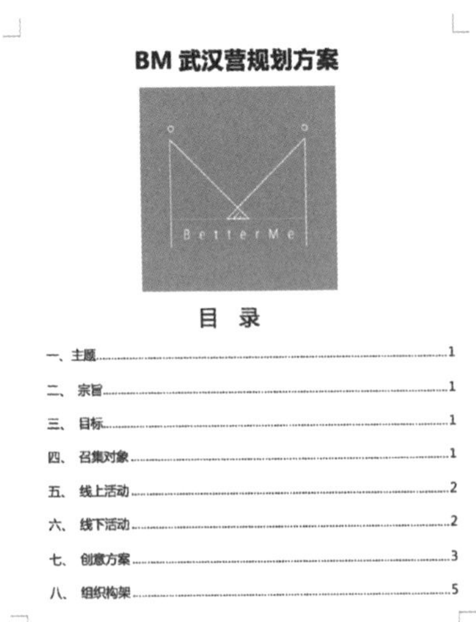

BM 武汉营规划方案

BetterMe

目 录

当活动的前期准备好，就可以开展线上线下宣传活动，活动后进行方案优化，完成复盘总结，提交总部归档。第一次用优质的活动内容打开口碑，再加上城市营线上日常维护，下一次活动的顺利开展就是水到渠成的事情了。

3.5.12 务必重视社群基础数据库的建设

在各个城市的线下持续复制的过程中，系统整理整合资料库就显得非常有必要，可以提高资源利用率和团队协作效率。

1. 社群成员信息库

建立成员资料库，一方面可以让社群对自己的社群成员数据有一定了解，另一方面，针对国内流动的成员，建立成员库后，可以帮助他们更好地融入其他的城市和社群。

除了传统普遍的 Excel 表格，还可以利用第三方工具 Group+ 来整理成员资料库，对成员进行分类和筛选，能够使活动的开展更有针对性。Group+ 还可以免费群发限定数量的短信，通知参与人员，非常方便。

2. 物料库

将线下城市的物料进行统计汇总，若物料不够，可以及时从其他城市调度，省去不必要的物料开支，便于总部进行数据分析，也便于城市线下团队在活动开展前对物料到位情况进行追踪。

3. 嘉宾资料库

建立嘉宾资料库，一方面，如果嘉宾在各个城市有出差或者工作是流动性质的，就可以联系合作线下活动；另一方面，可以整合全国嘉宾资源做线上的合作。

比如，BM 社群杭州营开营之前，听到其他城市营成员说秦阳要来杭州出差的消息，于是马上联系秦阳，成功邀请他作为杭州营开营嘉宾，活动开展得非常顺利，朋友圈好评如潮。

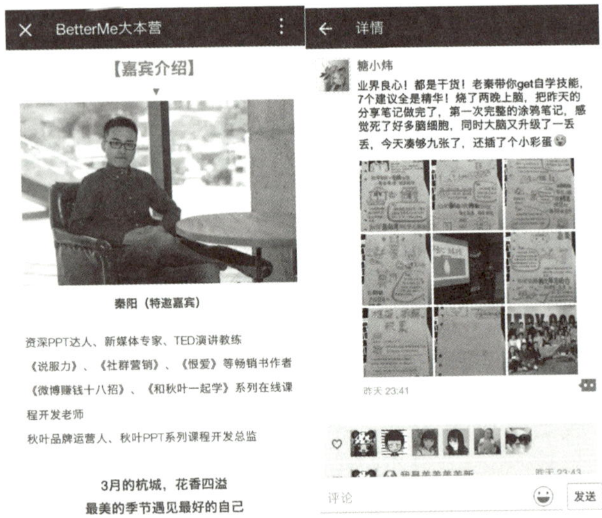

4. 场地资源库

建立场地库，进行统计分析，一方面可以为新城市找场地资源提供思路，另一方面可以避免某些城市在场地费用上开销过大，有借鉴作用。

场地资源库						
序号	名称	地址	电话	可容纳人数	消费	特色

5. 活动游戏库

建立游戏库，可以让全国线下活动的暖场游戏得到汇总，参与成员每次都有新的体验，提高了工作效率，也节省了工作人员找游戏和对新游戏试错的时间。

6. 线下城市文件模板库

以BM社群为例，每个线下城市营都会在开营前通过填写模板建立城市营开营档案库，做到准备充分、心里有数，为提高工作效率、顺利开营打下重要的基础。

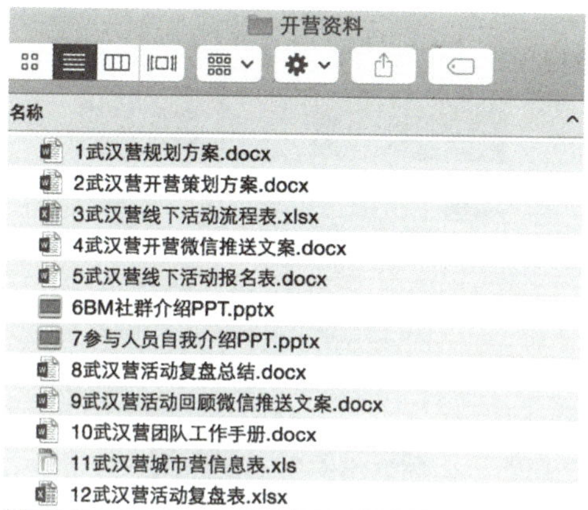

在线下团队开始运营后，总部通过收集各个城市线下据点的文档，并进行归档和保存，让资源得到全国线下城市更充分的利用。

3.5.13　把线下内容作为线上传播的引爆点

一次成功的社群线下活动结束并不是工作的终点，线下活动的影响力辐射范围有限，必须整合线下工作内容，放到互联网平台上制造线上有效传播，一方面能够以点打面地引爆扩散，吸引更多人参加线下活动，另一方面也会刺激线上社群话题二次传播，吸引更多人关注社群。

我们可以从三个方向进行引爆。

1. 内容引爆

（1）通过对线下活动的描述吸引线上报名

活动处于报名阶段时，在对公众传达活动举办目的、活动性质、内容能给他们带来什么影响等的过程中，需要做到准确又有吸引力，这样能直接影响线上的报名质量和传播能量。在这个阶段，对线下活动的描述除了有吸引力，还有一点值得特别注意的是：降低期望值。做到用户从线上看到描述之外的惊喜，能够提高线下活动的满意度和期望值，从而引发口碑传播。

这是参与 BM 社群线下第一期活动的成员，活动开始前并没有把线下内容说得天花乱坠，只是客观地描述活动大纲。当参与的成员发现活动质量超出自己的预期后，大部分人都忍不住跟身边的人分享自己的意外收获。

（2）通过对线下活动的内容呈现吸引线上转发传播

活动处于开展阶段时，好的内容通过全民直播能够迅速引爆线上传播。在这个过程中，工作人员可以用一些非官方形式的引导，做示范作用，让大家知道如何去传播、传播哪些内容，从源头上对传播信息有一些筛选和导向。

（3）通过对线下活动的总结建立线上的口碑和影响力

线下活动结束后，对活动真实的还原，输出有质量的总结，能够引发二次传播，也能引发对下一次活动新的期待和关注。正如人无完人，活动输出的文章，包含的数字和内容，客观而真诚的总结，比过度吹嘘活动的成功更能吸引用户，社群也能更人格化。

2. 渠道引爆

流量和关键意见领袖（KOL）的引流，能够提高线下内容在线上的传播效率和影响力。

各大平台的曝光引流，包括媒体、社区、三方平台（比如微信的朋友圈、公众号、群，微博的病毒式传播转发，豆瓣的豆瓣同城，还有各种活动类的 APP 比如“周末去哪儿”“今天玩什么”）、其他渠道等。

与社群相关的 KOL 进行合作，或者培养社群自己的 KOL，以他们的视角来参与、点评线下活动，尤其是几个 KOL 进行信息转发接龙的时候，传播力度更大。

下面是一位之前对社群并不感冒的作者在 BM 社群广州营被邀请参与活动后写的一篇名为“一个人走得快，一群人走得远”的推送，因为参与体验好，他向他的读者们推荐了 BM 社群，为社群吸引了一批同频率的用户。

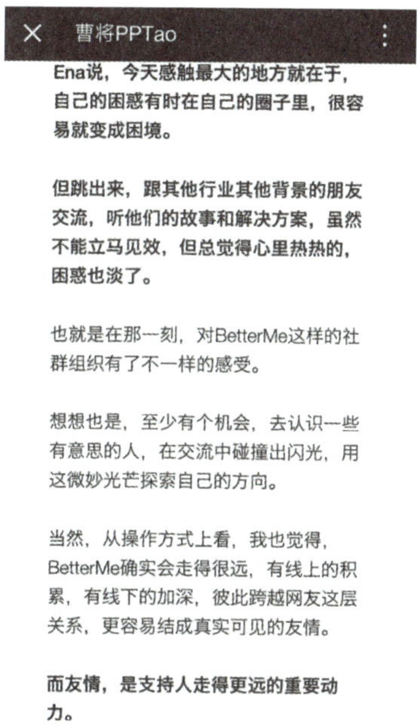
曹将PPTao

Ena说，今天感触最大的地方就在于，自己的困惑有时在自己的圈子里，很容易就变成困境。

但跳出来，跟其他行业其他背景的朋友交流，听他们的故事和解决方案，虽然不能立马见效，但总觉得心里热热的，困惑也淡了。

也就是在那一刻，对BetterMe这样的社群组织有了不一样的感受。

想想也是，至少有个机会，去认识一些有意思的人，在交流中碰撞出闪光，用这微妙光芒探索自己的方向。

当然，从操作方式上看，我也觉得，BetterMe确实会走得很远，有线上的积累，有线下的加深，彼此跨越网友这层关系，更容易结成真实可见的友情。

而友情，是支持人走得更远的重要动力。

3. 运营引爆

社群有生命周期，运营意味着把握进度节点和时间地图，控制传播节点，可以实现多次引爆。且全国性布局能够带来更多的合作机会；许多企事业单位有全国性的分支机构，但是在当地并没有社群运营能力和团队；通过合作的方式，和他们一起进行线下活动的同时，社群本身能够扩大影响力和知名度，引爆到线上。比如证券公司都有全国性的网点营业部，他们希望能够增强客户的黏性；通过社群的力量，再加上线下的网点场地和资源支持，线上线下打通就会事半功倍。

第四章

从社群到社群经济

社群经济被很多人看作未来商业的核心动力，有人说，每个品牌、每个企业都要建立自己的社群。

但社群不能一蹴而就，社群的建立是个渐进的过程。从以追求存在感为核心的围观者，到以追求归属感和认同感为核心的粉丝，最终到追求成就感的社群。在这个渐进的过程中，才能逐步建立真正有凝聚力的社群，才能平衡快速商业化后对社群的负面影响。

4.1 从兴趣社群到商业社群要突破的关键瓶颈

基于兴趣的社群构建不是最难的工作，把基于兴趣的社群导入商业模式，形成社群的自我造血模式，让社群能够长久运营下去，这是一个难题。

目前容易形成商业转化的社群，都脱胎于粉丝经济，先是有粉丝，然后粉丝被召集形成社群，然后通过社群的互动形成商业模式的原生动力。被普遍认可的大概是小米、锤子、罗辑思维这样的案例。小米科技的雷军、锤子科技的罗永浩、罗辑思维的罗振宇，他们产品品牌的早期属性紧紧围绕自带光环的主角展开，多多少少借助粉丝对自己的认同完成商业转化。

对于大部分企业运营的社群而言，不太可能找到这样的明星人物营造社群，所以企业往往更关心能否围绕产品构建社群，我们的答案是很难。

不是每个产品都具备成为社群成员共同爱好的潜力。小米的早期粉丝是手机发烧友，罗永浩的粉丝可以一起谈情怀和工匠精神，罗振宇的粉丝可以谈求真求爱求智。你的产品有什么点，可以让粉丝汇聚在一起交流？

如果要经营产品型社群，那么产品本身就要有一定的复杂程度，可以让使用者通过使用过程产生话题。比如，我认为围绕“烤箱”这个产品也许能构建起喜欢做糕点的妈妈社群，但是围绕“洗衣机”就很难，因为洗衣机的智能化程度很高，这就让产品变成功能产品，而不是话题产品。

为什么手机能成为话题产品？手机不管是软件、硬件、外设还有配饰，都可以成为使用者之间分享和交流的话题，有足够的深度去扩展组建社群的可能。

如果不能依托产品去构建社群，就只能思考能否围绕兴趣去构建社群，那么，基于兴趣的社群如何连接到企业的产品转化，也是一个难题。

有意思的是，很多人认为罗辑思维是网上最大的社群，但是罗振宇也好，罗辑思维也好，只是在会员中提供互帮互助的服务模式，更多的是希望通过微信平台实现群员之间自发连接、去中心化驱动，罗振宇和罗辑思维本身并没有投入多少精力来管理社群，倒是借助微信群成功启动了第三期会员招募，然后很快转型电商平台，变成最传统的“口碑 + 导流”的模式。

而罗永浩更是依赖自己的明星光环带动产品销售，借助转发粉丝口碑带动产品销售，很难说锤子社群是企业花费巨大精力去引导发展的结果。

即便这两者算社群，也只是社群经济发展的初级阶段。

一个良好运作的商业社群必须有如下几个特点：

1. 去中心化驱动

真正的社群不能高度依赖灵魂人物驱动，大家应该是为了某个共同目标或者兴趣爱好而共同维护。

商业社群需要所有的成员共同参与，大家认可社群特有的文化，并依托这些文化内核发展出自运营的模式，这样社群成员才能通过自我发展建设出聚集在一起有能量的社群认同感。

要做到去中心化驱动，就必须在社群中培养一群有组织能力的活跃小伙伴，社群领导者应该通过活跃成员来完成社群的关系构建，而不是亲自主导社群运营，特别是要避免借助组织关系来管理社群，这也是一种文化引导下的“无为而治”。

2. 多元化活动连接

商业社群要想建立起来，很难一开始就定位某个具体的产品运营，更多应该思考如何让社群积极成员在社群活动中承担一定的角色，让更多的社群成员变成社群的建设者。社群成员可以在不同社群活动中扮演不同的角色，建立紧密的交叉联系，对接各自的资源和需求。通过社群活动产出有质量、有趣味的内容，从而吸引更多成员加入社群，创造出更多的活动连接。

在一个社群中，一开始可能围绕一个点进行连接，慢慢就应该扩大社群的连接兴趣点，比如围绕运动、健身、阅读、手绘构建社群的内在连接点……这些点扩大了社群的内部连接，使社群成员更加具有凝聚力。更重要的是，社群连接复杂化，才可能借助社群成员内部分享和资源共享带来新的商业合作机会，社群成员愿意为成员之间的福利买单，这便是社群品牌溢价效应。

4.2 社群可视化

我们认为未来的社群会越来越开放，而且会追求对外可视化。这似乎是没有人谈论的话题，似乎也很少人会想，社群还能可视化？

我们认为未来的社群应该做到：让别人一目了然看到一个社群的能量。

今天的社群对外宣传，大都是通过一个名称、一个 Logo、一个简略的介绍，但我们知道，在一个群内部，不管是不是社群，其实大部分群员之间根本没有交流。没有充分交流的社群，只是单向输出，人再多也不可能变成社群；要想进行有质量的交流，你至少得知道和你对话的人是谁。如果连一个社群内部的成员都互相缺乏了解，这样的社群即使快速扩大规模也不会具备能量和黏合力。

但我们也做过这样一个测试，在 60 人小群里，问大家愿不愿意所有人在群里一个个做自我介绍；很多人表示愿意，还有人马上抛出自己的自我介绍。马上有很多人意识到不现实，这样太吵。

一个小群的自我介绍尚且如此困难，那如果群有 500 人呢？大部分群员连自我介绍的机会都没有，那么他们如何才能成为熟悉的人，进而变成社群呢？过去似乎只有一个方法，参与线下见面，但这样做的成本就非常高了。所以我们要充分理解社群运营的难度，很多小的细节阻止了社群的形成。

秋叶 PPT 的“知识型 IP 训练营”尝试去解决这个问题，并指导 BM 社群使用百度脑图工具完成了社群可视化脑图，感兴趣的朋友可以扫码观看。

百度脑图有三个重要的优点：可以无限扩充、可实时更新、可添加超链接。

利用这三点，我们可以做这样几件事情：

1. 打造社群云通讯录

我们可以把云思维导图变成云通讯录，方便大家彼此了解。只要群友提交一个百度脑图自我介绍，我们就可以连接到社群脑图上，以后他的个人脑图有变化，社群的脑图就能同步更新。

以 BM 社群为例，他们把社群成员分类，再把主要信息在脑图中展现出来，方便大家连接到专业人士。

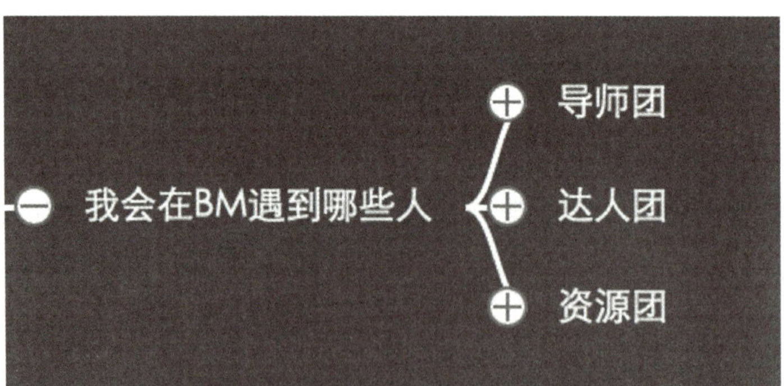

在脑图里查看具体的个人信息，就可以看到这个人的特长，还有访问他的各种网络链接。

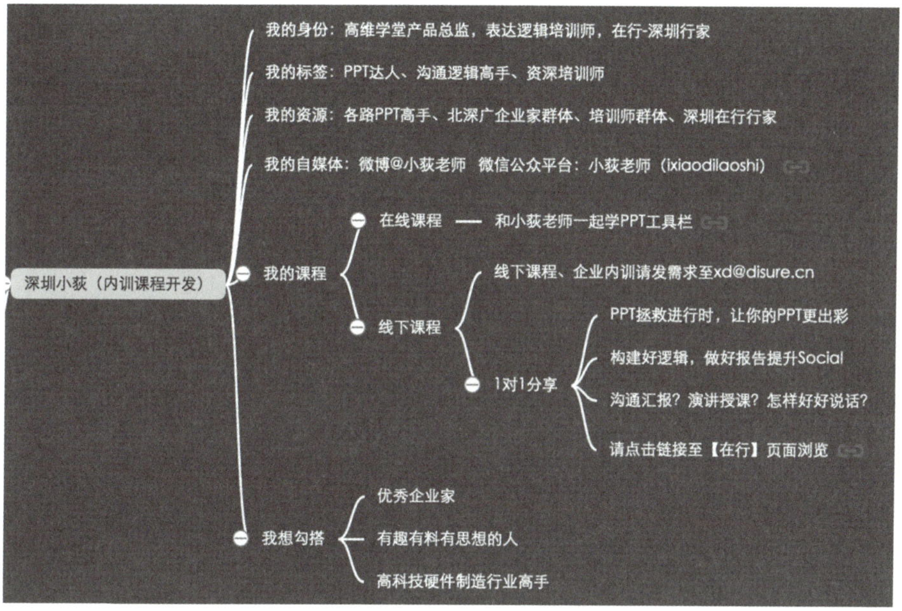

这样，社群里各方面有才能的、希望打造个人品牌的群友都可以向社群提交自己的脑图链接，超链接到社群的脑图中；群友更新自己的脑图，社群的脑图也能同步更新。而希望连接社群，找到这个社群内领域达人的人，也能通过脑图相对方便找到人。

2. 打造社群云智库

解决如何可视化展示社群内有才华的人这个问题，只是社群可视化的开始。

一个社群如果运营得好，得让群体不断有好的输出，比如分享的总结，比如好的思维导图，那么我们过去参加过很多群，请问这些群里面好的输出如何共享呢？

我们过去的群分享，往往以碎片化的形式存放在微博、微信或者其他网络媒体中，如果新加入的社群群员要了解历史输出，查找是一件痛苦的事情。

能否整合分散在微信、微博等媒体里的社群输出，让其中优质的社群输出能够持续共享下去？

支持超链接的百度脑图给我们提供了一个新思路。百度脑图支持超级链接意味着它可以把历史优质分享都链接到一个脑图中，百度脑图不断更新新的分享链接，静态的脑图变成了动图的思维导图，思维导图也变成了社群共享的知识载体。

当社群建立自己的社群智库，通过思维导图把碎片整合到一起，就能打造视觉化呈现社群集体输出干货的模式。

随着社群有质量的输出壮大，这个脑图也会越来越大，就会变成我们社群的知识树。

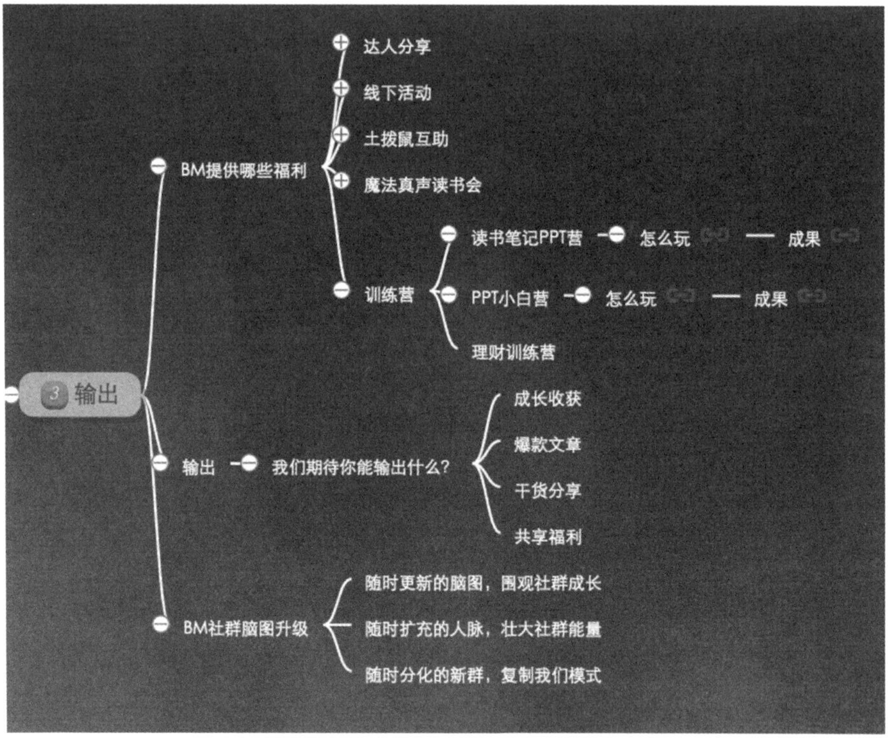

BM 社群通过脑图，把过去举办过的活动、作品和文章等同步在脑图更新。还可以根据需要不断延伸拓展。

不同于过去长篇文章介绍，通过脑图，可以把社群的各方面资讯进行立体展示。而外界的人可以短时间内迅速定位找到自己感兴趣的部分。

3. 打造社群云名片

在结构部分，我们完成了成员的可视化，在输出的部分，我们完成了积累的可视化。

当我们鼓励社群成员把这些优质输出以脑图形式共享出去时，这就是我们社群的云名片。

不是提供一个二维码，也不是一个名字、一个概念，从此开始社群成了**立体知识树**！

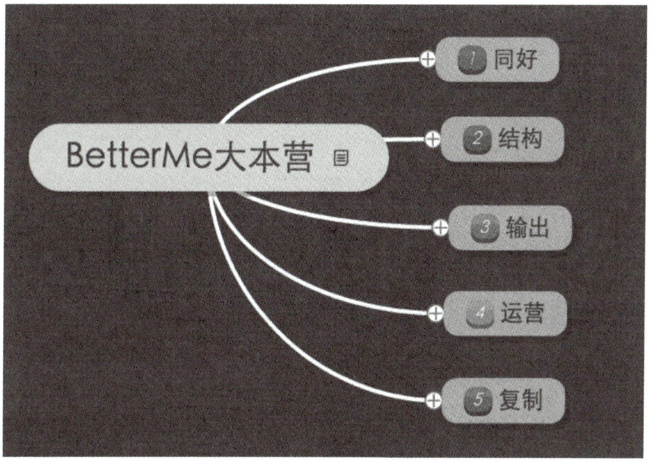

比如如果有人希望了解 BM 社群，我们不需要花费太多时间解释，只需要发给他社群的脑图链接，对方可以很快对社群有一个全局性了解，想要深入了解社群的能量和活力，就可以一个个点击相应的超链接。

有了这三招，过去对外只是一个名称或者概念的社群，现在开始变得生动立体可视化了！

社群的可视化意义不仅仅是创造社群名片，要知道一个人的个人品牌建立起来是很难的。如果是有一个优秀的平台背书，就完全不一样了。

有的社群运营团队庞大，有的群员默默耕耘，即便才华横溢，付出和能力都不为外界所知。

通过脑图，每个人有一个属于自己的可编辑的脑图链接，在社群中所有的优秀项目和履历都有更好的展示，长期的积累能够帮助打造个人品牌，而在相关领域就有更多的可能性。

社群的发展和品牌与个人开始息息相关，团队成员的努力，开始不再仅仅是为集体，也是为了自己。社群能量越大，社群为团队成员的背书能力就越强，社群与团队个人形成了千丝万缕的关系。

这里再次提醒大家扫码体验一下我们的最新社群运营创意——社群脑图。

最后提醒一句：我们借助的工具百度脑图未必是最优的选择，但是我们想提醒各位，重要的是努力的大方向对不对，我们也期待真正适合社群可视化的管理平台出现。

4.3　付费社群应该如何运营

这两年，互联网用户的付费习惯已经渐渐养成，仅一篇微信文章打赏甚至都能收获 1 万多元的赞赏。现在用户在意的渐渐已经不是价钱，而是认同、身份象征等。

收费社群显然是社群运营变现的一种模式。我们现在越来越多地看到付费运营的社群，或者在有的社群里面，有免费的入门群，也有收费的提高群，免费和收费群是并存的。比如，长投网理财社群在某些基础分享版块采用免费的方法吸引人群，在高阶分享版块采用付费的方法筛选目标人群和增加运营收入。

4.3.1　免费社群与付费社群的利弊

免费社群的优点是入群门槛低，能够给社群带来更大的流量，短时间内提升人气和覆盖率。

比如，PP 琪社群就大量建设微信的免费学习平台，通过在线分享 PPT、英语、理财等微课，在短时间内吸引了许多听讲座的听众，然后把这些听众变成微信群的群员，为今后变成付费群员奠定连接基础。

免费社群的缺点是加入者容易轻视内容贡献者的劳动，会低估别人知识分享劳动的价值，等你计划收费的时候，他们会产生抗拒心理。而且，免费运营模式的周期越长，获得持续性经费支持的难度就越大。

付费社群的优点是提高准入门槛，能够更精准地筛选目标群体。比如 ScalersTalk 成长会社群、混沌研习社、碳 9 学社、许岑的 PPT 支付宝群、李笑来老师的学习群等都是收费型社群。

因为付费，在一定程度上能让学员的参与程度更高，另一方面，运营成本有基础保证后，也能安排专人负责内容质量运营，从而提供更好的服务。

付费社群的问题是有支付能力的人群相对来说会少很多。比如有的社群号称有几十万人，但是转化为付费用户的比例低到可以忽略不计。另外一点，由于网络上现在免费分享非常多，那么加入者付费后的期待值相对免费来说也会高很多，这对服务提供者的内容设计和运营流程都会提出更大的挑战。

优质社群要有一定的高门槛。付费社群可以通过设立规则对成员进行筛选，这样的话，就可以通过价格这个门槛相对精准地筛选出同一类人群，让行为模式、生活背景、价值观比较接近的人聚集在一起。同样背景的一群人反而更能建立同伴环境，也更容易吸引同类人加入、得到更多认可。

新东方前名师、畅销书作家李笑来做过一个有趣的尝试。李笑来老师也建立了一个付费学习社群，里面的人都在努力进步，互相学习互相取暖。李笑来老师的新书《七年就是一辈子》开出了天价，不但不论册卖，还不能一次性买下，他提出一种神奇的定价方式——2 555 元 / 年。

对入群者的收费是关键一环 ："在我眼里，2 555 元的年费是一个过滤器，它起码筛选了两种人 ：肯付费的人、能付费的人。"

肯为知识付费和反之的两类人，学习能力其实是有着天壤之别的，通过这两道筛选，就会集结一群有共性的人，这样的人甚至愿意付费认识同类。

最后的结果是 :预售一个月时间里有 1 700 多人购买。

4.3.2 付费社群有哪些激励付费的收费方式

最常见的付费社群模式就是年费制，一年缴纳多少费用，就可以享受哪些权益，这是非常易于理解和操作的付费模式。这种模式的本质就是服务标准化，让服务成为标准化产品，然后把服务做好，把产品持续推广出去。

除此之外，还有一些付费模式的玩法可以给大家参考。

1. 奖励返还型

收取的费用会根据情况对加入的人群进行奖励或者返还。

比如，BM 社群进行读书活动的时候，为了提高报名门槛，设置了保证金返还机制。参与人员一旦完成任务，就可以全额返还。这样做可以鞭策一些成员更好地达到目标。

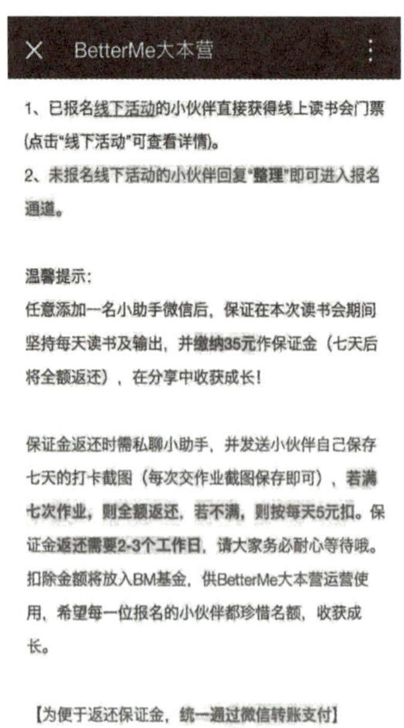
BetterMe大本营

1、已报名线下活动的小伙伴直接获得线上读书会门票(点击“线下活动”可查看详情)。
2、未报名线下活动的小伙伴回复“整理”即可进入报名通道。

温馨提示:
任意添加一名小助手微信后，保证在本次读书会期间坚持每天读书及输出，并缴纳35元作保证金（七天后将全额返还），在分享中收获成长！

保证金返还时需私聊小助手，并发送小伙伴自己保存七天的打卡截图（每次交作业截图保存即可），若满七次作业，则全额返还，若不满，则按每天5元扣。保证金返还需要2-3个工作日，请大家务必耐心等待哦。扣除金额将放入BM基金，供BetterMe大本营运营使用，希望每一位报名的小伙伴都珍惜名额，收获成长。

【为便于返还保证金，统一通过微信转账支付】

2. 递增递减型

收费的标准会随着时间或者人数的递增递减变化。

比如李笑来的共同成长社群年费从固定数额起步，每增加 100 人后年费就上涨，年费有封顶。

邱伟聊培训的培训社群根据学员的努力程度进行收费的减免。这样就能更好地激励参与的成员投入精力完成目标，然后以更好的优惠条件进入更深层次的学习。

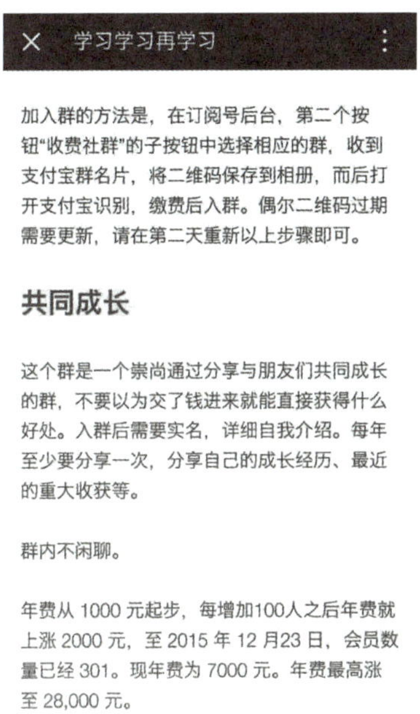

× 学习学习再学习

加入群的方法是，在订阅号后台，第二个按钮“收费社群”的子按钮中选择相应的群，收到支付宝群名片，将二维码保存到相册，而后打开支付宝识别，缴费后入群。偶尔二维码过期需要更新，请在第二天重新以上步骤即可。

共同成长

这个群是一个崇尚通过分享与朋友们共同成长的群，不要以为交了钱进来就能直接获得什么好处。入群后需要实名，详细自我介绍。每年至少要分享一次，分享自己的成长经历、最近的重大收获等。

群内不闲聊。

年费从 1000 元起步，每增加100人之后年费就上涨 2000 元，至 2015 年 12 月23 日，会员数量已经 301。现年费为 7000 元。年费最高涨至 28,000 元。

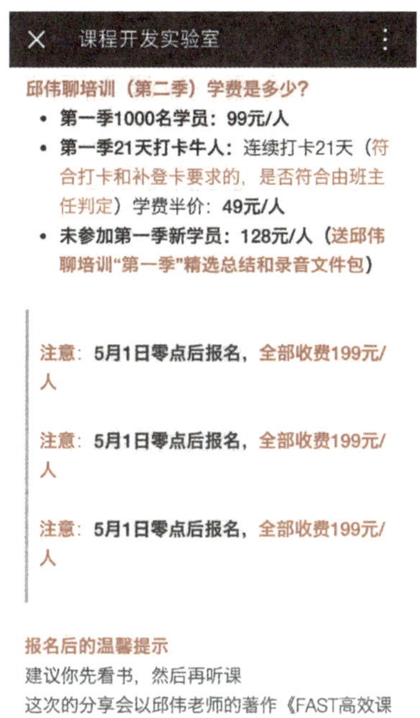

× 课程开发实验室

邱伟聊培训（第二季）学费是多少?

- 第一季1000名学员：99元/人
- 第一季21天打卡牛人：连续打卡21天（符合打卡和补登卡要求的，是否符合由班主任判定）学费半价：49元/人
- 未参加第一季新学员：128元/人（送邱伟聊培训“第一季”精选总结和录音文件包）

注意：5月1日零点后报名，全部收费199元/人

注意：5月1日零点后报名，全部收费199元/人

注意：5月1日零点后报名，全部收费199元/人

报名后的温馨提示

建议你先看书，然后再听课

这次的分享会以邱伟老师的著作《FAST高效课

3. 身份分级型

收费的标准会随着身份属性不同而变化。

比如混沌研习社就区分了在线社员和铁杆社员，收费额度也有梯度。这样的价格差能让不同需要的人群更好地找到自己的消费层次。

不同的付费模式对不同支付能力的付费用户的心理暗示和激励效果是完全不同的，因此多进行付费模式对比设计是很有必要的。

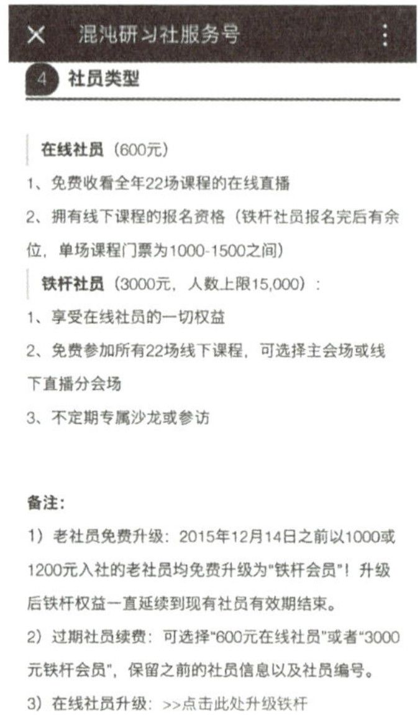
混沌研习社服务号

4 社员类型

在线社员（600元）

1、免费收看全年22场课程的在线直播

2、拥有线下课程的报名资格（铁杆社员报名完后有余位，单场课程门票为1000-1500之间）

铁杆社员（3000元，人数上限15,000）：

1、享受在线社员的一切权益

2、免费参加所有22场线下课程，可选择主会场或线下直播分会场

3、不定期专属沙龙或参访

备注：

1）老社员免费升级：2015年12月14日之前以1000或1200元入社的老社员均免费升级为"铁杆会员"！升级后铁杆权益一直延续到现有社员有效期结束。

2）过期社员续费：可选择"600元在线社员"或者"3000元铁杆会员"，保留之前的社员信息以及社员编号。

3）在线社员升级：>>点击此处升级铁杆

4.4 社群营销的七种战术

如果你有了社群，就可以发动社群的力量完成一些新的商业模式，我们总结归纳了其中七种常用的操作方法。

4.4.1 头狼战术

第一种我们称之为“头狼战术”。

狼的狩猎靠集体力量，既有明确的分工，又有密切的协作，齐心协力可以战胜比自己强大的对手。许多动物并不惧怕单独的狼，但是一群配合默契的狼，足以让各种猛兽色变。

它们的默契表现在组织性、协作性、服从性，而且为了便于行动，保证战斗力和灵活性，每个狼群里狼的数量不会很多，一般会有一只指挥作战的头狼带队。

在我们的社群运营里，这个“狼群”就是我们之前提到过的“核心群”，就是专业能力强、创意想法多、团队协作好、兴趣三观同的一群人。

核心群的建立不是一天两天的事，想找到能达到这些标准的小伙伴，需要时间，也需要缘分，这还仅是第一步。

然后，就要通过各种实战培养团队的默契度、协作性、凝聚力，成熟到一定程度后，甚至不用专人组织，对于该怎么做大家心里都有数。

此时，我们要特别强调“头狼”的作用。

我们认为，社群是需要领袖的，尤其作为一个大社群运营，没有一个精神领袖是很难的。比方说罗辑思维，如果罗胖一年不管事，也不说话，这个社群还会存在吗？

我们的观点是，社群里有领袖和去中心化并不矛盾。我们经常可以看到，社群的“头狼”不一定总是固定的一个人，经常是这件事你主导、那件事我主导，其余的人配合。“头狼”，这个角色谁都可以担当，谁都可以带头发起一次突袭战。

还有最重要的一点，社群“头狼”不一定是什么都会的万能高手，更不是最有权力的统治者，而是一个能够启发团队灵感的启发者、一个能够识人相马的伯乐君、一个能够内外连接的整合者，他的作用不是让自己最牛，而是将社群的战斗力激发到爆表。

这部分人，一般也就是我们所说的“核心群”人员。

比如 @ 秋叶 的核心群“一页纸”，云集了一群有才华的 90 后，他们都是各领域内的高手，各有特色，而且在网络上都有一定的能量。

你是不是很好奇我们是怎么寻找到“头狼”强者加入的？

以 2015 年 2 月份加入的 @Mr 蔬菜 为例。

下图所示的是 @ 秋叶 和 @Mr 蔬菜 通过微博的第一次私信沟通。

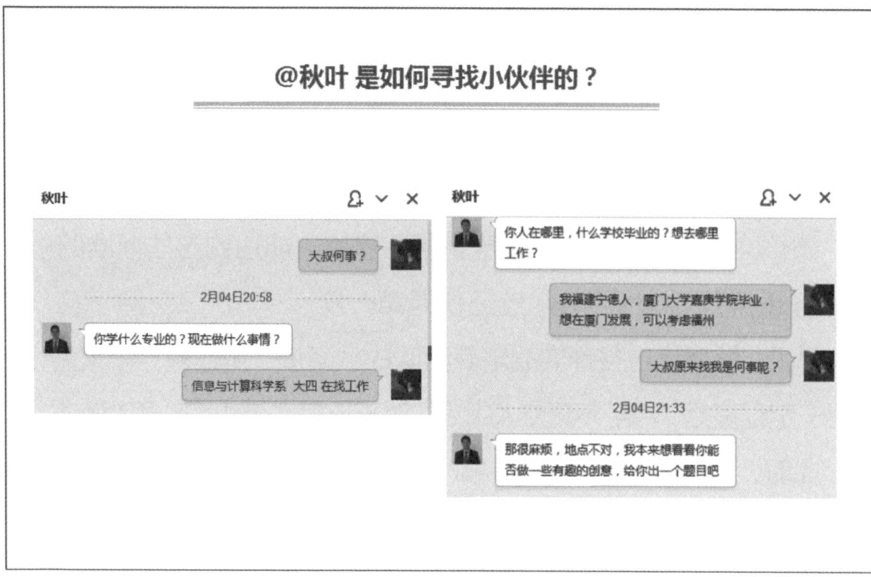

在这之前发生了什么呢？

当时正值大四的 @Mr 蔬菜 通过微博发了一篇他的思考长文，总结了他作为旁观者对于 @ 秋叶的品牌活动“群殴 PPT”的分析，包括这个社群活动的流程、逻辑、价值甚至每一期的经费预算。

能这样主动去思考剖析，对于一个大学生来讲难能可贵，更难得的是，他的思考，基本上都是对的，与 @ 秋叶 的思路没有太大偏差。

@ 秋叶又翻了一些 @Mr 蔬菜 的其他微博，很快判断出这个小伙子的能力，然后发出了私信。这时他并没有立即发出邀请，而是给了他一个任务作为测试。就这么任性，第一次见面就直接给任务，就看你有没有胆量接。

这个题目就是情人节活动策划，@ 秋叶给了 @Mr 蔬菜一个初步的方案和文案，让他自由发挥，限时两天。

“一页纸”社群就情人节推广的创意讨论

@Mr 蔬菜 接受任务后，在浏览淘宝网站时突然灵光一闪，想到一个淘宝体创意，做了一个初稿发给了 @ 秋叶 。

@ 秋叶 评估后立即邀请 @Mr 蔬菜加入了核心群，然后把这个创意扔到群里，让大家提意见，群里调侃玩耍，结果激发了一群人的讨论。@ 秋叶敏锐发现这个创意的可行性，加以引导，大家你一言我一语，提了很多点子。大家的效率很高，马上敲定这个想法，很快，一个绝妙搞笑的创意推广就做出来了。最终 @Mr 蔬菜不但激活内部团队灵感，还带动了外部小伙伴参与。

从中，我们发现秋叶 PPT 社群的两个特征：

1）“头狼”要能善于发现对路的人才，不断扩充核心团队。

2）新人加入后可以很快在里面发挥关键作用。

鉴于 @Mr 蔬菜 的优异表现，@ 秋叶当晚就给 @Mr 蔬菜发了一个 399 元的红包作为奖赏。

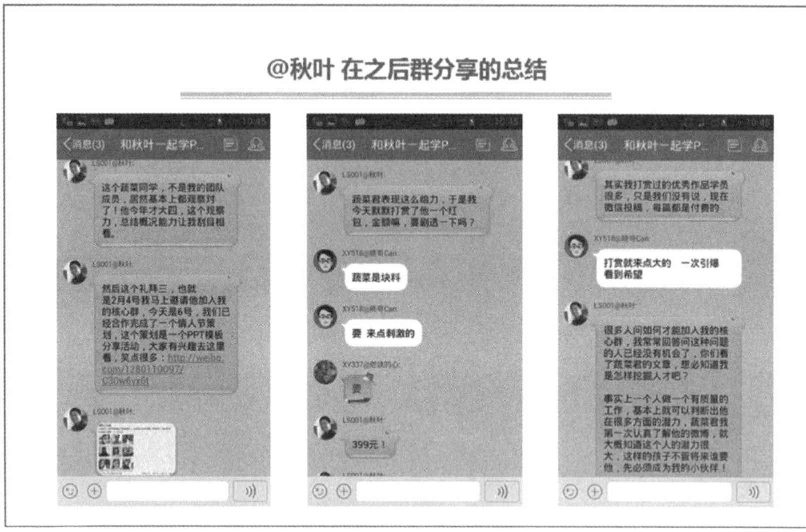

这个事情有诸多的“万万想不到”。

1）万万想不到，一认识就给任务；

2）万万想不到，觉得好马上就用；

3）万万想不到，干得好马上就赏。

后来 @ 秋叶在做群分享的时候提到这件事情，让很多人唏嘘不已。发现优秀者需要眼光，评估优秀者需要观察，引入优秀者需要底气，这对于要发挥团队价值的“头狼”来说是第一要务。

再举一个例子，我们将初级学员戏称为“小白”，随着《超能陆战队》的火爆，主人公大白火了，@ 秋叶 想结合大白做一个推广，但自己只有一个念头，就在群里问有没有可能结合大白小白做一个策划推广。然后 @ 秦阳很快响应，完成了《超能职战队》的制作。而 @ 秦阳的成果又激发了群内一个技术高手，他完成了一个《超能职战队》的 H5 答题小游戏……在这个过程中 @ 秋叶 依旧是创意发起人，但是真正执行的“头狼”不是他，而是 @ 秦阳 。

这个时候，我们又发现了秋叶 PPT 社群的三个特点：

1）每个人都可以贡献创意，但并不一定由他去完成，甚至可以这样说，如果你的一个创意想法丢到社群中没有反应，不能激活大家一起创作和讨论，多半这个想法可以毙掉了。

2）社群中，几个人对创意的讨论经常可以激活更多人补充更有价值的想法。

3）在每一次任务中都有头狼，但头狼不一定总是一个人。

@ 秋叶 的案例是基于互联网的，那么，企业内部是不是也能够有“头狼”呢？

其实，企业内部有很多能人异士，也有很多资源，加上企业内部员工之间的信任、对产品的熟悉度等，可以让社群的运营更加通畅，关键是能不能有人带头整合起来，也就是有没有人愿意担任“头狼”。

比如 PP 琪社群的“PP 琪公开课”，结合个险节奏制定公开课分享提纲，采取授课 + 答疑的方式为业务伙伴提供网上教学，是由 PP 琪主办的必须报名才能参与的网上公开课。

太平人寿本身强大的培训体系是行业标杆，用现场培训和视频教学的方式将太平人寿优秀讲师的经验进行传承，而 PP 琪公开课是对这一培训行为的补充和对讲师资源的再度挖掘利用：将资深讲师、组织发展高手、内勤优秀讲师、业务骨干等整合起来，提供线上的互动交流平台，安排管理人员对活动进行宣传、组织、记录、资料留存等。而这些管理人员都来自太平人寿的一线销售队伍，他们深知队伍需要什么、PP 琪可以提供什么，他们是受过 PP 琪公开课专业训练的，他们的劳动也是无偿的、自愿的；每一次公开课的洗礼，除了能留下宝贵的培训资料，更能让参与者得到提升。

4.4.2　蚂蚁战术

这一战术与上一种“头狼战术”的最大区别在于，每个人的能量可能不大，但是数量巨大，聚合起来还是一股很强的力量。

如今大家都关注到了社群营销的力量，也都知道要通过找到领域相符、爱好一致的社群集中搞定目标客户群。

但是我们经常看到有人将广告、链接、投票往各种群里丢，是想发挥群体的力量，可问题在于，我们会去给一个陌生人投票吗？我们会给一个仅有一面之缘的人转发吗？你发完链接，可能下一句话还没说完就已经被管理员踢出群了。

所以，要打蚂蚁战术，请你先用足够的时间在群里给大家带来价值，比如热心回答群员的问题、比如经常帮别人转发等，在群里刷足存在感。社群是一个小圈子、小社会，在这样一个小生态圈里，先去好好树立自己的形象，大家认可了你这个人，自然也就愿意帮你，这跟上学时人缘好的同学从不缺帮手是一个道理。

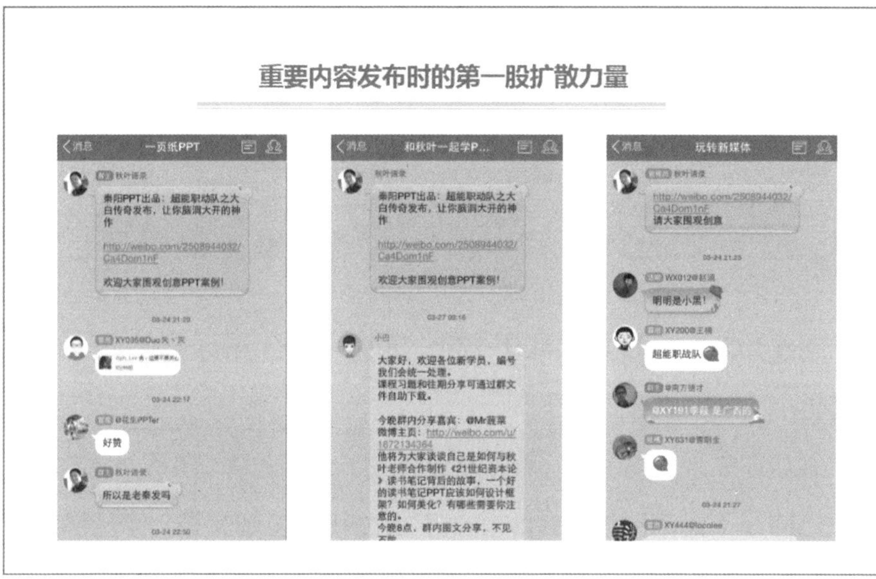

比如上一节我们提到过的结合大白做的《超能职战队》推广，微博发布后，@ 秋叶 老师首先在几个学员群中扩散。

本身这个内容是用 PPT 制作完成的，发布在微博平台，那么对于 PPT 学员群、新媒体学员群的学员来说，这都是很好的学习。另外，秋叶老师本身有威望，他不会随便发广告，既然发在这里了，肯定有原因，点击率也会比较高。

所以，做推广不能盲目，要有的放矢，蚂蚁战术最主要的是抓住“个体力量不大但是数量多”的特点。

比如，可以组织社群成员一起参加某个新媒体活动，借助群体的力量让第三方市场付费，典型案例是罗辑思维组织会员吃霸王餐，就是展示能量的一种方式。

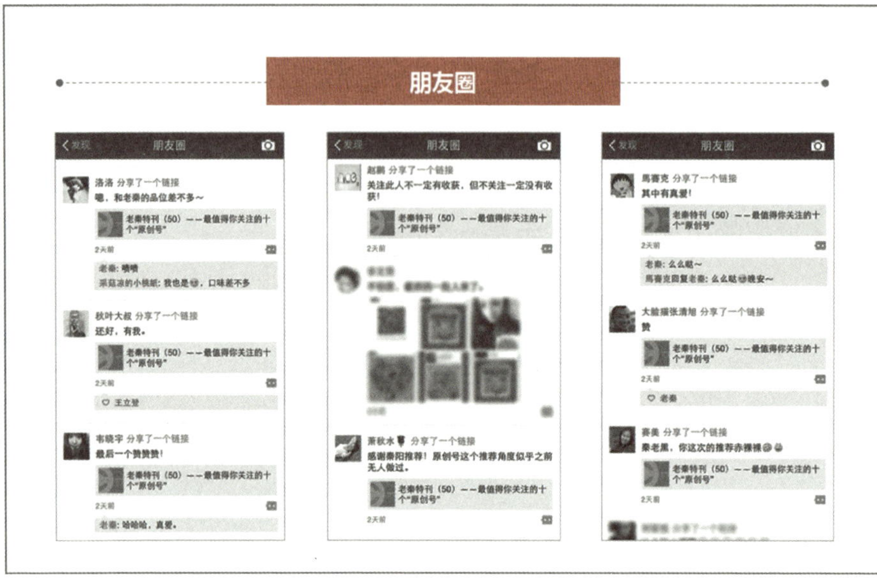

如今，朋友圈的活跃度在下降，大家点开一篇文章的概率越来越低了。

假如你今天刷朋友圈，看见张三转发了一篇文章，你不一定看。

当你往下刷的时候，突然发现李四也转了这篇文章，你还是不一定看，但潜意识里你已经对这篇文章产生了好奇。

没过一会儿你又发现王五也转了这篇文章！

好了，这时无论如何你都会点开看一下这篇文章了。

所以，如果你的某一篇文章能够被一个社群里的人同时转发，由于同领域的相关性、重叠性，你的内容传播就可以在该领域内制造刷屏效应引导别人来看。可以回想一下，面对同一个内容占满手机屏幕的情况，你是不是会忍不住点开查看？

所以，在必要时刻，一定要发挥社群的力量为你造势。

如果你觉得搜索到的话题没有你想问的问题，可以点击“提问”，提交你的问题后，就会有人过来免费帮你解答。

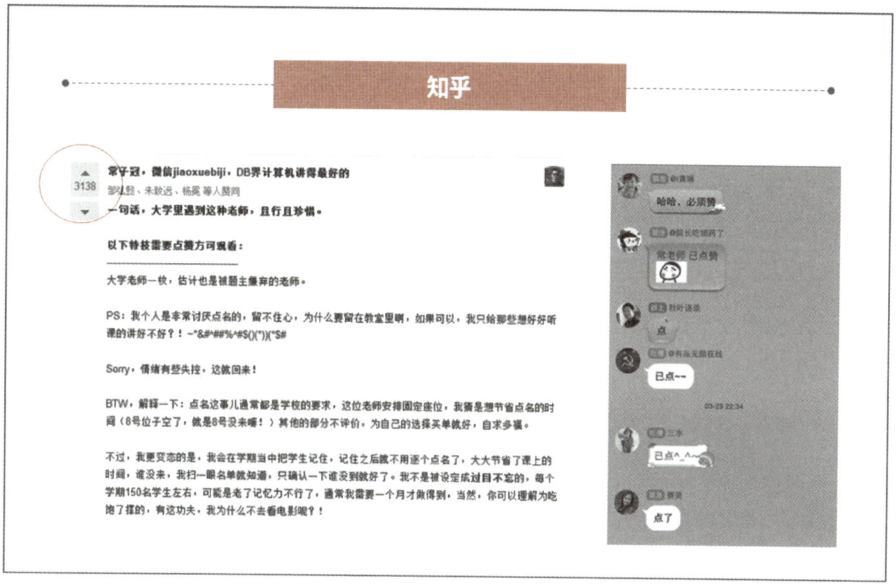

知乎与微博的一个很大区别在于，知乎的重点是问题与答案，所以更凭内容质量说话而非粉丝量。哪怕你在知乎上一个粉丝都没有，但是你用一篇极高质量的内容回答了一个有很多人关注的问题，有很多人点赞，你的回答立即被顶了上去，随着互联网的长尾效应会一直被更多人看到。在微博上发一个高质量内容的结果经常是几秒钟内被营销号盗走了，他粉丝量比你多，传播比你广，你就干瞪眼吧。

如果质量有限还想被顶上去怎么办？那就必须发挥社群的力量了。

比如我们群里的 @ 常子冠 老师在知乎发了一篇文章，将链接发到群里，小伙伴们集体点赞，瞬间排到该问题下的前几名，这就是社群的力量。

发动集体力量是最便捷经济的方法，而且这种操作并没有特别复杂的技术含量，拼的就是数量，所以人多是关键，这就是起名“蚂蚁战术”的原因。

社会化媒体相对传统媒体很重要的一个区别就是，在社会化媒体时代，内容是由用户产生，又由其他用户评判优劣，好的内容会被优先推荐。除了刚才谈到的知乎，类似的还有百度知道、百度经验、今日头条等。

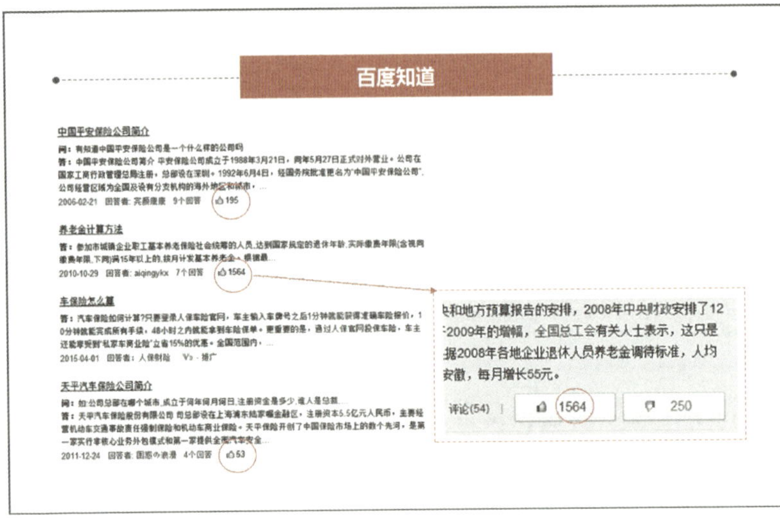

一个人力量有限，但是借助社群的力量，一个好答案被多个人点赞顶起后就会被前置，而前置的好答案会得到更多关注，进入自我强化阶段。如果这时候你的答案中除了高质量的干货，还能巧妙植入一定的广告，其曝光量是非常可观的。

对于智能挖掘而言，比的是广度，而不是个人影响力，利用蚂蚁战术发挥群体力量，这是社群可以击败名人的一个玩法。

4.4.3 攻城战术

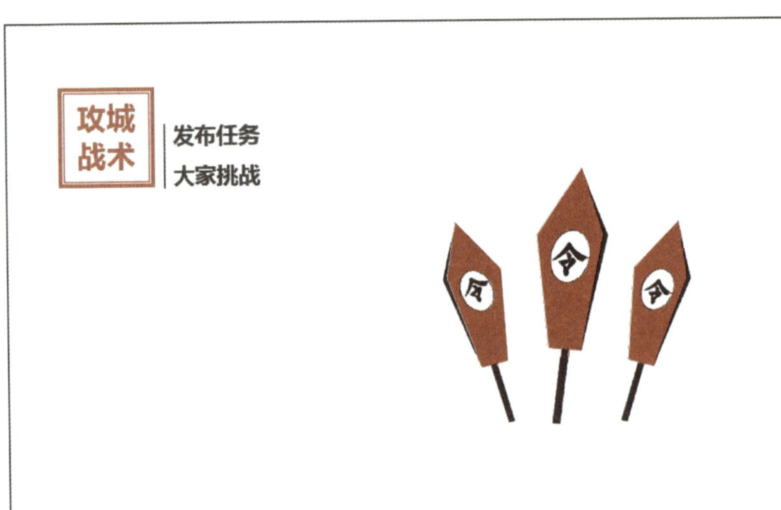

第三种“攻城战术”。

你可以想象一个场景：古代进攻某一座城池前，元帅拿着军令高喊：“哪位将军能拿下此城，封万户，谁愿出战？”

这时，一位英姿飒爽的将军上前接令，喊道：“末将不才，愿率我麾下五千精兵，明日午时前破之！”

还有另一个场景。我加过几个设计师的群，这几个群平时分工协作，做了不少好作品，名气不小。群主本人在设计圈小有名气，人脉比较广，经常在群里说：“有家企业联系我设计一套 VI，费用给两万，有人想接吗？”“最近有个大活儿，客户要得紧，需要五个人一起做，谁有时间？”……

这两个场景是不是很像？

一个群，如果能够经常带来某种通过完成任务得到回报的机会，这样的群通常还是蛮稳固的，而且管理员也用不着非得找话题、做活动，发布任务就是大家最喜闻乐见的活动，所以维护管理的成本也不会太高。如果这个任务能够打通多个角色，能量会更大，下面我们来举个例子。

群殴PPT是“秋叶PPT”的一个品牌活动，活动形式简而言之就是“一群人改一页 PPT”，也是典型的“攻城战术”。

企业提供一页 PPT，可以有自己的 logo、产品等相关信息；秋叶 PPT 的学员利用自己学习“和秋叶一起学 PPT”课程所得的技能去修改这一页 PPT，通过微博加话题发布自己的作品；秋叶团队会对学员的作品进行点评与反馈。

在春节前的 6 期“群殴 PPT”活动中，# 群殴 PPT# 微博话题阅读量近 4 200 万，平均每期活动阅读量在 700 万，期期投稿在 100 篇以上，群殴积极分子 352 人加入群殴 QQ 群，打赏各种红包超 1 000 元，赠书 100 多本。

给学员提供教学实践、动手机会本来是老师应该做的，但是借助社会化媒体的传播能量，加上我们精心组织，把碎片化的个人创意整合成了让企业低成本收获大量以高质量图文内容为载体的品牌曝光机会。这样学员动手实操获得老师点评提升了 PPT 水平，还可以获得奖品；秋叶 PPT 扩散了课程品牌影响力，也获得了运营需要的经费，每一个角色都能最大化其收益。

秋叶在《怪杰》节目上发动社群小伙伴出手为申音老师做了自我介绍 PPT，提供了三张照片与一段文字让小伙伴去发挥。当时，秋叶在社群里说了这个任务，群内的高手很快响应，一来是因为好玩有趣，二来也是一次高手之间的暗战 PK。

为什么说群体的力量强大？你作为一个 PPT 高手，能保证一天做几份作品？仅仅一个晚上，这项任务就收到 108 份作品，108 种创意个个精彩，展现了攻城战术下完美的群体进化学习成果：

①这次高效率的协作，让擅长做社会化传播的申音老师也吃了一惊。

② @ 秋叶 的怪杰演讲顺利完成。

③最终的 108 个创意作品合集在微博上形成大量扩散，给各位作者增加了粉丝，提升了名气。

④通过网友对这个合集的反馈，我们着手开发了专门针对自我介绍的一节在线 PPT 课程。

@范瑜曦 作品

@嘉文钱 作品

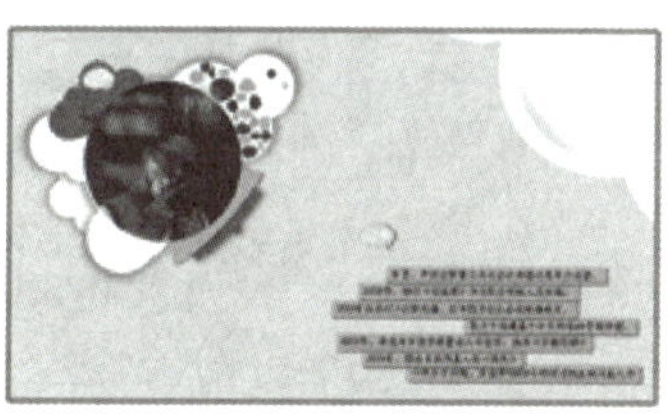

@樱桃 作品

@simon_阿文 作品

@有品无赖 作品

@水孬 作品

@芝士 作品

欲看全部PPT创意
可扫码下载源文件

4.4.4 悬赏战术

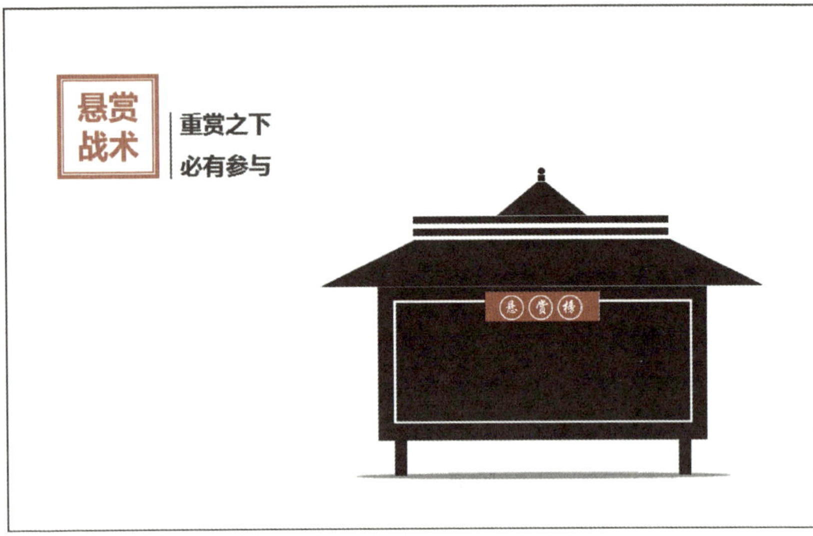

社群之中，“重赏之下，必有参与”，但只有“重赏”的奖品是不够的，要真正激发社群的活力，更重要的是有诱惑力的活动设计。如果能够结合奖赏，用社群的力量实现资源的整合，那就更了不起了。

“微信营销：18 招教你运营好微信公众账户”是 @ 萧秋水 、@ 秋叶 、@ 秦阳 等人开发的一门新媒体在线课程，报名该课程的小伙伴们组建了一个学习 QQ 群，里面有 500 多人，经常一起分享互动，构成了一个微社群。

2015 年 1 月 14 日下午，萧秋水到深圳的华侨城 LOFT 练习摄影，在胡桃里吃东西，在朋友圈发了一张照片。他朋友的公司宝时捷就在附近，朋友看到照片，就过来找萧秋水，送了两块表。萧秋水很喜欢，自己留了一块男表，把女表拿出来，正好年底前想给“微信营销”“微博赚钱”课程搞个微博促销活动，这块表就可以作为活动奖品。

微博活动送个表有效吗？

刚才我们说了，一场有诱惑力的活动，只有奖品其实是不够的，重要的是活动设计。

当然，还要看活动的目的是什么，转发抽奖类活动最多，这很省事，也能起到加粉、产品曝光等目的，我们策划这场活动，是不是也采取这种简单的模式？

如果这样，这场活动的意义有多大？

价值 3 888 元的女士手表很好，但只有一名幸运儿，如何才能够最大化提升参与感呢？

经过一番讨论，我们做出了第一个伟大的决定！

为什么不让我们的学员直接参与到这个微博营销活动里面来？如果学员社群能够一起做一次微博实战，不但符合我们新媒体社群的定位，学员也能够参与一次高级的新媒体实操，非常有意义。

那么学员为什么会参与这个微博活动？

是因为我们老师的号召力？

坦率说，我们老师人品再好，也不至于好到学生愿意帮我们转发微博广告，所以，我们得想点招，才能让这 500 多人的在线 QQ 群学员被激活！

经过一番讨论，我们做出了第二个伟大的决定！

我们决定让学员花钱转发我们的活动微博！

这是疯了吗？免费帮你转，都没有信心，你居然让学员花钱给你们转发微博？

是的，我们就是这样设计的，我们的做法，是做一场发动新媒体学员社群“群殴粉丝头条”的活动！

什么叫“群殴粉丝头条”？就是：

1）我们发一条促销“微博营销”和“微信营销”的微博。

2）我们的学员转发这条微博。

3）我们的学员转发后再花钱用自己的粉丝头条推广这条微博。

尽管在我们的课程里面有关于粉丝头条的内容，不过通常来说，学员并不愿意花钱为自己的微博做推广，尤其是很多人的粉丝量不大，粉丝头条的意义也不大，没有什么价值。

但是，如果我们换一个思路，由我们提供机会，让小伙伴们“集团轰炸”一条活动微博，不但让大家对课程内容有实操机会，也学到一个微博营销中的重要玩法，“集团轰炸粉丝头条”，可以让大家的微力量变成大合力，仅仅看到这个结果，对很多人就是有诱惑力的。

不过，仅仅是鼓励大家参与还不够，正逢年底，我们提出，如果大家愿意花钱转发头条，我们邀请大家加入一个微信群，这个群会给所有转发了的小伙伴打赏红包！

这个主意并不是一次成型的，最开始我们商议的方案是：在学员 QQ 群内，由秋叶做关于粉丝头条的干货分享，凡是参与“群殴粉丝头条”的学员，凭粉丝头条截图进入微信群，我们支付双倍费用返还。

后来觉得，这种方案在统计上比较麻烦，支付也很费事，反正普通人上粉丝头条也没几个钱，还不如直接在微信群发红包，多发几个，大家就抢回来了，我们也不占学员的便宜。

此时，秋叶又突发奇想，他刚巧在一个在线教育群内分享了干货，有不少人表示很有兴趣，秋叶顺势说正在准备搞一个社群活动，问他们有没有兴趣观摩，条件是进一个微信群，进群后需要打赏不少于 99 元的红包。

还真有不少“土豪”加入了微信群，他们大部分是 70 后，前来潜伏观看我们如何调动这帮 90 后任性地替我们花钱做推广。

正是这一群 70 后“土豪”潜伏围观，90 后少年任性推广，其后产生了一些思想冲撞火花，很有意思。

就这样，我们把两个平时根本没有交集、无法连接的资源通过“社群”这个关键词在很短时间内连接起来了。客观上，秋叶是两个社群的连接器，这是一个很重要的经验。

整体活动框架出来了，我们马上落实小伙伴准备细节，最后确定的活动整体流程为：

1）秋叶在学员 QQ 群做主题分享《如何制造一条千次转发的微博？》。

2）@ 萧秋水负责发课程推广微博。

3）@ 小万管家 负责进行记录。

4）@南方锈才 和@小万管家 负责加人进微信群（锈才负责男性，小万负责女性，为免忙乱进行分流）。

5）活动结束，萧秋水负责随机抽出中奖人，寄出奖品。

6）@ 萧秋水负责活动总结，进行二次传播。

时间计划是，当晚 8:30 秋叶提前在微信群为“土豪”们预热和剧透下一步玩法，9 :00 开始在 QQ 群给小伙伴分享（土豪们也提前潜伏到这个群围观秋叶如何分享和控场），大概 9 :30 秋叶提示萧秋水可准备发微博，10 :30 完成小伙伴导流进入微信群抢红包，整个活动达到高潮。

活动如期进行，在分享前，萧秋水已经提前内部沟通过要发布的微博文案和图片，已经准备好初稿，秋叶在分享中直接就拿这个微博文案做案例，一步步请学员依据所学课程内容判断这条微博能否得到千次转发？

很遗憾，学员的答案是不行。

于是，秋叶一步步引导学员提出各自的修改意见，马上对微博进行完善，经过快速的十多版修改，最后定稿。

因为时间紧张，所以讨论内容以改文案为主。在敲定后，秋叶马上通知萧秋水发布了微博（如图）。

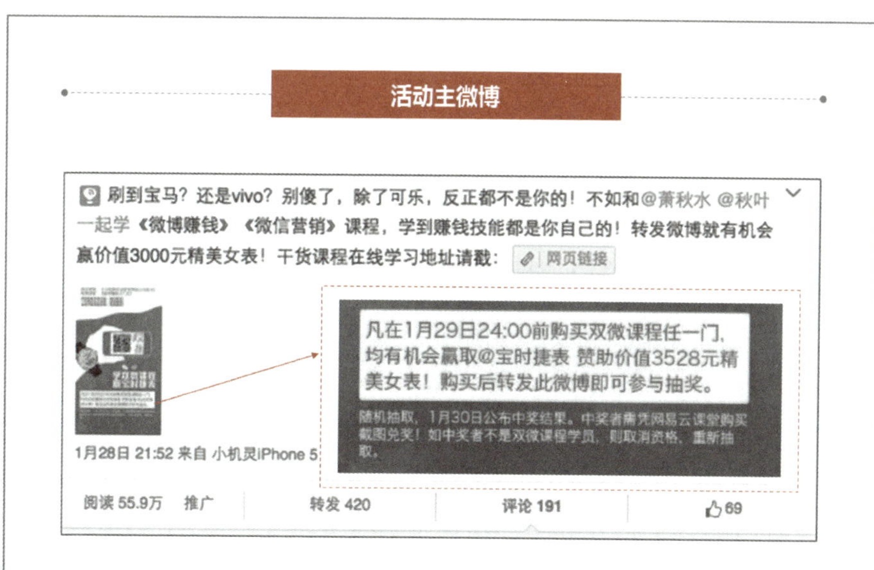

这个修改的过程，是引导大家对“微博赚钱”课程进行应用的过程，也完成了微博测试，确保我们发出去的微博至少有大家可以接受的可读性，这是一次漂亮的群体智慧的产物。

因为是纯广告微博，说实话，转发上千次其实是非常有挑战性的任务。

但为什么还是要规定一个目标？并且是上千次？

原因：这是一次群体活动，如果不定目标，大家在参与的时候会感觉目标不明确，缺少积极性。如果目标过低较易达到，比如转发 500 次，大家会觉得很容易，没有挑战性。

目标就像是一个标靶，放在那里，大家齐心协力，在做任务时就会更有干劲，其实这个转发过千次的目标并不是最主要的目的，练手才是。很多学员经过这一次演练，才真正懂得了粉丝头条到底怎么玩。

学员作业范例

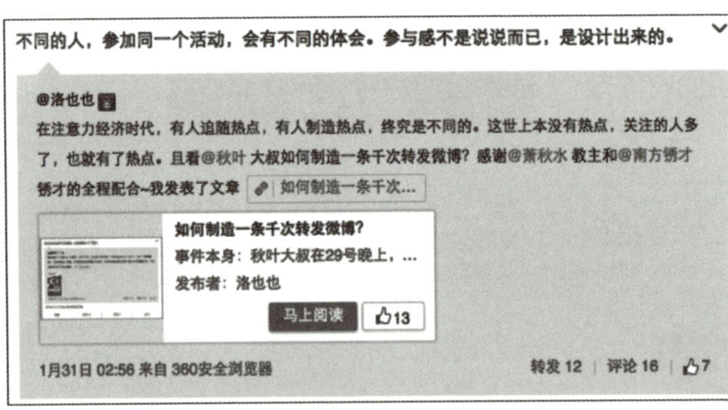

@ 秋叶 @ 萧秋水两个人直接转发的能量大概在 20 次不到，加上奖品促销，可以到 50 次转发。萧秋水自己也会付费进行粉丝头条推广，金额为 178 元，这是依萧秋水的粉丝量目前的粉丝头条价格。加上这个因素，会带来一共 100 次转发量。@ 秋叶 的粉丝头条太贵，不能投，划不来。

但是我们有 500 名学员，因为提前在群里通知了几次，我们估计当晚应该有 300 人会在线参加分享，这里面的人大概有 1/3 会真的转发，这就是接近 200 次转发。这 100 人再继续投放粉丝头条，会让他们的微博好友在 24 小时内上线看到，并参与转发，我们估计最后应该会有 350 次转发左右。实际上最后转发是 420 次，比我们的预期要好很多。

当然，学员们的粉丝头条价格普遍不算贵，很少有超过 5 元的，他们事后能在微信群抢到不少红包，所以学员是不会赔本的。事实上，很多人发微博称第一个红包就赚回本钱了。

另外，我们鼓励学员通过记录、观察、学习后交作业，大家收获很大，同时也促成了相关品牌的二次曝光。

这场活动的最终结果是多赢的：

1）学员非常认可这种直接参与微营销实战的学习机会，因为得到了动手机会，最后，有 130 位学员参加了群殴粉丝头条！

2）发放红包的土豪们拥有了一次全程观摩社群营销活动的体验，与 90 后的近距离接触刷新了他们的认识。他们非常开心地打赏了 20 个 99 元的红包，所以我们的学员也因为动手而获得了红包，红包总金额超过了他们粉丝头条投入的好几倍，很多学员很开心地把赚的钱又拿来发红包！

3）赞助商 @ 宝时捷表获得了充分曝光，据知微统计，这次其微博曝光量达到 75 万。另外，不少学员也在作业中运用了知微进行微博分析，这也是我们课程中教过的内容，对此，我们非常欣慰。

4）双微课程产生了比平时高得多的销售量，总量并不多，平时微信课程一天卖 2~3 个，这一次一天就卖了 12 个！关键是转发过程中课程也获得了充分曝光，让很多人知道还有这门课。

5）我们所付出的直接成本总共是5个红包（发布在微信群里的两个99元红包，和发放给三位辛苦的工作人员的定向红包）+粉丝头条成本+寄送费用。合计不到千元，从投入产出比来看，我们认为是值得的。因为我们不仅仅看重双微在线课程的销量，这种和学员一起进行文案修订、粉丝头条投放、分析总结、社群营销的实操活动，也是我们和学员一起教学相长的额外价值。

综合来说，一场成功的跨社群活动，需要如下因素：

1）设计好活动的主次目标，有时候，次要目标要放到首位，起到迷惑作用，而事实上，主要目标隐在背后。

2）设计好活动参与方的利益链条：一场活动对谁有利，利益怎么分配，怎么调动参与方的积极性，怎么奖励工作人员。

3）活动的开始、过程、事后都要做好把控，原则上应该是一鼓作气、一气呵成，节奏紧凑。

“和秋叶一起学PPT”课程上线一年后，学员人数过万，学员群也加满了五个。鉴别一个工具是否掌握的方法就是实践的成果，PPT作为一个工具也不例外。那么，在学习过程中，如何通过产出成果来检验PPT的学习效果呢？

汇报？演示？决定一次演示好坏的不一定是PPT，也可能是演讲。

所以，一个非常好的办法就是读书笔记PPT，也就是学员通过阅读一本书，将书的核心内容进行提炼梳理，并通过PPT视觉化表达，这对于一个人的逻辑提炼能力与PPT水平都有很高的要求。

读书笔记PPT一直是秋叶核心群的拿手绝活，在学员达到一定数量后，我们决定在学员群进行推广并实施影响力。

我们先是在2013年元旦成立了@读书笔记PPT的微博账号，专注于#和秋叶一起学PPT#学员原创优质读书笔记作品分享。（学员发布作品，我们提供下载链接，具体分享方式如下图所示）

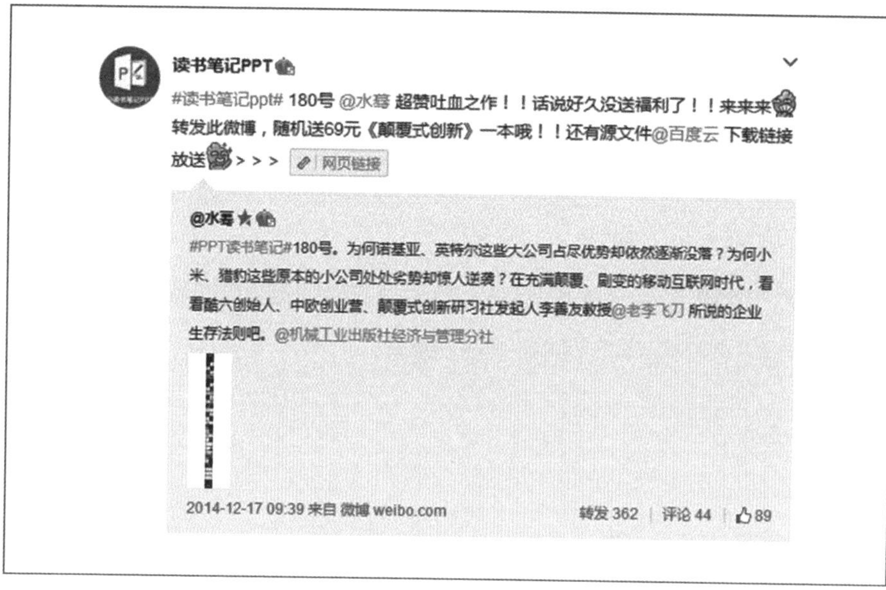

我们的模式是：

1）出版社将可以赠送样书的书目发给秋叶团队。

2）管理员在学员群内发布通告，公布书单。

3）学员根据书的类型以及自己的制作时间向管理员预约。

4）拿到学员的地址后安排寄送图书。

5）学员拿到书后在承诺时间内完成 PPT 作品，制作过程中可以请秋叶团队老师指导修改。

6）作品完成后拼长图加相应话题、编号、@ 相关出版社后发微博，相应的出版社官微会紧跟转发，形成第一次传播。

7）隔一段时间后 @ 读书笔记 PPT 附百度云 PPT 源文件下载链接转发，第二次传播。

8）隔一段时间后 @ 秋叶点评转发，第三次传播。

9）隔一段时间后，对于优秀的读书笔记 PPT@ 秦阳 会用自己的公众号推送，并结合账号特色布置作业发微博，形成第四次传播。

10）该读书笔记 PPT 会在该书的夹页、当当网、豆瓣、百度文库等各个平台上附原图、源文件或二维码下载，形成第五次传播。

在这个过程中，大家得到了什么？

出版社：相当于得到了一次高质量的新书微博营销推广。高性价比地通过新书的曝光提升销量、通过官微账号的曝光形成加粉。比如一个转发量过 100 的读书笔记 PPT，仅微博来说阅读量就有 20 万，对于出版社来说成本不过是送了一本书。

学员：免费得到一本正版书，各大号转发形成的加粉甚至带来高薪工作机会，PPT 高手老师的一对一辅导。

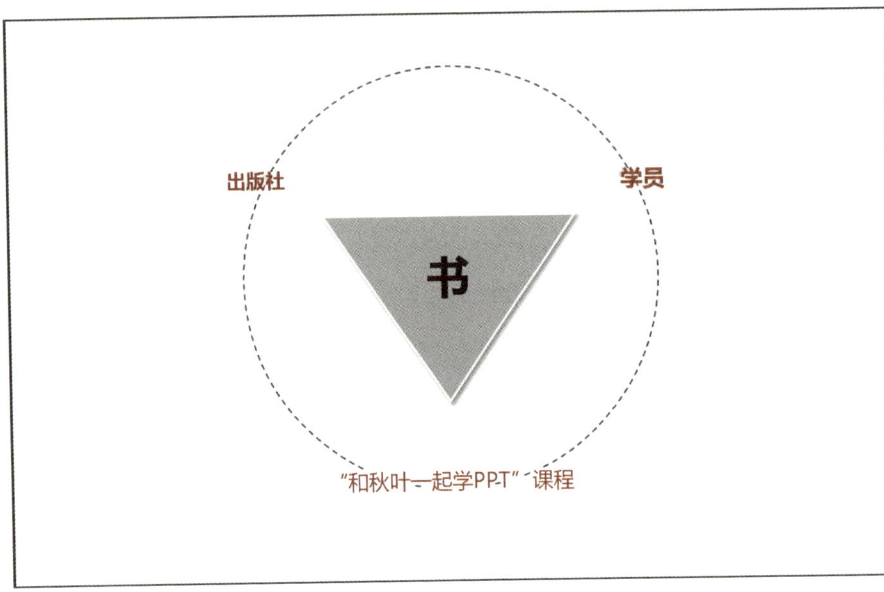

秋叶品牌：学员高质量的学习成果带来口碑、课程的曝光（比如源文件中穿插有课程广告页）、@读书笔记 PPT 的涨粉（三个月 1 万粉）、百度云盘的涨粉（三个月破 10 万粉）等。

如果没有连接，使用以往的方式，想得到同样的成果，估算一下你得花多少钱？

而通过这个形式连接三个角色，都得到了超性价比的回报。

但在中间流转的悬赏物，不过是一本书。

在不到一年的时间里，@读书笔记 PPT 已经累计分享了超过 200 个原创优秀作品，运转得非常出色，三者相互促进，已经形成了一个非常好的良性循环。

平常还会有类似悬赏“约书评”等活动，也是用悬赏方式激发社群的创造力。下面我们再举一个活动悬赏的例子。

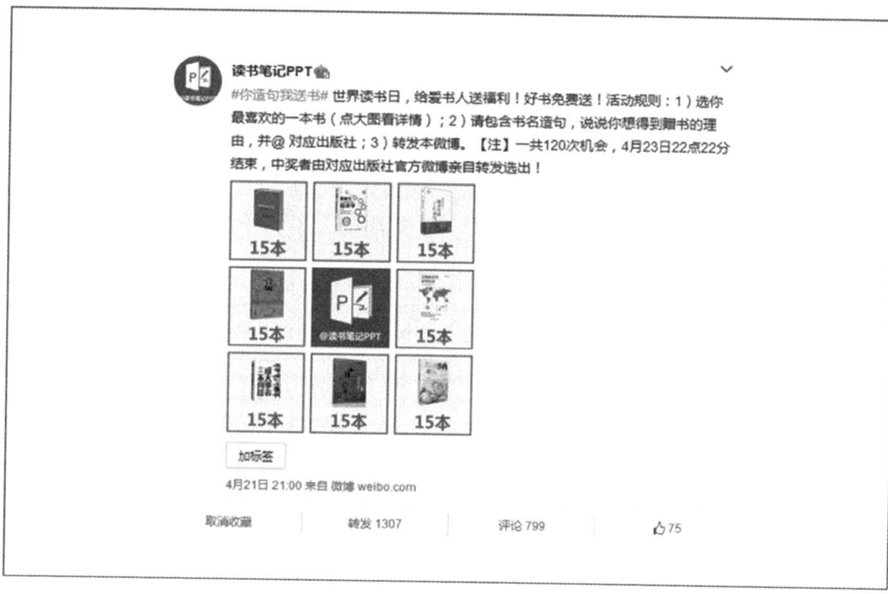

以上是读书笔记 PPT 的常规形式，那么，结合特殊节日应该怎么玩呢？

我们先来看看读书笔记 PPT 在 2015 年“世界读书日”期间玩的一次活动。

2015 年 4 月 21 日晚上 9 点，@ 读书笔记 PPT 发布了一条新的赠书活动微博。这是我们的常规活动，2014 年同样的活动转发量一度破 5 000。

结合“世界读书日”这个热点，吸引大家用造句转发的形式参与活动，获得赠书机会。

那么，具体的活动流程是什么样子的？我们来梳理总结一下。

1）发布活动微博。（微博文案既需简洁好懂又必须涵盖重点信息。）

2）参与者按规则转发。

3）活动时间截止，出版社官方微博发布中奖者名单。

4）中奖者私信 @ 读书笔记 PPT ，告知邮寄地址、电话等信息。

5）中奖信息反馈结束后，会按照中奖者提供的信息安排寄送。

6）中奖者收到寄送图书。（邮寄费用由读书笔记 PPT 承担）

以上就是整个的发布、转发、抽奖、反馈和寄送活动流程。通过精心的话题设计、规则设计、配图设计、接龙设计和扩散设计，玩了一次漂亮的学习型社群互动。

为什么大家会这么积极地参与这次读书笔记 PPT 的活动？

很明显，各方都可以从这次活动中收获利益、达成共赢。我们来看看活动的最终成果。

学员社群方面，也就是参与微博转发送书活动的小伙伴们，如果很幸运地中奖了，就可以免费得到自己喜欢的图书，就算没有中奖，也亲身参与了一次学习社群的群体思维风暴。这一点要得益于读书笔记 PPT 对活动规则的设置，只需要选择喜欢的书，包含书名造句，@ 对应出版社，就有机会获得赠书，既简单，又可以让参与的小伙伴们动动脑筋。“动手的人值得鼓励”，这种理念从活动一开始就已经体现，这也是 @ 读书笔记 PPT 转发活动区别于其他转发抽奖活动的特点，而且，这样还可以在一定程度上提高参与者质量，连简单造句都懒得去想的人，也许并不怎么热爱读书思考。另外，读书笔记 PPT 不仅给社群学员提供福利赠书，还可以提供高手免费指导。从社群学员的角度考虑，参与这种社群互动不仅可以有免费好书看，还有 PPT 高手免费亲授技巧，而参与活动所需要做的，仅仅是一条微博转发。这么划算的活动谁会不心动？

秋叶品牌则可以从这种社群互动中获得很大程度的曝光和推广。读书笔记 PPT 本身就是秋叶品牌分属的一个学习社群组织形式，读书笔记 PPT 策划组织一系列的活动，通过 @ 读书笔记 PPT 微博账号进行活动发布，吸引社群学员参与互动。读书笔记 PPT 在活动中无处不显示出“秋叶”这一品牌特征，从@秋叶 账号亲自转发到活动的文案、微博配图，只要你参与了这次活动，就一定会了解到秋叶品牌。在学员社群的曝光与推广，又会进一步地形成连接，把更多的社区学员吸引到秋叶品牌的系列在线课程中，促进在线课程的销售。

和出版社的合作其实就是一种跨界玩法。参与活动的出版社通过读书笔记 PPT 和社群学员连接，这对出版社品牌的推广是非常有利的。同时，社群学员中绝大部分人都热爱阅读，这样看来，出版社得到的是非常精确的受众连接，这也会在一定程度上促进相应图书的销售。

我们再回过头看看这次的成本吧。这次活动所投入的成本包含出版社所赠图书购买费用及快递费、@秋叶等小伙伴们使用粉丝头条推广工具的费用，这些成本加起来不过上千元，而如果通过新浪微博粉丝通投放广告以达到同等曝光量，保守估计成本也会高出数倍以上。

低成本也恰恰是社群模式的优点之一，优秀的学习型社群可以连接众多特点鲜明的社群学员，大家都热衷于读书，也就会有更大的热情去参与活动。得益于微博开放性的传播模式，每个人都可以传递信息，读书笔记 PPT 的活动信息源经过一度传播、二度传播乃至于 N 度传播，可以获得极高的转发量。这样就可以省去很多广告推广费用，摸清社群的玩法，更可以提高信息传递的互动性，可谓一举多得。

最后，我们综合总结读书笔记 PPT 学习社群的玩法：

1）活动组织。形式简单，参与门槛较低，信息可信度高，并且调动了社群学员对于活动的情感连接。

2）多方获利。社群学员、秋叶品牌和出版社方面完成了多方连接，都可以通过读书笔记 PPT 获得利益。共赢的玩法才是我们理想的模式。

3）顺应趋势。互联网时代随处可见的是各类连接，读书笔记 PPT 学习社群形成的正是人与人的连接，这也需要我们去深入探索社群模式的玩法，挖掘更多的社群发展可能性。

4.4.5 诱饵战术

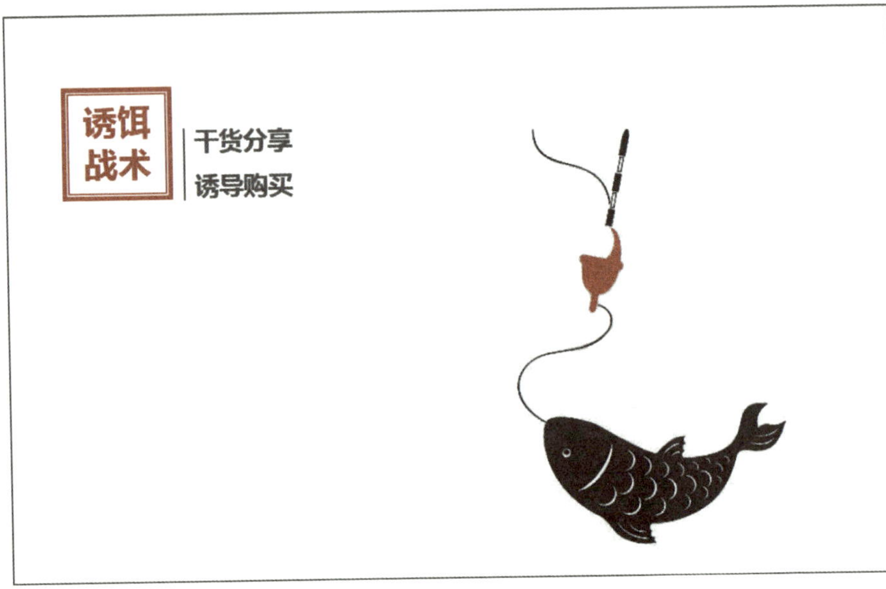

第五种“诱饵战术”，是通过有价值的载体在社群内引起关注，进而诱导购买的方法。

比如，通过干货分享推广自己的产品服务，@ 秋叶 在学员群内让老师介绍 Excel 干货知识，有兴趣的朋友可以去购买课程学习更多。

再比如，很多社群组织群员购买会员服务。可以免费让群员试听一次课程，然后加入付费会员，也可以让付费会员中的一部分人交更多钱成为高级会员。

如果你有干货，也有产品，就可以主动参与大量的群分享，通过分享让大家熟悉和了解你，在最后巧妙地引出你有更多服务，完成导购。

但是，要这样做，就得注意，必须在话题诱发出大家的兴趣之后，才能推出你的干货内容，在人群中借助群体兴奋度完成这种导购，效率会非常高，不然只会让大家觉得你就是来推广告的。

没有社群，你跟用户是点到点的接触关系，只有客户跟我们小窗提出需求时，才有销售机会。而有了社群后，你和用户变成了点到面的关系，这时基于需求的情景营销的机会就会增多。

秋叶在参加灵机一动新媒体训练营时，在 600 人 QQ 群分享，在线大概 400 人。分享完“微信运营”干货后学员很认可，纷纷表示想和秋叶老师学更多，于是秋叶就提供了一个新群号，让大家加入“和秋叶一起学职场技能”的内测，这个课程内测是需要学员付费参加的。

当天晚上就有 260 人加入新群，而且在秋叶反复提醒不要冲动购买，并放了三天、提供一个冷静期后，还是有超过 180 人购买了“和秋叶一起学职场技能”课程，当时每门课程的内测价格是 99 元。

秋叶并不看重这一次收入，而是看重真正获得了一批大学生精准用户。而且他们对秋叶并没有长期深度认同，如果课程不好，又是收钱内测，会马上粉转黑，如果课程经受住检验，肯定大有希望成为爆款。最后结果是课程很受欢迎，这次群逆向推广非常成功。

4.4.6 定点战术

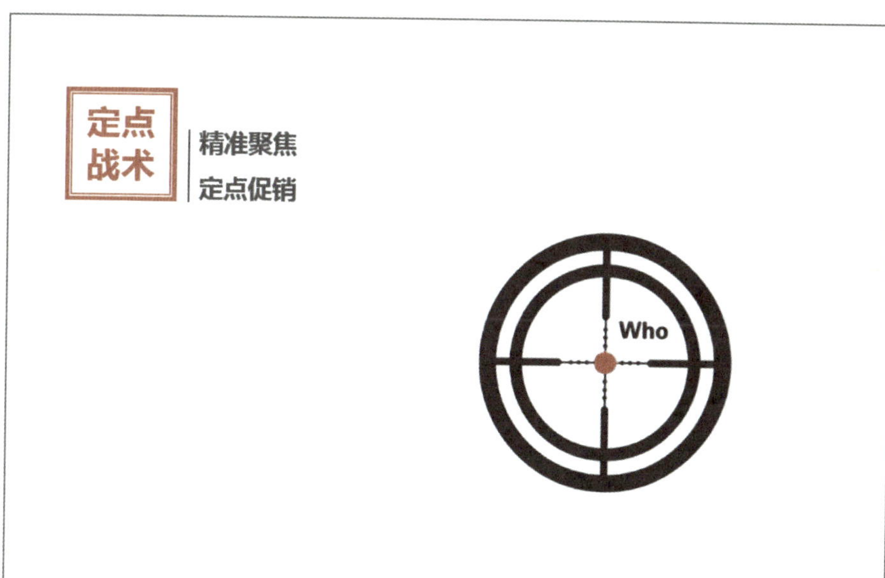

“定点战术”是指针对社群行动找到社群的所在地，熟悉社群结构，了解社群偏好，从社群成员的心理和行为入手。

以往的销售经常是一对一的，本身找到一个个符合你的产品定位的人，就需要消耗大量的成本。而社群化的趋势带来了一种可能，那就是，找到一个符合你的产品定位的用户，然后顺势从他入手，顺藤摸瓜打入他背后跟他有一样特征的社群，一下子找到一群目标客户群。以这个群为入口，通过了解与互动，进而找到更多定位相仿的社群，不论效率还是成交率都大大提升。

比如，秋叶老师有个朋友是卖T恤衫和纪念品的，则开始做的时候每个月销量没多少，又没钱砸广告做推广。后来他突发奇想，开始通过论坛和线下活动加入了某明星的粉丝群。其实他根本不追星，但是他头脑灵活，在每一个群里都很活跃，一会儿在这个群谈论明星最新的综艺节目，一会儿又在那个群就某个新闻为明星鸣不平……加上他风趣幽默、又很能侃，平时在各个群里刷足了存在感……然后他的T恤衫和纪念品里有了大量跟明星相关的定制品或纪念品，还经常更新明星同款服饰，生意好得不得了。

所以，定点战术主要是针对没有影响力自己建社群的人来说的。若没有自己的群，就瞄准特定目标客户社群，作战前摸清社群分布，找到据点深层打入，刷存在感，顺势完成营销。

那么，怎么寻找社群？

第一种方法是搜索。

1）可以直接使用QQ群搜索查找相关的群。

2）百度“×× QQ群”“××交流群”等关键词。

3）搜索相关的明星或核心人物的微博、论坛等平台，从中寻找线索，然后顺藤摸瓜，这些平台下经常会有很多的活跃分子，他们一般都加了一大把相关的群。

第二种方法是参加线下活动。

你应该经常也有这样的体验，线下活动的时候，经常是大家聚在一起，然后有人就会提议说，为了方便咱们建个群吧……或者已经有现成的群，把没有在内的人拖进去。

而且，线下活动可以认识很多社群的铁杆群员，他们可以帮你引荐，让你更容易加入。

要想多参加线下活动，一方面可以多关注相关的信息平台，比如小米社区就有专门的版块，分区域发布相关线下活动的地点、联系方式等，还有很多微博账号也会发布相关信息；另一方面，你也可以自行发起某主题的线下活动，比如豆瓣的同城活动。

用以上任何一种方式，只要你能够进入一个社群，就可以挖到更多的社群，所以，难在最初的入口，一旦进入即可顺藤摸瓜。

另外，特别提醒，你要做的不是入群发硬广告，而是做个招人喜欢的人。

比如讨论话题风趣幽默——有意思好玩的人；

比如有人求助快速反应——乐于帮别人的人；

比如经常在群里做分享——能带来价值的人；

……

对你这个人认可了，对你的产品才放心；对你这个人喜欢了，你加人家好友时才会顺利通过。

所以，做营销其实还是先做人，而不是推广告，请时刻谨记，你是一个专业信息的分享者，而不是一个硬广告的推广者。

4.4.7　降维战术

2015 年 3 月 5 日上午，十二届全国人大三次会议上，李克强总理在政府工作报告中首次提出“互联网 +”行动计划。

“互联网 +”中的“+”，是指传统的各行各业。在这个过程中，互联网和传统企业联合，为用户创造价值，也成就着自己的新价值。

现在，全国上下都在谈“互联网 +”，但大多数传统企业对“互联网 +”还是感到非常困惑的。

网站早做了，微博开很久了，APP 也做了，微信运营蛮拼的，就是没什么人点赞。

还有那个大数据，就我们这点盘子，怎么也大不起来。

正是因为这一点，有的社群发现，自己可以和传统企业结合，展开跨界营销。很多人应该记得，罗振宇最早提出来的口号是“一群人团结起来占其他人便宜”。

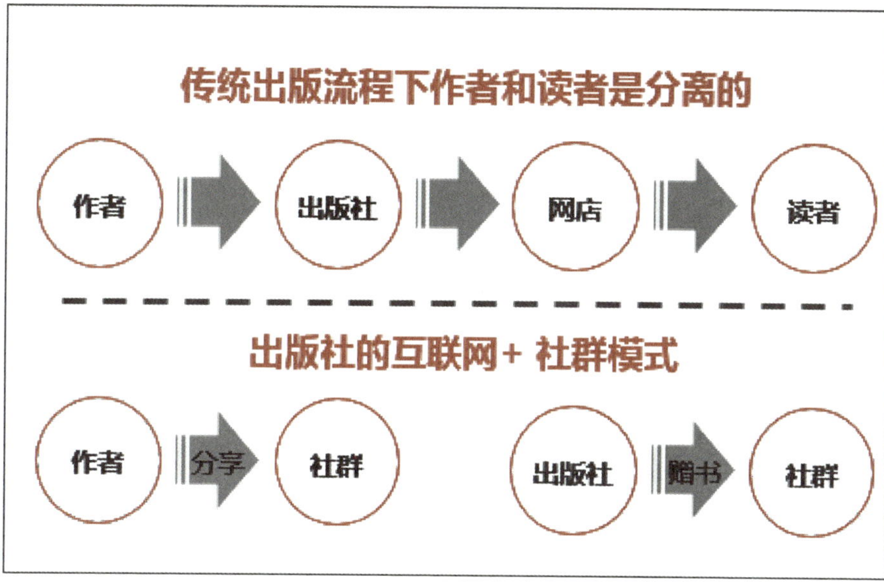

罗振宇敢这样做的理由是，他相信基于有人格魅力的人与有共同价值观的人之间的推荐和信任，将构成未来互联网社会的基本组织形态，而商业也必然要基于这种形态进行再设计，所以我们当然可以占别人便宜。

“团要”就是白拿都行，这简直是对企业现有商业模式的降维攻击。

我们并不完全认可罗振宇“团要”的逻辑，因为“团要”成立的前提是他的罗友具有颠覆传统模式的能量。我觉得目前的社群，拥有这种能量的，大概只有“米粉”，但也局限在特定产品。

反过来说，我们认为传统企业的确可以借助优秀社群的力量，实现向互联网的升维传播。

传统企业要借助社群资源，我们认为应先做到三点：

1）完成对社群的分享传播。

2）把社群分享转化为社群的结构化输出。

3）一起推广放大。

比如，很多出版社和秋叶 PPT 社群合作，主动给我们的小伙伴免费送书，请他们做出优质的 PPT 作品，然后通过秋叶 PPT 的微博微信号分享，同时也拿到自己的微博微信甚至是网店上分享。

这样，出版社首先就精准覆盖了秋叶 PPT 社群爱学习、爱阅读、爱动手的小伙伴，很多小伙伴认同作者的分享，就直接去买书。

其次，每次通过作者分享、出版社赠书，热心的小伙伴又主动把收获转化成精美的 PPT，这就是社群模式下产生的结构化输出。

再加上借助秋叶社群微博微信矩阵的能量，不断放大 PPT 传播效果。这种合作，实现了出版社、作者、读者和社群的四方共赢。

更有意思的是，当我们通过社群整合起四方资源后，发现自己有更大的能量说服更多资源和我们连接。比如秋叶老师可以请多看电子书、百度阅读、网易云阅读对自己的三分钟教程系列电子书提供优先支持，然后电子书出来，借助社群的能量传播。电子书平台获得了流量，秋叶 PPT 品牌也得到了传播。

这种能量扩大又反过来带动了更多出版社愿意合作。

无独有偶，百度云网盘也对秋叶 PPT 团队的原创作品提供特别待遇，经常提供首页广告位，让我们小伙伴的作品传播得更广，得到了更多的跨界连接，从而进一步扩大了社群的能量。

4.5 社群经济的未来之路通向何方

第 1 章开篇我们已经说到过，媒介改变了营销方式。

更进一层，为什么营销人要依据媒介做营销？当然是因为信息的传达。

所以，商业经济的变化，不是你我说了算，而是媒介进化说了算。

有一次，本书作者秦阳从机场打出租车回家，司机师傅是个中年人，谈吐不俗，于是老秦就跟他多聊了几句。一聊才知，这位司机师傅不是普通的师傅，以前是做生意的。20 世纪 90 年代的时候他开公司销售仪表器材，在那个大多数人工资才几百块的年代，他用几年时间就有了上千万的身家，在武汉最繁华的地段有一幢 300 平方米的别墅。

他意味深长地说了一句 :那个时候的钱真好赚啊。

老秦问 :此话怎讲？

司机师傅说，我觉得是因为那个时候信息比较闭塞，别说手机没普及，最先进的通信设备还是 BB 机，所以获取信息非常难。这意味着什么？只要我能有资源渠道，我今天在某个地方把一件 80 块钱的东西卖出 800 块钱是很容易的，因为获得真实信息的难度和成本都很高，有时候还得请客吃饭送礼拼人脉，对普通老百姓来说就更难了。所以，只要你真有需求，就得付这个价钱。那时候每天早上到公司，门口已经有人等着进货了。

瞧，当时的商业大都建立在信息不透明、不对称的基础上，如果市场缺乏外部监管，那势必就更乱了。

后来为什么钱不好挣了呢？因为信息流通越来越容易了！除了电话、手机这些通信设备，互联网更是颠覆性地改变了人与人之间的连接方式。比如说，这个东西是不是真的值 80 块、哪里卖得更便宜，马上去搜索引擎搜一下，什么都知道了，谁都可以轻松获得。而且网络购物渐渐开始崛起，谁都可以打破空间的限制来进行交易。就这样，靠信息的不对称进行投机倒把的行为难以为继了。这位师傅没做好转型，一下子赔了很多钱，加上投资失败，连房子都卖了，后来为了维持生计只好去开出租车。

但互联网仅仅是工具，信息依旧是人提供的。所以，一旦互联网普及化，依然会出现问题。

什么问题呢？

竞价排名、刷好评、水军……另一种形式的信息不对称现象又出现了——我知道你要搜索信息做决策，所以我提前在你要来的地方埋好信息，你搜到的信息就是我给的诱导信息。

那么，为了让获得的信息更靠谱，我该怎么办？

好吧，不问冷冰冰的搜索引擎了，我跟活人交流！

所以，各种多对多交流的主题论坛兴起了，相互之间通过论坛的讨论确定信息的靠谱程度，可以看到，大量论坛讨论主题为“×× 是不是靠谱”“×× 真的假的”“听说 ××，求辟谣”“×× 卖的是正品吗？”……

这时，大家又发现，一群水平半斤八两的人讨论半天，往往还是得不到令人信服的答案，还得有专家、达人、高手啊。

所以这时，博客、微博等一对多的交流平台火了，基于这些平台，后来出现了网红模式。

后来大家又发现，网红们为了利益也经常不靠谱啊，还是熟人值得信任！——于是，谁也不知道在自己的朋友圈里，下一个是谁会变成微商或代购。

微商之所以能火，是因为熟人关系比生人关系更有可能带来商业价值。基于熟人关系，你了解某人的喜好，敢于让他参与到产品制造流程中，敢于公布真实成本，能够实现个性化定制，他对你也够放心。

但是微商泛滥之后，还是伤了熟人圈，然后，社群开始火了。

为什么社群能够产生更多的经济效益？

因为社群相对于前几种模式，具有更全面、更可信、更多元的经济效应：

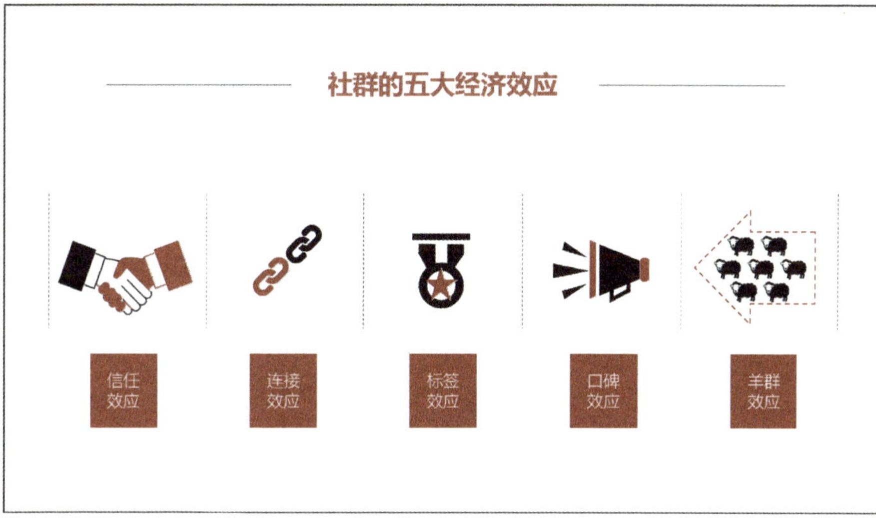

4.5.1 信任效应

当下的年轻一代追求个性，追求自我，并希望找到同类的部落，一起玩耍。而科技的发展尤其社交媒体的日趋成熟打破了时间和空间的限制，不但让连接每一个个体成为可能，也让信息扩散速度大幅增加，每一个个体的声音都可能在瞬间被放得很大、很广、很远——我信任，所以我购买，我信任，所以我转告，基于“情感认可纽带”产生了消费行为。

所以有人说，未来是垂直社群的时代。

想象一下，随着这些年轻人渐渐成为社会中坚力量，当他们的独特观念变成普遍观念，当他们不再看电视、海报、杂志报纸上的广告，当他们不再相信明星的代言……而是关注社群朋友们在朋友圈里的赞美或吐槽，而是询问社群里的小伙伴，而是相信社群领袖在分享中的推荐……

所以，未来的商业，聚焦社群很关键。

这种源于社群的信任产生的口碑传播能量，自然会被有头脑的商家看重，希望作为营销传播中的一环。

这就决定了，越是亚文化认同感越强，越是小圈子活跃度越高，越是粉丝群规模大的社群，越具有商业价值。

不过，要实现这种商业价值输出，社群的运营者要考虑规划自己的社群连接器。连接并不能自动发生，除非你设计了让企业容易参与的连接器来加深信任。

像小米这样的企业，是围绕产品构建社群，所以小米的输出定位是让更多粉丝通过他们的发布会、米粉节、体验店感受到小米对用户的热爱，进而让用户自发成为产品口碑代言人。对于罗缉思维这样缺乏明确产品的社群，就必须不断出策划整合资源进行跨界营销。

4.5.2 连接效应

Uber 生产汽车或拥有汽车吗？——不，但它创造了汽车车主与乘客之间的连接，估值已经超过 400 亿美元，超过了大多数汽车公司。

阿里巴巴生产产品或贩卖商品吗？—— 不，但它创造了卖家和买家之间的连接，阿里集团估值超过千亿美元。

……

从互联网诞生起，“连接”就是贯穿始终的主线，把这个词想通并且结合了商业模式的企业，都获得了惊人的商业利润。

社群也是典型的连接方式之一，在太平人寿手握 5 万社群成员的 PP 琪看来，社群的要义就是这个词：连接——连接顶层优质资源和对资源感兴趣的所有人。

他用自己所从事的保险行业做了一个比喻：

一般来说，保险的销售流程是这样的：①计划与活动；②主顾开拓；③接触前准备；④接触；⑤说明；⑥促成；⑦售后服务。

如果我们画一条直线，从第一点到最终点，每一点辐射到客户的因素都是：保险。所以这一点有时候会让你感到很厌烦，你害怕和客户谈保险。接触之前的①～③我相信你会准备得非常充分，在④你可能会有犹豫，毕竟销售也是一场心理战，你会有胆怯惧怕上场的时候，在⑤如果你的准备不足、技能欠缺就可能失利。

这时候，我们可以想象出这样的一个模型：你在一个村子里，你不是这个村子里的人，你谁都不认识，你要在这里做单。上面的专业流程大体就是你怎么样在这个村子签单的问题。

社群解决的问题是什么呢？

拥有“社群”思维，你不需要进一个村子。你需要做的是自己建造一个村子，然后让大家都来到你的这个村子。凭什么让他们来？所以你要以一个“共同的爱好”来吸引他们，人都是以“某些共同点”聚集在一起的，物以类聚，人以群分。

这点很好理解，譬如我们经常举办的“高产会”，邀请名师过来讲课，在邀约客户的时候我们也方便了很多；譬如明星开演唱会，大家蜂拥买票去参加等。

可能你无法创造这些极具吸引力的点，但仅凭“大众兴趣”这些弱关系的存在，你也是完全可以组建出“爱好村”的，后期的用户转化仍需功夫，但你已经做到把大家吸引过来，不就成功一半了吗？

没错，群体可以通过社群连接建立更紧密的联系，从而获得更多的营销机会。

比如，万能的大熊建立大熊会，开展各种线上分享和线下见面会机会，通过这些分享和见面，大熊又可以对接资源，让自己的社群成员成为这些资源的参与者、众筹者或者购买者。不管以什么名义，这些都是直接的二次营销机会。

像秋叶鼓励社群成员动手用微博交作业或发布作品，不仅仅鼓励了学员，优秀的学员作业其实也给他的课程做了口碑推广，带动更多的人群购买课程。

BM 社群不断让社群成员从线上走到线下，在一个个城市开发出丰富的训练营活动，然后在不同城市之间复制，而且让不同城市的成员在活动中互相跨城参与。这种突破地理时空的连接，让社群成员接触到更多不同个性的人、不同能量的嘉宾，丰富了每一个人的人生厚度，也很自然为企业和嘉宾提供了面对面营销的机会。像 BM 社群做的读书训练营，每次限额 50 人，大家都自己买书，然后高质量完成读书笔记思维导图和 PPT，分享到微博微信上引发大量人阅读，不仅带来直接的导购效应，很多成员还要求二次加入训练营。所以，要与 BM 读书训练营求赞助求合作的出版社都在排队等。

但我们要特别指出，“连接”效应的结果必然是“关系”，只有走出基于亲友、同事、职业圈等强关系建立联系的“群”才有机会变成“社群”。一个社群的发展，不在于仅仅把线下的关系、互动、连接通过互联网工具建立一个备份，也要能够超出内部引荐、推荐等方式扩展成员——因为这些都是线下存在的强关系。

社群，特别是有规模的社群，彼此之间建立连接的方式一定要基于“弱关系”。

举例说：企业和渠道商、供应商、代理商的关系是强关系，但是和企业产品的消费者往往是弱关系，为了维护弱关系，企业不得不通过大量的广告来覆盖和影响潜在消费者，让他们对企业产生好感。

如果社群能够通过“弱关系”连接提升消费者和企业的连接亲密性，那就意味着广告投入的大幅下降。

仅仅从“口碑营销”的角度，每一家公司都要思考如何围绕自己的产品建立“社群”。

但是，企业要完成从“强关系”到“弱关系”的连接转化，不是简单地建立几个用户群、派几个人做管理员，制定一些规章制度就可以的。

很多企业都尝试建立过社群，无论是用 QQ 群还是微信群，最后都发现群要么沦为刷屏灌水区，要么成为单向推销的死群，要么就是要靠不停发福利才能刺激活跃度的群。

这也意味着，基于利益或者制度的群是缺乏长期生命力的，除非社群内部逐渐形成共同认可的价值观，并基于这种价值观形成内部的群文化。

我们建议企业要依据企业文化、产品特质、员工个性先建立内部社群。

这个内部社群可以是一个小圈子，先在内部形成和产品连接的亚文化，这种亚文化慢慢走向开放，引入外部活跃的积极粉丝用户，最后形成内部社群和外部社群的双向交流。

真正的社群，是以人的创造力为本，有情感温度的连接，平等、开放并共同成长的无组织的组织。

4.5.3 标签效应

年轻一代消费者在互联网上互相结识，从而形成一个个圈子、社群。好的社群身份正是彰显自己在互联网上个性的标签。

形成个性标签意味着什么？意味着人群在互联网时代将会被重新分割、重新聚拢，形成一个个新的人口族群。因此，人群变得网格化或者说圈层化。也因此，在未来，所谓主流文化很可能就是亚文化，也就是说，不再有过去那种同一首歌式的主流文化主题，而是大大小小的细分的圈层文化。

很多企业面临的最大问题是产品品牌老化，虽然知名度很高，但对年轻的用户而言，不是一个酷的品牌，就无法通过使用品牌体现出自己的生活哲学和价值观。

好比手机，使用锤子的可能是文艺青年，使用魅族的可能是追求极致的发烧友，使用苹果的可能是追求品质的人。假如一个企业的产品无法为消费者代言他是怎样一种人，那么这种产品就无法成为消费者的个性标签。这种产品或服务仅被消费者视为一种功能或应用的解决方案，就只会成为年轻消费者次一等的选择；他们不会愿意为这样的产品或品牌付出溢价消费，这样的产品和品牌就会成为低档产品的标志，或者沦为品牌的代工商，只能赚取底层利润。比如，谁会认为自己是富士康的用户？虽然我们用的苹果手机都是富士康代工的。

而社群就是给群体贴标签的一种好的解决办法，一旦社群身份标签得到大家认同，大家愿意为身份标签付出溢价费用，且你的产品或服务和社群标签建立连接，你就可能享受到社群的溢价效应。

4.5.4 口碑效应

我们多次提过，社群一个显著的特征是“输出”，而且特别强调全员输出才是健康的社群。换句话说，健康的社群会集体创造出优质输出，好的输出就能换来价值。

所以，他们虽不是你的员工、不是你的同事、不是你的合伙人，但社群的成员愿意出主意、贡献自己的技能、发动自己的人脉、甚至全流程地参与到制造、研发、生产、推广和营销的环节中，还不计任何酬劳——小米强调“参与感”就是这个道理，通过社群让消费者扮演小米的产品经理、测试工程师、口碑推荐人、梦想赞助商等各种角色，热情饱满地参与到一个品牌发展的各个细节当中。当小米开发产品时，数十万名消费者热情地出谋划策；当小米新品上线时，几分钟内数百万名消费者涌入网站参与抢购；当小米要推广产品时，上千万名消费者兴奋地奔走相告；当小米产品售出后，几千万名消费者又积极地参与到产品的口碑传播和每周更新完善之中……消费者和品牌从未如此相互贴近，互动从未如此广泛深入。这种商业现象的背后是互联网时代人类信息组织结构的深层巨变。

综上，我们可以看出，人类商业活动的转变，一直是基于媒介寻求考证信息的一种过程，社群经济是人与人的连接，人们因为共同的标签聚在一起参与、创造，因为群体的效应又会有一些群体消费行为。媒介一直在变，但是人类的行为习惯、心理模式其实并没有变。

4.5.5 羊群效应

在群体氛围下，大家更容易形成相互感染的冲动购买效应。

心理学上有很多与群体相关的现象，比如“羊群效应”，比喻人都有一种从众心理，从众心理很容易导致盲从。“队排这么长，是不是商家在搞促销？我不买是不是就吃亏了？”“同事都在谈论这个牌子，我不买是不是落伍了？”

古斯塔夫•勒庞告诉我们：无论构成这个群体的个人是谁，他们的生活方式、职业、性格、智力有多么的相似或者不相似，只要他们构成了一个群体，他们的感觉、思考、行为方式就会和他们处于独立状态时有很大的不同。

在 2014 年 12 月 20 日，罗辑思维第三季会员开放前，罗辑思维建立了上千个微信群，在微信群里不断有忠实罗粉发布最新小道消息，然后到了正式购买这天，很多人纷纷炫耀自己抢到了铁杆会员，并询问群里熟悉的好友买了没有？于是很多人就会在群里买了，甚至觉得要留在这个群不买个会员不太好意思，甚至都不好意思买普通会员了。

古语说“三人成虎”，一旦一个社群里有多个人说某个产品或服务不好的时候，我就相信是它真的不好，我从此是不用它；同理，有多个人说它好的时候，我马上就想下单试试。

所以，你知道为什么商家要努力做到“超出预期”了吗？就是为了激活小组织，将信息从一个人扩散到一个社群。

比如阿芙，为什么在你第一次购买的时候送你的赠品比你买的东西还多？比如雕爷牛腩，为什么要在视觉上要花那么多心思？——就是让你忍不住在群里、在朋友圈里分享，而且根本不需要集赞、换券。

我们很难预测未来，但我们基于以上的分析可以肯定，社群经济下一步的进化，一是媒介新形式的变化；二是以上五个效应更加深入的应用。

对于所有从事商业的人来说，主要任务就是深刻理解经济效应，一要应用好，二要善于思考这些经济效应如何与信息传播的变化产生联动，谁能最先摸索并实践，谁就能抓住风口。

第五章

常用社群管理工具

5.1 内容发布平台

社群内部经常需要发布分享总结之类的文章，内容发布主要有三种渠道。

（1）微博：微博适合发布社群活动消息、社群活动图文照片，让大家都去微博转发接龙，制造社群一起参与的气氛，同时也扩散了社群的影响力。

（2）微信公众号：微信公众号适合发布符合社群定位的原创文章，内部干货分享，通过社群群员阅读自发传播。

（3）H5：H5 适合发布社群重大活动，或者年度总结等内容，通过 H5 场景激发学员对社群的感情，自动自发扩散传播。

5.2 社交分享平台

社群日常交流多以 QQ 群、微信群为主，QQ 群本身有大量的附加工具，比如群视频，可以直接 PPT 演示，这样就可以实现语音加 PPT 演示的群分享，非常方便，甚至还可以分享屏幕、实操演示。

但在社群规模变大后，进行群交流分享就需要解决跨群同步的问题。目前基于微信群的在线分享工具大量出现，目前常用的跨群分享平台有一起、千聊、红点、朝夕日历等。

很多群分享是通过机器人同步嘉宾分享内容。如果要做跨群分享，嘉宾有可能在两三百个群里同时讲吗？不可能。所以，有的人就在每个群里面拉入机器人小助手，让分享者的语音可以同步扩散到 100 个群、200 个群、300 个群。我们认为，对社群运营而言，因为大部分群员缺乏参与感，而且对话题不感兴趣的人还会认为受到刷屏干扰，这种机器人工具并不是特别好的群运营工具。

如果需要解决跨群分享问题，我们推荐千聊这样的微网页工具平台。

千聊是一款基于微信公众号的 H5 平台，千聊只需要发起者关注公众号，就能发起一个讲座。

千聊直播创建方便快捷，一分钟就可以完成操作。支持语音、图文、链接、视频，不需要安装插件和 APP。支持万人同时在线，可设置观看密码，内容实时保存，支持一键导出。用户可以互相送礼打赏，通过评论发布自己的看法。适用于各种培训、课程、脱口秀、聊天室、图片分享、旅行直播、活动直播等。

千聊最吸引人眼球的亮点在于，听众可以在嘉宾分享的每条内容后进行打赏，增加彼此的互动与参与感。

而且千聊直播页面右上角有一个弹幕区域。嘉宾可以在评论区对听众的评论或提问内容进行“上墙”操作。被上墙的内容会展示在直播区，所有人都能看到，分享结束后，连同嘉宾的分享被保留在直播间里。

那么，我们如何使用千聊来做一次理想的分享活动呢？

以陪伴成长型社群 BetterMe 大本营为例。社群邀请豆瓣红人三公子，在千聊平台上做了关于“小白的逆袭理财之路”的分享，后期反响很好，增长了公众号的粉丝，也增加了社群的活力。社群 BetterMe 设置了一个主持人、一个控场人员，协同嘉宾完成了分享。

1. 创建直播间

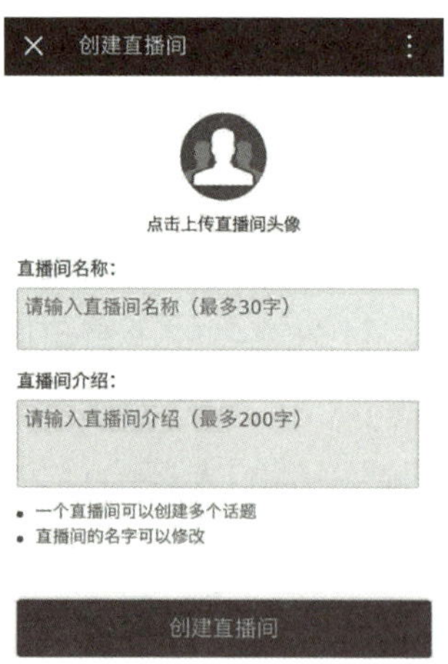

每个用户只可以创建一个直播间，在直播间里发起不同的话题。首先进行设置直播间信息、插入微信二维码、设置管理员、填写简要介绍、设置赞赏功能等基本操作。

（设置直播间基本信息）

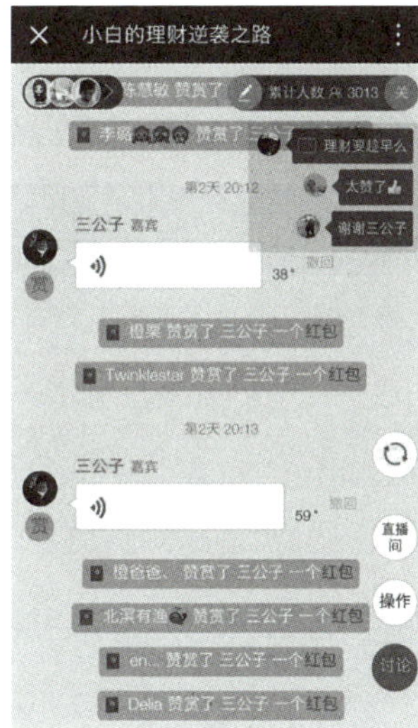

（千聊直播的赞赏功能）

2. 发起一个直播

填写本期话题，设置活动开始时间，选择直播类型。

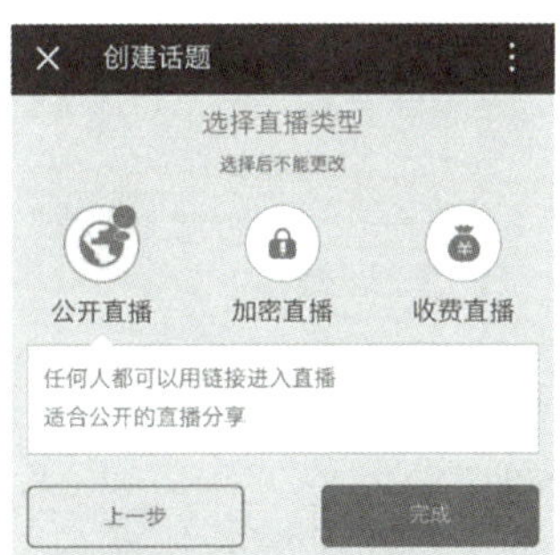

3. 邀请嘉宾和听众

进入创建好的直播间，点击直播页面“邀请嘉宾”，将“邀请嘉宾”的邀请链接发送给嘉宾，嘉宾只要点击链接，直播间嘉宾的设置就完成了。返回直播页面，点击页面右上角将直播链接发给朋友，分享到朋友圈、qq 空间等多种渠道。用户只要点击链接，就可以直接成为直播间的听众参与分享活动。

BetterMe 的工作人员会把直播链接发到群里，大家点开链接就可以进入直播间。直播过程中不需要下载 App，任何浏览器点开直播链接都可以到达。

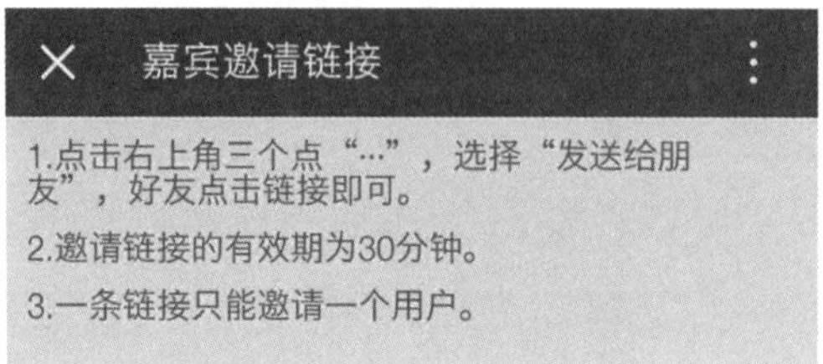

（邀请嘉宾链接）

（邀请听众链接）

在千聊的弹幕区，所有用户都可以发布内容，在直播区发布弹幕或者在讨论区发布评论提问的内容都会直接展示在弹幕区，所有用户都可以看到。

在直播界面，可以看到主持人和嘉宾的内容分享。把想对嘉宾说的话和问题发到评论区，被嘉宾回复的话，可以上墙。如果你在听课的过程中有疑问，可以把自己的疑问分享在评论区，后台可以在答疑环节将优质的评论上传到直播间由老师解答。

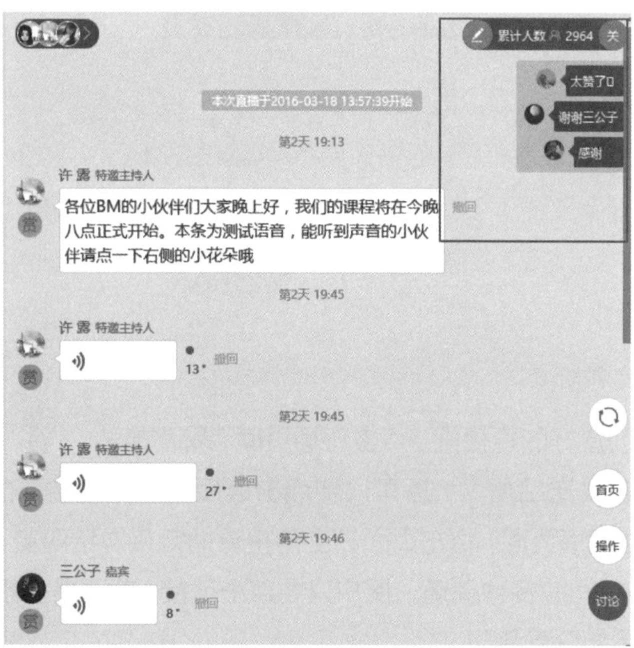

（千聊的弹幕区）

4. 千聊注意事项

- 直播前先测音，测音后尽量用文字表述，将关注点聚焦到嘉宾。
- 如果在听课的过程中出现没有声音的现象，只需退出再次进入直播间即可。
- 要提前与嘉宾沟通，掌握千聊软件的操作，尽量在较好的网络环境下进行分享，建议直播人手机和电脑同时登录使用。
- 手机端发语音比较方便，一次语音最多 60 秒。目前版本暂时不支持 PC 端发语音。分享过程中如果嘉宾和主持人不小心说错话，也可撤回其内容。
- 对于听众和嘉宾来说，网络质量的好坏决定了分享体验感的高低。相对于语音的清晰度，用耳机收听效果会更好一些。

除了基于微信平台的千聊免费直播，千聊论坛的影响力也很大。据了解，上线不到两个月，有超过 500 家公众号接入千聊论坛系统，覆盖粉丝用户 1 000 万。千聊创建的微信公众号论坛也可以直接转发到朋友圈。从朋友圈点进去，用户可以直接进行跟帖。公众号运营者可以把这个论坛的链接置于自定义菜单。为公众号的粉丝们营造一个参与感更强的“微社区”。不同公众号之间的粉丝也可以互相交流，互通导粉。这些用户粉丝也可以在公众号论坛上生成原创的内容，增强粉丝黏度。

类似千聊这样的分享工具还有朝夕日历。

红点直播也是众多直播工具中的一种。红点可以嵌入到微博、微信公众账号、网站、移动 App 等各个直播可能使用的平台上，创建频道和千聊一样非常方便，听众获取链接或者输入频道号后也可直接收听直播，在直播频道内聊天交流、向主播提问，让直播更有趣味性。红点直播有 App 的支持，创建者可以开启成员禁言、直播密码的功能，让直播有私密性。录制完节目可以直接发布成动态，并且节目支持下载和上传。也可以对成员进行分组直播，只有分组的成员才能进直播间。

5.3 社群表单工具

我们推荐的社群表单工具是 Group+ 表单工具。Group+ 支持自定义活动，特别是支持活动需要填写的用户信息表单，并能导出数据统计表单信息。

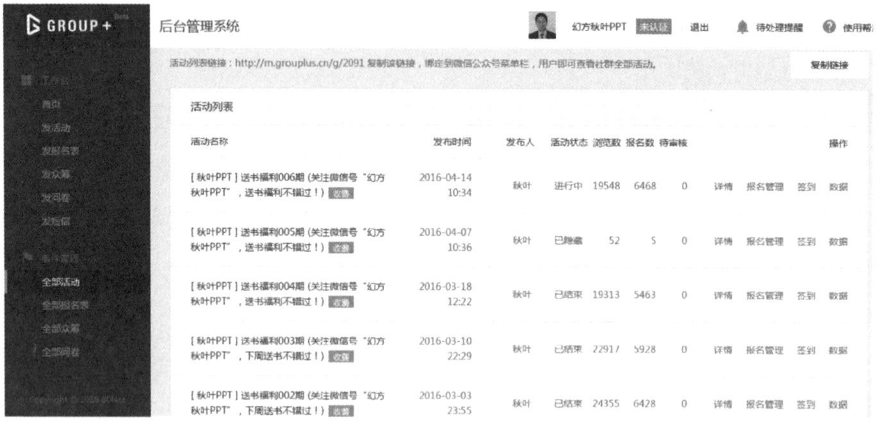

Group+ 使用体验比较优秀的地方是，凡是填写过地址信息的用户，下次填写表单时不需要重复录入，大大提升了用户体验。

Group+ 表单管理者还可以通过 Group+ 对提交信息的用户进行短信群发通知，这就使得社群用户群发信息管理多了一种到达手段。

对于社群活动，Group+ 表单除了可以发布表单之外，还能为一个活动生成不超过 10 个活动链接，每个链接可以发布到不同渠道监控活动效果，但全部数据又归集到一个活动数据库统计，这对于企业评估不同社群的活跃度大有帮助。

后记

@ 秦阳

在本书上一版的最后，我提到过，《社群营销》这本书写于我们去高校做讲座的路上，在地铁上就商讨好内容大纲，从五一小长假开写。当时市面上关于社群的书籍很少，“社群”这个概念也才刚刚兴起，典型的案例还比较少，所以我们以自己为例，毫无保留地详细阐述了秋叶PPT社群在运营过程中的方法、技巧与实践经验。

该书于2015年7月上市，第一周就登上当当网经管类新书热卖榜第一名，我们在感谢读者认可的同时，也看得出社群的势头之猛。

势头猛，相对应的是变化也快，为了完善我们对于社群新的思考、经验，我们对本书进行了升级。巧的是，当我们落笔截稿的时候，恰逢2016年五一小长假，距离上一版开写，正好一周年。

这次新版升级，我们特别邀请了BetterMe社群的创始人陈慧敏一起参与写作，她一并贡献了大量社群的实操经验。而我们与陈慧敏相识，也恰恰源于她在运营社群过程中阅读了我们上一版的《社群营销》。据她所说，此书是她在运营过程中看过的“唯一一本社群运营的书籍”，对此我们作为作者深感荣幸，也见证了BetterMe这一年壮大的全过程。

BetterMe在社群运营过程中有很多非常接地气的社群方法论，这次全部曝光给所有运营社群的读者，相信会有启发。

另外，上一版我尝试采用了PPT与文字同步的形式。一方面当下经过微博微信碎片化阅读的侵蚀，很多人已经失去了阅读长文章的能力，多图阅读可以减少枯燥感；另一方面，由于人的大脑对图形记忆更深刻，所以把要理解与记忆的东西图示化，在复习的时候看着图示回忆内容，学习效率比较高。这个形式获得了广泛的赞誉，连我一个从不看书的朋友都发来微信说这辈子第一次完整地读了一本书。但此次升级由于干货很多、篇幅有限，只好舍弃了这个形式，不过读者们依旧可以通过扫秋叶 PPT 的公众号二维码（或搜微信号 ppt100）、添加后回复“社群”下载配套 PPT。本书此次的升级，也吸收了很多朋友通过微信给我们提出的建议，在此一并感谢，也欢迎大家继续与我们沟通、交流。